权威·前沿·原创

皮书系列为
"十二五""十三五"国家重点图书出版规划项目

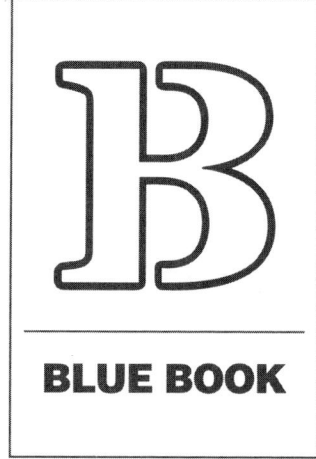

智库成果出版与传播平台

法国发展报告（2021）

ANNUAL REPORT ON DEVELOPMENT OF THE FRENCH REPUBLIC (2021)

北京外国语大学区域与全球治理高等研究院
北京外国语大学法国研究中心
中国欧洲学会法国研究分会

主　编／丁一凡
副主编／戴冬梅

图书在版编目(CIP)数据

法国发展报告.2021/丁一凡主编.--北京：社会科学文献出版社，2021.10
（法国蓝皮书）
ISBN 978-7-5201-8797-8

Ⅰ.①法… Ⅱ.①丁… Ⅲ.①经济发展-研究报告-法国-2021 ②社会发展-研究报告-法国-2021 Ⅳ.①F156.54

中国版本图书馆CIP数据核字（2021）第156627号

法国蓝皮书
法国发展报告（2021）

主　　编 / 丁一凡
副 主 编 / 戴冬梅

出 版 人 / 王利民
责任编辑 / 仇　扬　张苏琴
责任印制 / 王京美

出　　版 / 社会科学文献出版社·当代世界出版分社 (010) 59367004
　　　　　 地址：北京市北三环中路甲29号院华龙大厦 邮编：100029
　　　　　 网址：www.ssap.com.cn

发　　行 / 市场营销中心 (010) 59367081　59367083
印　　装 / 三河市东方印刷有限公司

规　　格 / 开　本：787mm×1092mm　1/16
　　　　　 印　张：17.5　字　数：259千字
版　　次 / 2021年10月第1版　2021年10月第1次印刷
书　　号 / ISBN 978-7-5201-8797-8
定　　价 / 168.00元

本书如有印装质量问题，请与读者服务中心 (010-59367028) 联系

▲ 版权所有 翻印必究

北京外国语大学区域与全球治理高等研究院
"区域和国别研究蓝皮书系列"

荣誉总主编 柳斌杰

总 主 编 王定华 杨 丹

执行总主编 孙有中

副总主编 谢 韬 王建斌

编 委 常福良 戴冬梅 戴桂菊 丁 超 丁红卫
姜 飞 柯 静 李洪峰 李建军 李雪涛
李永辉 梁 燕 刘欣路 米 良 牛华勇
苏莹莹 孙晓萌 孙 萍 王展鹏 王明进
吴宗玉 薛庆国 张朝意 张志洲 章晓英
赵 刚 周鑫宇

学术委员会 丁一凡 冯仲平 黄 平 季志业 江时学
李绍先 李向阳 刘鸿武 孙士海 王缉思
邢广程 薛 澜 杨伯江 杨 恕 袁 明
袁 鹏 翟 崑 张蕴岭 周 弘 朱晓中

主要编撰者简介

丁一凡 毕业于北京外国语学院法语系（现北京外国语大学法语语言文化学院），后赴法国学习。获波尔多政治学院学士，波尔多大学法学院政治学硕士、博士。曾在美国约翰·霍普金斯大学国际关系研究院做访问学者。

曾在北京外国语大学当教师，曾在新华社国际部和《光明日报》国际部当编辑，曾任《光明日报》驻巴黎首席记者，曾任国务院发展研究中心世界发展研究所副所长。

现为国务院发展研究中心世界发展研究所研究员、北京外国语大学亿阳讲席教授、外交部国际经济与金融咨询委员会委员、商务部咨询委员会委员、教育部国别与地区研究专家组成员、中国世界经济学会副会长、全国政协参政议政人才库专家、中国欧洲学会常务理事、中国欧洲学会法国研究分会副会长。

出版过《民主悖论》《欧债危机启示录》《欧元时代》《跌宕起伏的中欧关系》等中文专著十部、《全球化危机与中国式解决方案》（*Crisis of Globalization and Chinese Solution*）英文专著一部，编过《权力20讲》，发表过学术论文数十篇，在全国性报纸、杂志上发表过文章数百篇。用英文、法文在国内外杂志上发表过几十篇文章，曾参与外国学者主编的著作并撰写部分章节，内容涉及发展、汇率、环境保护、国际贸易等。

戴冬梅 北京外国语大学法语语言文化学院院长、教授，学术刊物

《法语国家与地区研究》副主编。毕业于北京外国语大学、巴黎政治学院、巴黎第一大学与巴黎第三大学。历史学博士、外交学硕士、法语语言文学硕士。主要研究方向为法语教学、中国法语传播史和法国对外政策。曾发表《法国外语教育政策与教学体系考察》《法语的对外推广》等学术论文30余篇。

摘　要

2020年新冠肺炎疫情无疑是国际社会遭遇的一次罕见而严峻的"战略意外"。法国的经济政治和社会治理、对外政策等各个领域均遭受重大冲击，但总体上法国经受住了考验。

政党政治层面，在市镇选举和参议院部分议员改选后，法国中间党派仍处于优势地位，但整体力量对比发生了较大变化。共和国前进党失去了原来的多数，在参议院内占少数，在国民议会中只占相对多数。抗疫上，法国政府积极作为，尽管政府抗击疫情的政策有时前后矛盾，但也显示了一定的韧性。法国政府在教育和科研领域也推出了一系列疫情应对措施，但校园防疫受到了较多批评和质疑。

经济层面，法国经受了第五共和国成立以来最严重的经济衰退。政府推出了大规模经济救助、复苏措施和重振计划，积极实施产业链回迁战略，同时引导经济向数字化和绿色化转型、升级。但是，法国经济仍面临疫情防控、财政赤字、竞争力重塑等诸多挑战，短期内恐无法恢复元气。法国要维持其吸引外商投资最多的欧洲国家的地位非常艰难。

社会治理层面，从年初反对退休制度改革的系列罢工，到中学教师被害引发的针对极端恐怖主义的抗议，再到大规模抵制《全面安全法》运动，及其他应对疫情政策引发的规模不等的抗议行动，法国社会矛盾及其背后的深刻社会治理困境暴露无遗。针对中学教师的极端恐怖主义袭击，还引发了马克龙与土耳其总统埃尔多安之间的"口水战"及法国与诸多伊斯兰国家之间的外交风波。

对外政策上，马克龙口头上继续高举戴高乐主义大旗，意图推进法国的战略自主，但实际上在许多国际问题上采取了与美国相似的立场，似乎谋求美欧共治。在亚太，继在美国及其盟友压力之下将中国定性为"制度对手"之后，法国出台防务导向的"印太战略"，设法巩固法国和欧盟作为"全球安全提供者"的地位。在中东，法国有意利用传统渊源和突发事件代替美国成为"中东宪兵"，对黎巴嫩政治进行干预。在其传统势力范围非洲，法国调整对非援助政策，但始终以维护法国对非特权为圭臬。综上，法国国力的相对下降及法国的前殖民帝国身份，是制约其全球对外政策目标实现的结构性因素。

关键词： 新冠疫情　政治选举　社会运动　经济复苏　印太战略

目 录

Ⅰ 总报告

B.1 新冠肺炎疫情重创法国 …………………………………… 丁一凡 / 001

Ⅱ 分报告

B.2 法国政治：2020年市镇和参议院选举及政党力量的表现
　　　　……………………………………………………………… 吴国庆 / 016
B.3 法国经济：疫情冲击下的严重衰退 ………………………… 杨成玉 / 036
B.4 法国社会：帕蒂事件引发的"文明冲突"
　　——着眼于本土的社会问题 ……………………………… 王　鲲 / 049

Ⅲ 政治篇

B.5 从总统府到市政厅：2020年法国疫情政治
　　………………………………………………………… 王壮壮　张　敏 / 058

B.6　法国极右翼政党未能利用疫情成功翻盘 …………… 胡晓溪 / 072

Ⅳ　经济篇

B.7　数字税凸显欧盟内部"数字主权"之争 ……………… 赵永升 / 078

B.8　新冠肺炎疫情背景下法国产业回迁政策 …………… 桂泽元 / 086

B.9　新冠肺炎疫情背景下法国努力保持对外资的吸引力 …… 翁颖洁 / 099

B.10　新冠肺炎疫情时期法国的对非援助 ………… 李梦磊　李洪峰 / 116

B.11　新冠肺炎疫情下法国奢侈品产业的发展现状 ……… 苏　昉 / 130

Ⅴ　社会篇

B.12　新冠肺炎疫情下法国社会运动观察与分析 ………… 张金岭 / 140

B.13　疫情防控中的法国教育政策 ………………… 张力玮　马燕生 / 157

B.14　法国新冠肺炎疫情应对策略和成效分析
　　——以疫情第一波为例 …………………………… 赵晓琳 / 176

Ⅵ　外交篇

B.15　法国的黎巴嫩情结 …………………………………… 母耕源 / 199

B.16　2019年《法国印太防务战略》报告评析 …………… 张林初 / 209

B.17　马克龙"新戴高乐主义"政策与戴高乐外交思想的异同
　　……………………………………… 王　战　田斯予　孙小涵 / 221

Ⅶ 资料篇

B.18 法国2020年度大事记 ………………………………… / 232

Abstract ………………………………………………………… / 245
Contents ………………………………………………………… / 247

皮书数据库阅读**使用指南**

总 报 告
General Report

B.1
新冠肺炎疫情重创法国

丁一凡*

摘　要：2020年的法国受新冠肺炎疫情冲击不小，到2021年春，法国成为欧洲疫情感染最严重的国家之一。疫情对法国的政局、经济都产生了巨大影响，各党派根据疫情重新安排自己的选举战略。法国政治制度的特殊安排使总统、总理、国民议会与参议院等各种政治权力在疫情中搅在一起，互相牵制。幸好法国行政改革使地方权力有所增加，各级地方组织在应对疫情上各显神通，为将来的行政改革提供了新的思路。法国经济在疫情背景下严重衰退，政府采取了很多的财政措施来缓解疫情影响。法国政府力图趁机重建工业体系，但仍面临巨大挑战。尽管疫情严重，但法国民众在2020年还免不了要上街游行，抗议政府在国民议会要推动通过的法案：一个涉及

---

* 丁一凡，北京外国语大学亿阳讲席教授，中国欧洲学会常务理事，中国欧洲学会法国研究分会副会长。

退休金制度的改革；另一个涉及警方涉嫌暴力执法的监督问题。法国2020年也发生了极端宗教势力恐怖袭击活动，法国政府采取的一系列"反制"措施引发了法国与伊斯兰国家的紧张与冲突。法国作为全球有一定影响力的大国，疫情中加强了对非洲的援助，也强化了它的"印太战略"。尽管法国通过与黎巴嫩的特殊关系显示它在中东的存在，但它与伊斯兰国家的紧张关系很难让它在中东恢复其特殊的影响力。

关键词： 新冠肺炎疫情　法国政治　经济复苏　法国对外政策

2020年，法国成为欧洲受新冠肺炎疫情危害最深的国家之一，其影响远超政治、经济范畴，对法国的社会治理是一次大考验。虽然法国政府采取了各种措施，加强防疫，恢复经济，但疫情的影响似乎不会马上退去，它对法国未来几年的内政外交都会持续产生影响。

一　法国政治格局受疫情影响而变化

新冠肺炎疫情虽然是突发事件，但它也是考验法国各个方面建设的一个机会，并影响了现有的政治格局。首先，它考验了成立不久并一直在执政的共和国前进党；其次，它影响了2020年法国地方权力机构的选举结果，因为有很大一部分选民出于对疫情的恐惧而放弃了投票权；再次，应对疫情这种突发情况，法国的各级权力机构都不得不进行事权的重新组合，尝试新的中央与地方的权限划分与合作；最后，法国政府既要考虑防疫抗疫措施可能引起的民众反感及对经济活动的冲击后果，又要考虑采取必要的防疫措施以防止病毒扩散及产生更可怕的社会后果，因而采取的防疫措施不断变化，犹豫不决的后果就是法国虽然有发达的医疗系统，却成为欧洲大陆上受疫情危害最严重的国家之一。

（一）疫情对政治格局产生了影响

2020年法国举行了市镇选举和参议院部分改选，这是法国重大选举的组成部分，法国各政党都为此做了充分准备。从政党力量的消长来看，执政的共和国前进党力量有所削弱，在参议院又丢掉了一些席位，处于绝对少数；其在国民议会中也只占相对多数，需要对其他政党妥协以推动立法。欧洲生态-绿党迅速崛起，在法国政坛掀起一股"绿色浪潮"。这一政党的崛起与疫情有一定关系。疫情期间，老年人出行受到限制，老年人受感染的概率与严重程度都超过年轻人，因此老年人投票比例大幅下降，而年轻人受到的影响不太大。年轻人对环保与生态的观念更为敏感，投票支持欧洲生态-绿党的比例最高。法国最传统的两大党（共和党与社会党）基本上保持了原有阵地，但在不同程度上被削弱。法国的极右翼政党国民联盟虽然想利用疫情抨击政府，鼓动更具民族主义的政策，但在地方选举上未取得更大突破。在市镇选举和参议院部分改选后，法国主要政党都在总结经验，继续整顿组织，制定新的纲领和策略。考虑到环保主义政党在政治舞台上的迅速崛起，各政党都开始关注环保与生态议题。在法国2021年的大区议会和省议会选举以及2022年总统选举中，法国的各政党将都会高举"环保、生态、能源转型"和"关注民生"的旗帜，以争取拉到更多的选票。

（二）抗疫考验了法国的行政体系

法国是"半总统制"国家，总统在国家政治生活中的作用极大，马克龙总统在疫情中的表现也格外引人注目。疫情初起时，马克龙采取的态度暧昧，明显不想用激烈的隔离措施，以防引起民众的抗议。然而，由于疫情扩散很快，他又不得不决定采取"封城"措施。随后，法国在"封城""开放""宵禁"这些措施中游移，虽然防疫效果称不上理想，但民众的反应还不错，民调表明马克龙的支持率反而上升了。除总统外，总理是内阁"首辅大臣"，是执行命令的最高长官，抗疫中也是冲在第一线的最高长官，"封城""解禁"这些命令都是由总理出面来执行的，总理自然也就成为众

矢之的。疫情前，右翼传统政党出身的菲利普总理干得不错，民意调查表明他的支持率高于总统马克龙。舆论都倾向认为他的政绩会让他成为下一届总统选举的有力竞争者，这不禁让总统马克龙满腹狐疑，一直在想办法把他排挤出去。疫情一来，总统与总理二人在许多政策上的意见存在明显分歧，不仅在"解封""禁足"、推迟选举日期、延迟开学时间等问题上意见相左，而且在汽车时速限制、碳税，甚至退休年龄等问题上都达不成一致。最后，菲利普决定辞职，提前离开总理府，回乡去继续当他的勒阿弗尔市市长。接替菲利普的新总理卡斯泰处境不太妙，因为他必须承担起防疫效果不佳和决策犹豫不决的责任，因此卡斯泰上台后民意支持率一直不太好，落后于总统马克龙。法国总理的职位不太舒服，因为其夹在总统与议会之间，经常会落得两头不讨好。疫情当中的卡斯泰也难逃这种命运。与防疫相关的法律法规要议会批准，但因为执政的共和国前进党在参议院中占绝对少数，所以参议院继续给卡斯泰"穿小鞋"，总理在组织防疫工作时经常受总统和议会的"夹板气"。

（三）疫情让法国进一步考虑改革它的地方—中央权力结构

在西方国家中，法国是典型的"中央集权"国家，中央政府的权力很大。这些年，随着欧洲一体化的发展，法国也被迫搞了"权力下放"的改革，把一些中央权力下放到省、市一级。疫情当中，这些"分权"的改革经受了一次考验。为了防疫需要，中央政府加强了权威性的指令，但执行起来仍需要地方政权的配合。幸好法国人这次没有那么教条主义，几级地方政权各显神通，在中央政府无力给民众提供防疫物资时，地方政权弥补了权力真空，防止了疫情全面失控。

（四）疫情成为各派政治力量利用的机会窗口

各派政治力量都想利用疫情为自己拉更多的选民，反对党特别会利用政府不太得民心的防疫措施去攻击执政党。法国国民联盟是法国传统极右翼政党，现在属于反对派。在2020年的新冠肺炎疫情期间，法国国民联盟活动频繁，抓紧一切机会扩大自己的影响。疫情中，法国政府的措施虽然有些手忙脚乱，情况有些失控，但民众对政府的依赖性提升，并没有导致政府的信誉大幅下跌。然而，国民联盟作为反对派，却一直利用疫情抨击法国政府与欧盟的作为，一方面显示它作为反对派的作用；另一方面也想借民众对疫情防控不利的抱怨争取民心，扩大自己的影响。在2020年的法国地方选举中，国民联盟赢得了南方城市佩皮尼昂市政府的选举，国民联盟首次在人口超过10万人的城市执政，也算是一个突破。当然，疫情对这次市镇选举的结果产生了巨大影响，因为这次选举的投票率仅为40%左右，比上一次选举的投票率下降超过20个百分点。大批弃权的选民可能听从了政府的安排，没有出门去投票；而支持国民联盟的选民恰恰是些"反叛型"的选民，他们不在乎疫情而敢去投票，因而成全了国民联盟。

（五）法国政府的犹豫不决成为疫情得不到有效控制的重要因素

疫情初起，法国政府企图同时追求讨好民众和有效抗疫，抗疫举措在道德理性—照顾民主和工具理性—有效抗疫之间摇摆不定，结果错失抗疫良机，在某种程度上导致抗疫不力。疫情恶化，医疗卫生专家主张采取更加果断的隔离措施，但是民众反对，而且法律程序要求议会授权政府采取紧急措施。这一切使防疫措施出台严重滞后，第二波疫情持续恶化。政府的"禁足令"过于灵活，为部分民众追求"自由"提供了可乘之机，防疫措施形同虚设，感染率与死亡率均节节攀升。法国政府在鼓励民众戴口罩问题上也是前后不一，政府发言人及卫生部部长开始都告诉民众，戴口罩没用；疫情严重后，政府又强迫民众出门戴口罩，不戴口罩出门被抓住就要罚款。法国政府没有及时采取更加果断的防疫措施还可能与其"教条主义"的意识形态有关。新冠肺炎疫情初起时，西方国家包括法国在第一时间就组织了撤侨，以为疫情会被"关"在中国。法国媒体还批评中国政府的防疫工作，这种立场妨碍了法国采取"中国式"的隔离与"封城"措施，导致病毒扩散与疫情失控。其实，法国最后还是被迫采取了"封城"措施，发布了"禁足令"……即使信誓旦旦地说不会"抄中国的作业"，最后也没能搞出更多防疫、抗疫的"发明创造"来。法国议会成立了两院的疫情危机调查委员会,委员们指责政府抗疫不力,领导无方。共和国法院还以"应对公共危机不作为"为由,对法国政府的一些决策者展开了预审调查。

二 法国经济受疫情影响大幅衰退

在新冠肺炎疫情冲击下,法国2020年经济萎缩8.3%,经历了1958年第五共和国成立以来最严重的经济衰退。2020年全年,法国经济运行呈现上半年衰退、第三季度强势复苏、第四季度小幅下滑的态势。经济运行的轨道与疫情发展的波浪完全吻合。法国政府采取了许多措施来刺激经济,既想短期救急,又想兼顾长远的发展战略。

其一,疫情当中,法国政府推出了大规模经济救助和复苏措施,产业、企业和个人纾困,防范主权债务风险,积极实施产业链回迁战略,同时以经济复苏为契机引导经济向数字和绿色领域转型升级,以培育未来竞争力。

法国政府大幅增加了财政拨款,以紧急贷款、政府担保贷款和定向援助的方法为企业和个人提供纾困措施。在第三季度复工复产阶段,法国还出台了"国家复兴计划",瞄准了后疫情时代的战略布局。然而,当第四季度第二波疫情再度袭来时,法国政府只能再次被动地给企业与个人提供临时性的定向救助。

长期来看,法国经济面临来自疫情防控、减少财政赤字、改革劳动力市场、重塑竞争力等诸多挑战。当前法国疫情波折反复,变种病毒层出不穷,疫苗有效性和普及性有待观察,经济正常化短期难以预见,经济复苏形势不容乐观。

其二,新冠肺炎疫情严重打击了法国经济,也暴露出法国在某些关键领域产能不足的问题。法国政府认为,如无法解决这些产能不足的问题,法国的经济主权就会受到很大威胁。在此背景下,法国政府加快了产业回迁政策,试图通过财政补贴,鼓励关键敏感领域的法国企业把生产企业迁回法国本土。

本轮产业回迁是着眼全产业链布局的回迁，涉及的行业既着眼于解决当前抗疫过程中的生产力不足问题，也与未来产业战略相承接。法国公布了一项《战略性采购回迁指南》报告，确定了四大急需回迁的行业：医药健康、农产食品、电子信息技术以及机械加工制造，其中涉及58类产品的优先回迁。此外，法国还把与5G相关的企业单独列入要重点回迁的名单，因此实际上法国政府鼓励回迁的是五大行业。

法国政府2020年11月公布了第一批财政确立支持的31个产业回迁项目，2021年2月又公布了第二批财政支持的36个产业回迁项目。两批项目共涉及62家企业主体，涵盖大型、中型、中小型和小型各种规模企业，并覆盖了全部五大产业回迁敏感领域。

然而，法国政府大规模鼓励企业回迁也并非没有任何问题。首先，许多企业是想要得到政府的财政补贴才回迁的。财政补贴对法国政府公共财政的影响尚未完全显现，而法国政府的财政赤字显然已经大大超过了《马斯特里赫特条约》规定的上限。虽然疫情等突发事件可以让欧盟暂时对成员国突破条约财政赤字的"红线"睁一只眼闭一只眼，但补贴企业回迁的长期化会引起欧盟内部的质疑。其次，法国政府鼓励企业回迁的目的是重新打造产业链，如果不能把产业链全部迁回本土，回迁一部分产业的意义有多大？而且产业链涉及许多环节，包括运输及储藏环节，法国能全面恢复这些领域的竞争力吗？最后，产业回迁政策属于产业政策，它是否与欧盟的竞争中立政策相符？法国政府补贴企业的行为是否会被法国的其他贸易伙伴指责为"不公平竞争"？

其三，法国决定对互联网公司开征数字税。法国政府勇气十足，开创了数字经济领域征税的先河，但法国与美国政府的矛盾也更加激化，开征数字税在法国与另外一些欧盟成员国之间埋下了进一步分化的种子。

法国财政部2020年11月25日宣布，从12月起，按原计划开征数字服务税。法国政府已向需要缴纳数字税的相关企业发出预付款征税的通知，还特别点名该税项将涉及被称为"GAFA"的谷歌、亚马逊、脸书和苹果等美国数字巨头。法、美两国之间经历了近3年的数字税争端，最后法国终于不顾美国的威胁而把该项税收付诸实施了。

欧盟成员国在征收数字税上一直分为几派，有支持的，有反对的，还有持观望态度的。在税率标准上，各成员国的意见也莫衷一是。在何时征收该税上，成员国的态度也大相径庭。法国在国家税收问题上总是先行一步，当代世界上的许多税种是法国人开的先河，比如增值税。这一次，法国又成为第一个实际开征数字税的国家，而且征税的时间要上溯到2019年1月。然而，法国要征税的对象主要是美国的几家大型网络公司，因为欧洲市场基本被它们占领了。美国政府对此耿耿于怀。特朗普当政时，法国尚未把数字税付诸实施，但美法之间在是否开征数字税上已经争得面红耳赤。特朗普威胁法国说，如果法国真要落实征收数字税，美国将对法国出口美国的各种奢侈品加征高额关税，特别是法国的葡萄酒和奶酪。这不仅会影响法国的国际贸易收支平衡，还会严重打击法国的对外形象，因为法国的典雅生活形象与这些法国产品息息相关。

其四，疫情沉重打击了旅游业、航空业与零售业，而与这些行业关系密切的法国奢侈品产业也因此深受其害。法国奢侈品行业在2020年呈现三大趋势。一是两极分化明显，大品牌在市场上的地位更加巩固，而小品牌则无力抵挡顾客流失的压力。法国的某些大企业趁机扩大势力，兼并其他企业，以保持未来的市场优势。二是法国奢侈品牌产品在中国的销量不降反增，这反映了中国控制住疫情后经济反弹的情况。中国社会生活恢复较快，而疫情使中国游客出国"海淘"的现象大减，但他们购买外国奢侈品牌的欲望并未下降，于是便改为在国内采购，致使中国成为法国奢侈品牌销售最好的市场。法国的奢侈品牌在中国逆势增开门店，各种品牌的单价轮番上涨，仍没有影响中国消费者的热情。三是线上销售激增，奢侈品牌产品也向网络销售平台伸出了"橄榄枝"。

三 疫情中的法国社会仍然动荡不安

2020年，尽管疫情严重，但法国仍然遭受了几起与宗教激进主义有关的恐怖主义袭击。法国政府对这些恐怖行动的回应很强硬，针锋相对地提出，法国媒体"亵渎"伊斯兰先知的行为也属于"言论自由"，而法国要不惜代价维护"言论自由"。此外，法国政府还加强了对穆斯林社团的审查，要求宗教领导人在某种程度上向法国"效忠"。这些措施使法国内部穆斯林社区与其他居民关系紧张，法国与其他伊斯兰国家之间口角不断，"文明冲突"似乎日益成为法国国内治理中绕不过去的一个难题。

2020年10月，巴黎郊区一所初中的一位历史老师帕蒂在街上被人用刀具杀害，凶手是一位来自车臣的18岁难民。凶手高呼口号，在与法国警方的对峙中被击毙。事件起因是该教师在课堂上与学生讨论言论自由的含义，并拿出法国《查理周刊》的一幅漫画来展示。而正是《查理周刊》刊登的这幅侮辱伊斯兰先知的漫画，曾引发宗教极端势力的报复。2015年1月，他们持枪袭击了《查理周刊》总部，造成编辑部12人死亡、多人受伤。5年过后，该教师又拿出这幅漫画来与学生讨论，重新点燃了该校穆斯林学生的怒火，网络上有大量穆斯林团体攻击他，要求学校开除他。

法国社会对这起针对教师的恐怖袭击反应强烈，大、中、小城市都爆发了示威游行，成千上万的法国人走上街头抗议。法国《观点》杂志的调查表明，87%的法国人认为法国的国家世俗性原则受到挑战；79%的法国人认为宗教极端势力已向法国宣战。法国在巴黎索邦大学为死去的教师帕蒂举办了盛大的追悼仪式，法国总统马克龙发表讲话，盛赞帕蒂是英雄，表示法国将捍卫讽刺漫画的言论自由。

但这一切非但未能终结极端的恐怖行动，反而唤起了更多的恐怖活动。2020年10月29日，法国城市尼斯的圣母大教堂发生一起独狼式持刀恐怖袭击事件，导致3人死亡、多人受伤。"伊斯兰国"极端组织宣称对该次袭击事件负责。同一天，在位于沙特阿拉伯吉达的法国总领事馆，一名警卫也遭到了持刀行凶者袭击。作为帕蒂事件的余波，这一系列针对法国的恐袭可以被看作恐怖主义势力对法国的一种"示威"。

法国政府针对法国的伊斯兰神职人员进行了一轮"甄别"和"清洗"。首先，法国穆斯林信仰委员会要求下属的九个成员团体都通过"共和国价

值宪章",保证遵守法国的世俗主义原则,遵守法国穆斯林公民的承诺。其次,法国穆斯林信仰委员会建立了一套针对伊玛目的培训和认证标签机制。法国借此禁止其他伊斯兰国家向法国派遣伊玛目,强调用本国培训的伊玛目为穆斯林社区提供服务。最后,法国议会通过了一项《强化尊重共和国原则法案》草案(简称"加强共和国原则法"),内容包括加强对宗教组织的监管,维护公共服务中立,规范家庭教育,要求清真寺注册为礼拜场地,管制境外资金流入,禁止一夫多妻制,除健康原因禁止儿童在家上学以防止地下宗教学校的影响,等等。

法国人喜欢社会抗议运动,疫情也没能阻止民众参加社会抗议活动。2020年,法国政府准备继续推动退休金改革,却遭到民众的激烈抵抗。本来,法国政府想着手统一退休金制度,取消一些"特殊行业"的特殊待遇。但公共运输行业的抗议及这些行业工会发动的罢工使法国社会陷入了瘫痪,法国政府只好推迟改革,重新与工会展开对话。当疫情袭来时,法国总理菲利普决定使用宪法赋予的一项特殊权力,不经议会审议便通过改革法案。但这一做法遭到工会与民众的抵制,议会也有党团策划对政府搞"不信任案"投票。随着疫情的恶化,该法案最终不了了之。但该法案引起的社会抗议与民意分裂说明,法国政府面临的两难选择还会持续很长时间:一方面,社会福利开支不断增长,引发了财政困境;另一方面,法国民众对社会福利待遇不公平的不满日益增长。

法国政府在2020年要推动的另一项法案《全面安全法》也在上百个城市引发了大规模示威游行。这项立法动议原本想更好地协调涉及安保领域的三大实体之间的工作——警察与宪兵、市政警察、私人安全部门。近年来,特别是自"黄背心"运动爆发以来,警察暴力执法的问题不断被曝光,而民众对警察的信任度则持续下降。2019年3月,法国已就"反暴力示威"问题立法。尽管民众也反对针对执法人员的暴力行为,但民众认为法律在限制警察暴力执法上力度不够。在此背景下,一些记者工会组织和捍卫人权的社团组织提出抗议,认为该法案只是政府以更好保护警察为目的而提出的法律条款,缺乏对警察执法的监督手段,等于纵容、掩盖警察的暴力执法行为。因此，人权组织认为此法扼杀自由，是对公共自由的侵犯。同时，还有一些国际机构与组织，包括联合国人权委员会、欧盟委员会、欧洲委员会等，也对相关动议提出了批评。法国的民意调查表明，法国民众在这一问题上严重分裂，左翼政党多数反对该法案的第24条款，因为它规定警察执法时人们不能随意拍照记录，而右翼政党多数支持该条款。反对者认为该条款会让警察暴力执法不受监督，而支持者则认为该条款可以让保护社会安定的人未来不受威胁。

法国教育体系在准备疫情后的重启。为应对新冠肺炎疫情给教育和社会发展带来的各方面挑战，法国政府在教育、科研和青年领域推出一系列应对措施，包括促进线上教学、取消集中考试、给予师生资助、增加教师招聘岗位、调整国际教育政策等。复课和校园防疫方面的政策受到了较多批评和质疑。2020年9月，政府推出了"国家复兴计划"，其中教育、科研和创新领域的9项举措和青年领域的3项举措是"国家复兴计划"的重点，目标是促进社会经济全面恢复，并借机塑造2030年的法国。

四 法国的大国梦

法国在2020年虽然遭遇了新冠肺炎疫情的冲击，国内政治、经济与社会都受到很大影响，但法国仍然想在国际舞台上展示自己的影响力，要展示法国作为全球大国的能力，还要显示法国也是印太地区的大国，表明其对非洲等前殖民地国家仍负有责任，并通过黎巴嫩进入中东，保持法国在中东的影响力。

新冠肺炎疫情也影响了法国的军队。2020年4月，在地中海地区游弋的"戴高乐号"航空母舰上突发疫情，许多船员出现感染迹象。航母立即回港检查，结果在航母上的2300多名士兵中，有1081人新冠病毒检测呈阳性。即使如此，法国仍没有放弃要在全球范围内展示其海军力量的意愿。2021年2月8日，法国国防部部长帕利证实，法国两艘海军舰艇近日前往中国南海地区巡逻，这两艘舰艇包括法国红宝石级核潜艇"翡翠号"

(Emeraude)和潜艇支援舰"塞纳号"(Seine)。

法国国防部部长帕利在推特上公开表示:"一艘攻击核潜艇和一艘支援舰已航行至印度洋－太平洋地区,距离法国本土海岸15000千米处的地方。这支非凡的巡逻队刚刚在中国南海完成了一次航行。这证明了我们法国海军有能力和澳大利亚、美国和日本等战略伙伴进行长期远洋行动。这一行动将丰富我们在这一领域的知识,确认国际法是唯一有效的规则。无论我们航行在哪片海域。法国是印度洋－太平洋国家(约200万居民),拥有世界第二大专属经济区(1100万平方千米)。我们打算保护我们的主权和利益。"从2019年5月法国推出《法国印太防务战略》报告后,法国一直想在印太新的地缘政治版图中彰显其存在,提升自己的话语权,充当欧洲国家介入印太事务的"马前卒"。法国推出其"印太战略"的理由显得冠冕堂皇:一是保护在该地区的法国海外省和海外领地不受恐怖主义袭击和海盗活动的侵扰;二是保护法国的主权与专属经济区的利益不受其他力量的侵蚀。法国在印太地区驻扎了大约7000人的部队,包括驻吉布提的基地、驻阿联酋的基地、驻南太平洋新喀里多尼亚和法属波利尼西亚的基地。

其实,随着世界的地缘政治中心向东方转移,中国与印度等新兴大国的快速发展,印太地区的重要性日益凸显。当美国的特朗普政府提出"印太战略"后,法国不甘落后,也提出了自己的"印太战略"。当然,法国的"印太战略"也有一层防范与制衡中国的含义。《法国印太防务战略》报告认为,中国通过"一带一路"倡议,已经成为管控印太地区公共海域与海上通道的重要力量。法国经常与其他国家共同参与印太地区的军事演习,比如澳大利亚、美国、日本、印度等,矛头指向不言而喻。

法国在印太地区积极活动,展现它的军事能力,还有一层重要的考虑就是推销法国的军火。法国是世界上五大军火出口国之一,它在印太地区加强与印度及澳大利亚的军事合作,恰恰因为这两国是该地区法国最大的军火客户。然而,法国的地缘政治雄心与其战略投放能力并不那么匹配。法国是欧盟成员国,很大程度上在拉着其他欧盟成员国推动欧洲共同防务发展。法国能够同时实现两个巨大的防务开支目标吗?法国虽然在印度洋和南太平洋地区都有海外省和海外领地，但法国本土毕竟离该地区太远，维持法国在该地区的存在成本巨大。法国能让它的欧洲盟友们分担法国维持在印太地区存在的成本吗？

法国在疫情中加大了对非洲国家援助的力度，想继续维持它在非洲的影响力。马克龙总统当选执政以来，法国加大了对非洲国家，特别是法语区非洲国家的支援。这些援非的政策以推动经济增长、有利于青年就业和维护地区稳定为基本方针。新冠肺炎疫情在非洲导致经济衰退、青年失业、贫困加剧、医疗系统受损等问题，冲击了法国既有的援非思路。为应对疫情危机，法国在双边援助中及时调整政策，从扶持经济发展、提供医疗帮助和协同科研合作等不同方面开展援助，并通过国际多边合作框架发挥主导作用。

2020年4月，法国为非洲提供了近12亿欧元的援助，用于遏制新冠肺炎疫情在非洲扩散的影响。疫情中，法国开发署批准了"COVID-19——共同健康"倡议，将非洲、中东等地区的19个国家作为优先援助对象。该倡议包括加强区域流行病监测网络、帮助非洲国家制订应对新冠肺炎的国家计划、支持法国主要参与者（包括基金会、研究机构、非政府组织等）应对新冠肺炎疫情、为加强医疗系统提供预算支持。此外，法国还拨款200万欧元资助法国巴斯德研究所设在尼日尔、塞内加尔、几内亚、中非共和国和马达加斯加五国的机构，为它们提供必要的试剂和用品，帮助这些国家进行新冠病毒检测和实验室研究。

法国积极参与了各种国际组织的多项援非活动，并在国际舞台上扮演积极的援助主导者角色。法国在各大国际组织中积极发声，提出倡议并出资。法国呼吁国际货币基金组织和世界银行资助最脆弱的经济体，特别是非洲国家。法国将部分资金通过特殊紧急程序拨给世界粮食计划署，直接或间接（如通过非政府组织）资助非洲地区的粮食援助项目。法国加入了由世界卫生组织主导的全球多边倡议"获得抗击新冠肺炎工具加速器"。法国向这一倡议捐助了5.1亿欧元，是该倡议启动的直接支持者。该倡议计划到2021年底，通过"新冠肺炎疫苗实施计划"向发达国家和中低等收入国家提供20亿剂新冠疫苗；为中低等收入国家提供2.45亿次治疗和5亿次检测。在

法国等国家的呼吁下，世界银行2020年3月设立140亿美元的"COVID-19基金"，通过购买医疗设备、加强医疗基础设施建设、支持制定公共政策等一系列措施帮助对象国快速应对公共卫生危机。

法国呼吁欧盟在援助发展中国家时应将非洲国家放在优先地位。在欧盟通过架设空中航线为非洲地区运送医疗物资的情况下，法国为飞往中非、苏丹、刚果（金）和布基纳法索的航线提供了便利。法国积极推动二十国集团和巴黎俱乐部通过了"暂缓最贫困国家债务偿付倡议"（DSSI，简称"缓债倡议"）。2020年4月，二十国集团债权人做出前所未有的决定：同意73个受新冠肺炎疫情影响面临预算危机的脆弱国家推迟偿付2020年12月31日前到期的债务（包含利息和本金）。截至2020年9月25日，已有46个国家向二十国集团成员国提出缓债申请，其中包括30个撒哈拉以南非洲国家。

但疫情中法国援非措施也存在明显不足，遭到了法国舆论的批评。主要有两点：一是法国政府初期对疫情走向判断失误，应对失措，防疫物资调度慢，影响了对非援助效率；二是新冠疫苗研发滞后，赛诺菲实验室2021年2月中旬宣布其疫苗2021年无法问世，法国只能依赖辉瑞等外国技术，这极大制约了法国在新冠疫苗方面的影响力。法国媒体报道称，新冠肺炎疫情出现以来，中国大力向非洲国家提供口罩、设备、疫苗等援助，不仅让许多非洲法语国家抱怨"法国没有负起责任"，也在法国引发了"卫生外交被中国抢了上风"的议论。法国外交部部长勒德里昂坦言，"我们已经进入与中国发展模式和影响力的竞争"，并强调法国要捍卫自己的模式和价值观。

法国总统马克龙2020年内两次访问黎巴嫩，显示出法国与黎巴嫩的特殊关系。2020年夏，黎巴嫩首都贝鲁特发生特大爆炸，几乎将半座城市夷为平地。法国总统马克龙立即出访该国，安抚民众，并在不到一个月内再度访问该国，在黎巴嫩国内各派政治势力间斡旋，提供解决方案。法国与黎巴嫩关系非同一般。黎巴嫩曾受奥斯曼帝国统治，第一次世界大战奥斯曼帝国战败后，法国成为黎巴嫩的委任统治国，随后帮助黎巴嫩建国。黎巴嫩独立后，法国仍通过政治、军事、经济等多种方式介入黎内政外交，发挥独特影响力。从奥巴马到特朗普，美国在逐渐撤出中东。法国想填补美国离开后留下的权力真空，而黎巴嫩处在中东大国博弈的中心，正是法国介入中东事务的最好切入点。法国对黎巴嫩的政治影响、文化影响甚至外交影响都非常巨大，但与黎巴嫩的经贸往来不多，法国只给黎巴嫩提供一些财政支持。法国可以在国际社会替黎巴嫩游说，帮助黎巴嫩获得由世界银行、联合国或欧盟提供的援助。但是，法国在黎巴嫩的行动也面临许多挑战。法国虽然在黎巴嫩的政治中介入很深，但也因此得罪许多人和政治势力；法国干预黎巴嫩事务也是对地区其他大国及全球大国的挑战。土耳其就不愿意法国继续染指黎巴嫩，美国也对法国与黎巴嫩真主党维持关系不以为然。法国的欧洲盟友英国与德国也把真主党认定为恐怖组织。这些关系都很复杂，决定了法国想通过黎巴嫩再度介入中东事务的过程不会一帆风顺。

2020年，法国国内发生了极端主义者杀害教师与神职人员的恐怖袭击事件。法国在镇压国内极端势力时，总统马克龙的一些言论引发了法国与伊斯兰国家的冲突。土耳其总统埃尔多安、巴基斯坦总理伊姆兰·汗、伊朗总统鲁哈尼、埃及总统塞西、马来西亚总理马哈蒂尔等都发表了谴责法国做法的声明，而许多伊斯兰国家则发起了抵制法国货的民众运动。法国政府以"言论自由"为名，支持法国媒体"亵渎"伊斯兰先知的行为，而法国日益壮大的穆斯林群体对此虽然非常不满，却迫于政府的压力，只能向共和国表示"效忠"。这种水火不容的"文明冲突"在法国内部有日益加剧的趋势，在国际舞台上也导致法国与一些伊斯兰国家关系的紧张。未来，法国要想在国际舞台上彰显自己全球大国的作用，不找到与伊斯兰国家改善关系的办法，恐怕很难得到它们的支持。

分 报 告
Specific Reports

B.2
法国政治：2020年市镇和参议院选举及政党力量的表现

吴国庆*

摘　要： 2020年市镇选举和参议院部分改选后，法国政党格局——中间政党居优的四极化政党格局依旧，但其政治力量和政党关系发生重大变化。共和国前进党力量有所削弱，在参议院中处于少数，在国民议会中只有相对多数；欧洲生态-绿党迅速崛起，在法国政坛掀起"绿色浪潮"；传统两大党——共和党与社会党基本上保持了原有阵地，但有不同程度的削弱；极右国民联盟未有突破。在市镇选举和参议院部分改选后，法国主要政党都继续整顿组织，制定新的纲领和策略，高举"环保、生态、能源转型"和"关注民生"的旗帜，以便争取民心。它们正在重新组合，走联合和结

---

* 吴国庆，中国社会科学院欧洲研究所研究员，研究方向为法国政治和社会。

盟之路，并积极筹备2021年大区议会和省议会选举以及2022年总统选举。

关键词： 法国政党　市镇选举　参议院改选　欧洲生态－绿党　总统选举

一　法国政党在市镇选举中的表现

2020年对于法国而言当属具有特殊意义的年份之一，六年一度的市镇选举（élections municipales）①在第一波新冠肺炎疫情的阴影笼罩下举行。如同历次市镇选举一样，它虽然属于地方事务，但在一定程度上促使法国政治力量和政党关系发生了此消彼长的变化，其结果直接改变了2020年9月参议院部分改选的参议员的政治结构和参议院的政治版图。因此，法国许多政党在集中精力应对新冠肺炎疫情的同时，也在积极备战选举，未雨绸缪。

执政的共和国前进党（République en marche，REM）从未经历过地方选举，而这次其希望通过市镇选举从左翼和右翼手中夺取市镇权力，特别是一些大中城市的选举，从而建立新中间政党的地方政权，以巩固执政党的中央执政地位，维护好现有的、以新中间政党主导法国政治力量和法国政党的格局。因此，共和国前进党主席克里斯托夫·卡斯塔内（Christophe Castaner）早在2019年就要求党员梳理和检讨地方团队的工作，为2020年市镇选举做准备，制定候选人名单和新的政纲。该党的竞选总部进行了精心布局，派出本党重量级人物和政府要员参加重要城市的竞选。根据统计，至少有12名部长直接参加选举或者间接支持竞选名单，其中包括爱德华·菲利普（Édouard Philippe）总理，他参与了他的根据地——港口城市勒阿弗尔的竞选。首都

---
① 或称"市政选举"，不仅涉及市和镇，也包括居民人数1000人以下的小村。法国的市长、镇长、村长法语都是"Maire"。

巴黎更是各个主要政党争夺的重点，最为引人瞩目，共和国前进党派出的重量级人物、原菲利普政府的发言人邦雅曼·格里沃（Benjamin Griveaux）作为执政党的候选人参加竞选；不幸的是，格里沃原本就民意落后，2020年2月14日又被曝出不雅视频的丑闻①，受到法国舆论的批评和攻击，被迫宣布退出竞选。此举在法国政坛尤其在执政党内部引发震动，也使共和国前进党的声誉或多或少地受到冲击。之后，共和国前进党竞选总部匆忙地派出菲利普政府另一要员——卫生部部长阿涅丝·布赞（Agnès Buzyn）女士，作为执政党候选人参加巴黎市长竞选。她的竞选纲领主张"修复一些住房、把一些办公室改建为住房，并与这类房产业主签署特约协议"，修复和维修现有的社会福利住房，把空置住房（估计有10万套）重新投入市场等。

左翼社会党（Parti socialiste, PS）正在恢复元气的过程中，参加这次市镇选举并没有太大的雄心，其目标是竭力维持和保留上届市镇选举中已经掌控的市镇，特别是大中城市，维持在巴黎、里尔、雷恩、南特、第戎等10万人口以上城市继续执政的地位。巴黎市由左翼主政已长达19年，现任巴黎市市长、社会党人安妮·伊达尔戈（Anne Hidalgo）结束第一任期后谋求连任，她提出把"巴黎改造计划"作为竞选纲领（该计划以"环保""抗击气候变化和空气污染"为基础），其中就有推出巴黎大规模绿化计划，在巴黎打造百余座"城市迷你森林"、十几条"绿化大道"以及种植17万株树木，以实现首都的自然绿化。她获得包括社会党、环保世代党（Génération écologie, GE）、法国共产党（Parti communiste français, PCF）以及社会贤达人士联合组成的"巴黎一起"（Paris en Commun）竞选名单的支持。

右翼共和党（Les Républicains, LR）也同样在恢复元气的过程中。尽管如此，为了保持在参议院的优势地位以及保留马赛、波尔多、图卢兹等自己的"据点"，共和党在整顿组织的同时，也大力投入市镇选举。其中，该党推荐前总统萨科齐麾下的司法部部长拉希尔达·达蒂（Rachida Dati）作

---

① 2月14日，在法国社交媒体中曝光原菲利普政府发言人格里沃手淫的不雅视频，被法国舆论称为"格里沃门"，两名肇事者受到司法控告。

为候选人，参加巴黎市长竞选。达蒂提出"干净和安全的巴黎"的竞选纲领，鼓励生育，承诺将为每个新生儿每年提供奖励1200欧元，持续三年。关于巴黎住房问题，达蒂计划"在中长期内取消房租限价"，并设立一个基金支持有小孩的离异者。

左翼欧洲生态-绿党（Europe Écologie Les Verts，EELV）通过第九届欧洲议会选举起死回生，东山再起，力求在本次市镇选举中乘胜追击。它一如既往大打"环保""生态"牌，关注民生。它采取灵活的策略——在拥趸较多的市镇独立提出本党候选人名单，在自己势力薄弱的市镇与左翼政党结盟，联合提出候选人名单。欧洲生态-绿党开始由左翼的"附庸"逐渐地转变为左翼的"领导"。在巴黎市长竞选中，欧洲生态-绿党派出达维德·贝利亚尔（David Belliard）参加竞选。

极右翼的国民联盟（Rassemblement national，RN）试图利用法国社会上一些不满的声音来扩大自身的影响，在这次市镇选举中扩大上届市镇选举中取得的战果，重点放在移民比例较大的城市，攻城略地，占领新的地盘，而且以此中期选举为跳板，最终把它的领导人送进爱丽舍宫。为此，国民联盟领导人玛丽娜·勒庞（Marine Le Pen）大打"普遍缺少安全感""失控的移民问题"牌来抨击政府和执政党。她参加本年度市镇选举的一大创新是向党外候选人开放名单，甚至包括正职，在全国总共提出430个候选人名单，希望在保有上法兰西大区和地中海沿岸一些城市的地盘基础上，继续扩大战果，拿下大城市。在巴黎市长竞选中，国民联盟派出塞尔日·费德尔布什（Serge Federbusch）参加竞选。

在新冠肺炎疫情肆虐的情况下，法国政府仍然坚持举行市镇选举第一轮投票，主要有两大原因：一是取消选举的程序十分复杂烦琐，在3月15日第一轮投票之前难以完成；二是各党派和竞选团队已经在选战中投入了巨大的人力、物力，处于"箭在弦上，不得不发"的状态。但在疫情严峻的背景下，各党派和竞选团队的竞选造势均难以尽情发挥，许多竞选集会被迫缩小甚至取消，竞选造势可谓平淡无奇，比起2014年市镇选举的热闹场面大为逊色。

法国蓝皮书

3月15日，进行市镇选举第一轮投票，法国选民从总共20765个竞选名单和902465名候选人中选出34970位市镇长和50多万名民意代表。这一天是法国实施"禁足令"的前夕，工作人员在投票站也采取了相关的卫生管理措施。投票现场采取张贴疫情防控宣传海报、提供免洗消毒洗手液、严格保持投票者距离、选民使用"专属笔"投票等措施，以应对日益严峻的新冠肺炎疫情。但是，新冠肺炎疫情肆虐的影响还是有所显现，法国市镇选举首轮投票率仅为44.66%，远远低于上届市镇选举首轮63.55%的投票率。它标志着全法国只有不到一半的选民出门投票，从而使各党派政治力量的对比受到极大影响。在首轮低参与率的背景下，法国政界的态度纷纷转变，要求推迟市镇选举第二轮投票日期。菲利普总理在与所有政党领导人和民意代表协会负责人开会之后，根据科学专家委员会的建议，做出了市镇选举第二轮投票日期推迟到6月的决定，首轮投票的结果将"神圣地"被保留，包括已当选的一些满任市长、镇长的选举结果。

市镇选举的第二轮投票于6月28日举行，法国选民要在首轮中未能选出民意代表的4820个市镇中进行投票。为了防范新冠肺炎疫情的蔓延，法国政府采取了严格措施——不开会，尽量不上门，戴口罩并保持社交距离。竞选活动重点利用社交网络和媒体，以视频、电话和短信等方式取代往年的市场集会。在疫情较轻的"绿区"，候选人可以举办公共集会，但要限制人数。第二轮投票结果显示，法国选民的投票率仅为41.6%，远远低于上届市镇选举第二轮62.13%的投票率，创历史新低。两轮投票证明，法国选民对新冠肺炎疫情的关注程度远甚于对市镇选举选情的关注程度。

两轮投票的结果，欧洲生态-绿党获得巨大胜利，以黑马姿态一举拿下斯特拉斯堡、波尔多、里昂、马赛、贝桑松、普瓦提耶、安纳希等30多个大中城市，特别是从右翼共和党手中夺下一些市镇，成为大赢家。在右翼共和党执政达25年之久的传统根据地——法国第二大城市马赛，欧洲生态-绿党与左翼结成的"马赛之春"（社会党左翼、法共、"不屈法国"）的代表、欧洲生态-绿党的候选人米谢勒·罗比鲁拉（Michèle Rubirola），在第二轮投票中以39.9%的得票率战胜涉嫌竞选舞弊等问题的共和党竞选代表马蒂娜·瓦萨尔（Martine Vassal）。西部波尔多是右翼戴高乐派政党固守了70多年的堡垒，在这次市镇选举中也易手于欧洲生态-绿党。法国第三大城市里昂和斯特拉斯堡原是左翼社会党的阵地，欧洲生态-绿党只是作为配角参与左翼联盟的成员。在这次市镇选举中，欧洲生态-绿党与社会党在里昂和斯特拉斯堡互易其位，前者上升为主角——第一大党。欧洲生态-绿党几乎把除巴黎外的法国大、中城市尽收囊中，遍地开花。欧洲报纸一片惊呼，称之为法国刮起了"绿色浪潮"，欧洲生态-绿党取得了"历史性的胜利"。欧洲生态-绿党迅速崛起有以下几个主要原因。首先，该党提出的环保纲领更加注重和贴近法国民众的现实生活，因而大受地方选民的青睐。例如在斯特拉斯堡，欧洲生态-绿党领衔人让娜·巴瑟吉安（Jeanne Barseghian）提出"生态与公民的斯特拉斯堡"（Strasbourg écologiste & citoyenne）竞选纲领，其在第二轮投票中获得41.70%的有效票，从而战胜共和国前进党领衔人阿兰·丰塔内尔（Alain Fontanel），后者提出的竞选纲领是"为了斯特拉斯堡团结起来"（Unis pour Strasbourg），获得34.95%的有效票。其次，新冠肺炎疫情改变了选民的结构，由于老年人出行受到限制，参与市镇选举投票者以年轻选民居多，而年轻人从观念上更支持环保。最后，大中城市中的传统中产阶级（自由职业者、手工业者、商人等）和新中产阶级（中下级管理人员、专业人员、中下级行政人员等）也越来越成为欧洲生态-绿党的支持群体。

左翼社会党虽然丢失了一些大中城市，但基本达到了原定的"守城"目的。它保住了巴黎、南特、雷恩、第戎、蒙彼利埃、普瓦提埃、南希、克雷蒙费罗等大中城市，即使是选前民意持续走低的马蒂娜·奥布莱（Martine Aubry）也在北方大城里尔以微弱的优势险胜欧洲生态-绿党对手。社会党在巴黎保卫战中更是全力以赴，2014年市镇选举中当选巴黎市市长的伊达尔戈人气正旺，争取连任。她在本次选举中的主要对手是右翼共和党的达蒂与共和国前进党的布赞，三位均为女性。在首轮投票中，伊达尔戈获得了29.3%的有效票，达蒂以22.7%的有效票紧随其后，布赞仅获得17.3%的有效票。在第二轮投票中，伊达尔戈和欧洲生态-绿党候选人贝利

亚尔结成选举联盟,其联合名单获得了社会党和欧洲生态－绿党选民的支持,共获取了49.3%的有效票,遥遥领先共和党候选人达蒂32.7%的有效票与共和国前进党候选人布赞13.7%的有效票。伊达尔戈正是在竞选中突出环保内容并与欧洲生态－绿党和法共等左翼政党结盟而击败了其他两名对手。社会党延续了2001年以来掌控巴黎的左翼天下。

右翼共和党是在深陷危机的状态下参加市镇选举的,经过两轮投票,它最终失去了马赛、波尔多等传统领地。尽管如此,共和党在市镇选举中还是维持和保留了一半以上大中型城市的执政权力,特别是许多9000人以上的市镇,如尼斯等。在法国第四大城市图卢兹,共和党与共和国前进党联手赢得选举的胜利。这表明传统右翼在法国的基层力量依然雄厚,显示出共和党扎根地方的实力。

共和国前进党作为执政党第一次参加市镇选举,尽管做了充分的准备,但在两轮投票中几乎丢掉了所有大城市,全军覆没。埃马纽埃尔·马克龙(Emmanuel Macron)总统十分看重巴黎市市长的选举,先后派出重量级政府要员参加竞选。但布赞不仅没能当选巴黎市市长,甚至都没能获得足够的选票担任巴黎市议员。究其原因,作为卫生部前部长,布赞在新冠肺炎疫情期间糟糕的危机处理水平被法国民众诟病,在市镇选举前临危受命仓促上阵,最终得到这样的结果也确实在意料之内。另外,其他多位政府成员在选举中均告失败。只有菲利普总理回到自己的根据地勒阿弗尔港口后竞选市长胜出:他提出要重振当地经济,把勒阿弗尔市建设成一个更加绿色、更加有吸引力的城市。在第一轮投票中,他就获得43%的有效票,领先其他竞选对手;在第二轮投票中以58.8%的有效票成功当选市长。共和国前进党在市镇选举中之所以遭到惨败,主要原因有以下几点。其一,执政党提出的竞选纲领和口号没有强调环保的内容,因而未能满足选民的愿望和要求。伊福普民调所认为,共和国前进党此次市镇选举的溃败在很大程度上是由于马克龙在生态问题上无所作为。其二,马克龙执政两年多,虽然强力推行了多项改革,但对民生问题没有足够重视,引起社会强烈不满。其三,马克龙总统及其政府在治理新冠肺炎疫情中表现欠佳,也引起民众的抗议。其四,共和国前进党内部闹分裂,不能团结一致参加竞选,从而削弱了执政党参加竞选的力量。例如,共和国前进党异见人士塞德里克·维拉尼(Cédric Villani)执意作为独立候选人参加巴黎市市长竞选,与共和国前进党正式指定的布赞同台竞争,从而削弱了执政党在巴黎竞选的力量,分散了共和国前进党的选票。

极右国民联盟则取得了较小的进展,其候选人路易·阿利奥(Louis Aliot)在第二轮投票中以53.09%的选票赢得了南部城市佩皮尼昂的市镇选举,这是该党自1995年[当时称国民阵线(Front national,FN)]在土伦获胜以来再次夺得10万人以上城市的执政权。市镇选举结束,佩皮尼昂成为国民联盟执掌的最大法国城市,但该党丢失了马赛的唯一一个区政府,因此对极右国民联盟而言,夺取佩皮尼昂仅具有象征意义。

综上所述,2020年的市镇选举导致欧洲生态-绿党迅速崛起和法国版图"绿化",传统两大党左翼社会党与右翼共和党虽然丢失了一些大中城市,但基本上保住了阵地,新中间政党共和国前进党遭到严重挫折,极右国民联盟略有进展。

二 法国政党在参议院部分改选中的表现

本年度法国参议院中有178名参议员进行改选,它属于第二序列区域,涵盖58个省和海外法国人的代表,但由于新冠肺炎疫情影响,其中172名参议员选举在9月27日举行,另6名海外参议员①选举推迟到2021年9月举行。选举按照人口多少采用两种选举方式进行:人口多的省份采取"名单一轮比例代表投票制",它涉及63个选区中的29个选区,选出113名参议员,平均每个选区选出3~4名参议员;人口少的省份采取"两轮多数投票制",它涉及63个选区中的34个选区,选出59名参议员,平均每个选区选出1~2名参议员。这两种间接选举都严格遵守性别平等规则。

参议院部分改选于2020年9月27日举行,是在第二波新冠肺炎疫情的

---

① 海外参议员由常驻国外的法国公民选举产生。

阴影笼罩下举行的。改选的结果表明，右翼共和党原有143席，其中75席要改选，改选的结果不仅保住了原有的改选席位数量，而且还新赢得5席，从而使共和党的席位增加到了148席，巩固了该党在新参议院中第一大党团的地位。① 其中，多名老资格的共和党参议员轻松连任，如现任参议院共和党议会党团主席布律诺·勒塔约（Bruno Retailleau），在旺岱省获得70.8%的有效票，成功再次当选。改选前的参议院议长、共和党人热拉尔·拉尔谢（Gérard Larcher）对选举取得的胜利表示赞赏："在前所未有的疫情危机、经济危机以及社会危机叠加背景下，这次（参议院）选举巩固了由右翼和中间党派控制的参议院多数席位。"② 2020年上半年市镇选举的影响在参议院部分改选中出现，虽然共和党在市镇选举中受到了挫折，丢失了一些市镇以及马赛和波尔多传统根据地，但基本保住了地方政权数量的优势，从而使这些在市镇议会中占多数的共和党代表以及由他们组成的"选举人团"把本党的候选人送进了参议院。

中间联盟（Union centriste）原有51席，其中24席要改选，改选的结果是新赢得3席，从而使中间联盟议会党团席位数增加到54席。在改选后的新参议院中，共和党与中间联盟再次联手，成为参议院中得到强化的多数派，继续保持着与执政党和政府抗衡的能力。

左翼社会党原有71席，其中35席要改选，改选的结果是失去了6席，最终在新参议院中保有65席。社会党在选举中失利，除了社会党本身实力继续衰退以及影响继续缩小之外，还由于某些选区遇到了来自欧洲生态-绿党的竞争，从而丢失了一些席位。新参议院中的社会党议会党团主席帕特里克·康内（Patrick Kanner）警示："这是一个应该汲取的教训，左翼团结仍然还需要努力，分裂的左翼只会遭遇失败。"③ 尽管社会党籍参议员数量有

---

① 数据来自法国参议院部分改选前后议会党团成员数量统计。各政党原有席位、要改选席位、赢得或失去席位都是根据议会中各个议会党团中的议员数量的变动进行统计，其中包括该党成员（membres）、盟友（apparentés）、归附者（rattachés）。
② 法国《世界报》2020年9月28日。
③ 法国《世界报》2020年9月28日。

所减少，但以社会党为核心的社会主义、生态与共和议会党团（Groupe socialiste, écologiste et républicain）仍是新参议院中第二大党团。社会党仍然是新参议院的主要反对派。

新中间政党——共和国前进党原有23席，其中10席要改选，改选的结果是保留住了改选席位的数量。其中，原参议院共和国前进党议会党团主席弗朗索瓦·帕特里亚（François Patriat）以微弱优势在科多尔省选区再次当选。共和国前进党中另外两名重量级人物也在选举中取得胜利：负责海外领地事务的部长塞巴斯蒂安·勒科尔尼（Sébastien Lecornu）在厄尔省选区当选，而他的同事即负责旅游事务的国务秘书让－巴蒂斯特·勒穆瓦纳（Jean-Baptiste Lemoyne）在约讷省再次当选。尽管他们已经当选参议员，但他们并不会真正出席参议院会议，而是由他们的候补人员代行职责。总之，共和国前进党在改选中所遇到的困难明显小于预期。以共和国前进党为核心的民主人士、进步人士和独立人士联盟议会党团（Groupe du rassemblement des démocrates, progressistes et indépendants）在新参议院中维持了原有的23席。

左翼欧洲生态－绿党原有5席，改选的结果是新赢得7席，在新参议院中共有12席，从而使欧洲生态－绿党得以在参议院中组成以它为核心的生态－团结与领土议会党团（Groupe écologiste-solidarité et territoires）。欧洲生态－绿党于2012~2017年曾经在参议院有一个议会党团，这次选举的胜利使欧洲生态－绿党议会党团得以回归。它延续了该党在2020年上半年市镇选举中胜利的势头，也进一步为该党扩大了政治空间，正如巴黎选区的欧洲生态－绿党党籍参议员埃丝特·邦巴萨（Esther Benbassa）所说："我们曾经很分散，欧洲生态－绿党议会党团的成立有助于我们在未来的省议会选举、大区议会选举、总统大选以及2022年议会选举中在参议院维护我们的利益。"

法共和共和与公民运动（Mouvement républicain et citoyen，MRC）原有16席，其中3席要改选，改选的结果是失去了1席，从而使以法共为核心的共产主义、共和与公民和生态议会党团（Groupe communiste, républicain et citoyen, écologiste）在新参议院中的席位减为15席。

民主与社会欧洲联盟（Rassemblement démocratique et social européen）

原有23席，其中13席要改选，改选的结果是失去8席，从而使民主与社会欧洲联盟党团（Groupe du rassemblement démocratique et social européen）在新参议院的席位数减少到15席。

独立人士运动（Mouvement des indépendants）、共和与领土运动（Mouvementdes république et territoires）原有14席，其中7席要改选，改选的结果是失去了1席，从而使独立人士运动和共和与领土运动议会党团（Groupe des indépendants-république et territoires）在新参议院的席位数减少到13席。

极右国民联盟通过改选最终成功地保住了其在参议院的唯一席位，尽管有些出人意料。国民联盟唯一的参议员斯特凡娜·拉维耶（Stephane Ravier）此前在马赛七区市镇选举中失利，而她在此次参议院部分选举中因获得来自其他方面的支持最终获胜。

通过参议员部分改选，右翼共和党在参议院中的多数派地位进一步得到加强，可以在新参议院中继续抗衡执政党和政府，阻挠马克龙改革、变革和转型议案的通过；左翼社会党受到挫折，但在参议院中仍然保持第二大党的地位，它可以联合其他左翼参议员起到反对党的作用；共和国前进党的情况要好于预期，但作为执政党在参议员部分改选中没有取得进展就意味着败北，不过，它可以在参议院中争取中间联盟、独立人士运动和共和与领土运动、民主与社会欧洲联盟的支持；欧洲生态-绿党延续2020年市镇选举胜利的势头，不仅赢得席位，还有资格重新组织自己的议会党团；法共的实力和影响力继续下降；国民联盟在参议院部分改选中非但未有突破，其势力和影响反而缩小。

三 市镇选举和参议院部分改选后法国政党新动向

（一）政党格局依旧，但政党实力和影响有新变化

2017年法国政治版图发生大变动，由马克龙创建的共和国前进党［原名"前进运动"（Mouvement en marche，EM）］异军突起，在这一年总统选举和议会选举中取得双重胜利，一跃成为全国第一大党，一举突破了原来以

社会党居优的社会党、共和党与国民阵线（现国民联盟）组成的左、右、极右三极化政党格局，从而形成了以新中间政党——共和国前进党居优的共和国前进党、社会党、共和党、国民联盟组成的中间、左、右、极右四极化政党格局。

新的政党格局在经历了2017年9月参议院部分改选（属于第一序列区域）和2019年5月第九届欧洲议会选举后并未发生重大变化，但是，各个主要党派和政治力量此消彼长。共和国前进党虽然在参议院和欧洲议会中不占有优势地位，但是夺得法兰西第五共和国第十一届总统宝座和控制了第十五届国民议会，作为"新型政治力量""第四种政治力量"登上法国政治舞台，上升到全国第一大党和执政党地位，从而使法国出现"中间派政治倾向"，遏制了法国政治两极化。欧洲生态–绿党通过欧洲议会选举浴火重生，其政治力量有所加强。传统两大党社会党与共和党虽然在参议院中保持较大优势，但在新欧洲议会中双双落败，其政治力量和影响逐渐衰退。参议院部分改选和欧洲议会选举遏制了极右国民联盟进一步发展的势头。

新的政党格局在经历了2020年3月和6月市镇选举、9月参议院部分改选（属于第二序列区域）后依然没有被突破，维持着以新中间政党——共和国前进党居优的共和国前进党、社会党、共和党、国民联盟组成的中间、左、右、极右四极化政党格局，但是，与2017年、2018年和2019年比较，各个主要党派和政治力量发生了此消彼长的明显变化。

共和国前进党作为全国第一大党和执政党，在政治、经济和社会改革中的失误，尤其是对新冠肺炎疫情的认识不足和措施不力，导致了连续三波疫情，引起了法国民众的不满，从而使共和国前进党的声誉接连下降。除此之外，共和国前进党原本就是一个比较松散的政治组织，近年来不断地发生裂变。2020年5月，国民议会中共和国前进党议员奥雷利安·塔谢（Aurélien Taché）带领16名共和国前进党议员倒戈，与社会党籍一些议员共同建立了新党"生态–民主–团结"（Ecologie Démocratie Solidarité，EDS），6月改名为"我们–明天"（Nous Demain）。该政党主张"人道主义、环保主义和女性主义"，宣布其"保持独立的立场，既不属于多数派，也不属于反对派"。

共和国前进党原有314个议员席位,但陆续有人出走。5月发生裂变后,该党在国民议会仅剩下288议员,差1名议员就会失去议会绝对多数,这不啻为一个沉重的打击。尽管共和国前进党的实力和影响有所削弱,但依然在中间、左、右、极右四极化格局中保持优势地位。

欧洲生态-绿党通过2019年第九届欧洲议会选举起死回生,通过2020年市镇选举和参议院部分改选迅速崛起,其势力和影响日益扩张,导致法国政坛和法国社会掀起了"绿色浪潮",从而推动了法国政治力量的重组以及政党之间关系的变化和调整。欧洲生态-绿党过去在法国左翼中是从属于社会党的"配角"地位,目前逐渐向着替代传统左翼社会党的"主角"地位方向发展。尽管如此,就目前而言,欧洲生态-绿党无论从组织结构、成员数量还是从在法国议会两院中议员的数量来看,都不足以在政党格局中替代社会党单独作为左翼极的代表。

社会党在2020年市镇选举和参议院选举中基本上保持了原有的地盘,但其实力和影响继续下滑。社会党正在重组,它的第一书记奥利维耶·富尔(Olivier Faure)就更改社会党名称一事在党内发起讨论。富尔在2020年11月接受媒体采访时认为,"社会党"这一名称如今被错误理解,"和某些措施、某些时代绑定在一起,不能体现我们的变化"。社会党需要改变身份。这是二战后"百年老店"出现的第二次危机,第一次是在20世纪60年代末70年代初,社会党〔副称为工人国际法国支部(Section française de l'Internationale ouvrière,SFIO)〕四分五裂,1971年在弗朗索瓦·密特朗(François Mitterrand)主导下,法国左翼(法共除外)实现统一,定名为"社会党",取消副称,自此社会党实力和影响日益扩大,终于在1981年赢得总统选举和议会选举的双重胜利。尽管社会党处于二战后的第二次危机中,但它的实力和影响仍然存在,不可忽视,它仍然是法国左翼中的主要力量和主要角色,是法国政党格局中左翼极的代表。

法国前总统、共和党人尼古拉·萨科齐(Nicolas Sarkozy)丑闻缠身,对共和党声誉产生不利影响。尽管如此,共和党在2020年市镇选举和参议院部分改选中基本保住了自己的地盘,从失败的阴影中走出来,选出克里斯蒂安·雅各布（Christian Jacob）为党的主席，其实力和影响有所回升。共和党仍然是目前法国右翼中重要的政治力量和主要角色，是目前法国政党格局中右翼极的代表。

国民联盟在2020年市镇选举和参议院部分改选中成绩平平，但在法国民族主义、民粹主义和极端主义盛行的情况下，国民联盟的实力和影响仍然不可小视，它仍然是目前法国政党格局中极右极的代表。

（二）各个主要政党大打"绿色""生态"牌，以争取民心

马克龙总统及执政党——共和国前进党提出"重振法国"的口号，并把"绿色、生态"列入"重振法国"的中心内容，马克龙于2020年7月3日更换原来的菲利普总理，任命让·卡斯泰为新总理并组织新一届政府。为了推行"绿色、生态"政策，卡斯泰总理任命欧洲生态-绿党前负责人、如今从属于执政党的芭芭拉·蓬皮莉（Barbara Pompili）出任生态转型部部长，并将其排为新政府的第三号人物，旨在争取欧洲生态-绿党的理解和支持。新总理卡斯泰于7月15日在国民议会发表施政演说，提出要"打造法国，或者说重振法国"，要"生态型增长"，而不仅仅是"绿色增长"，要把生态转型和购买力统筹考虑。7月26日，卡斯泰政府宣布，将1000亿欧元的复苏计划预算中的300亿欧元用于投资生态转型事业。"所有复苏措施都以建立一个基于去碳化、节能和绿色创新之上的新经济增长模式为目标"，并强调，"这是一个绿色经济复苏计划"。马克龙还于2020年12月在"公民气候大会"（Convention citoyenne pour le climat）上宣布，政府将提议在宪法第一条内加入新条款，以对环保做出承诺。

欧洲生态-绿党继续高举"生态政治"旗帜，关注法国的环保、生态、大气、核污染，关注民生，贴近民众的日常生活，及时地反映城市居民的愿望和诉求。欧洲生态-绿党在其掌控的大中城市中提出了诸多以环保和生态为主要内容的政策主张，如以"生态政治"引领城市规划，努力实现可再生能源的自给，尽早实现低碳交通，发展循环经济与生态农业，推动居民向"绿色生活"转型等。这些政策主张，扩大了欧洲生态-绿党"生态政治"

的内涵，也为该党的"生态政治"具体实践起到全国性的示范作用，以进一步赢得法国民众更加广泛的支持。

社会党在第一书记富尔领导下倾全党之力正在整顿组织，发动全党进行大讨论，其主题是"何为社会主义"，如何回应"生态转型、男女平等"等问题，并酝酿党的新名称，制定新的政治纲领，其核心目标就是适应新的国内外形势，以"环保、生态、绿色"贯穿党的组织结构以及党的宗旨、原则和纲领，重建社会党。为了显示高举"生态、绿色"的旗帜，社会党早已在党的标志"拳握玫瑰"下方注明"社会-生态"（social-écologie），并加粗"生态"，以便吸引左翼、绿党、生态团体和法国民众的眼球。

在2019年10月全国代表大会通过的《共和党基本原则宪章》中，共和党就意识到"生态和气候的紧迫性"。为了民众身体健康、造就宜居环境、保持生态平衡，共和党也将"环保、生态、绿色"作为党的基本原则之一，作为共和党成员的行动指南。

国民联盟继续在极右思潮、极端民粹主义、排外主义指引下，提出"安全""移民""环保"等法国民众日常关切的问题，以便吸引和争取民众的支持。

（三）各个主要政党紧锣密鼓地筹备2022年总统选举

2020年距离2022年上半年总统选举还有一段时间，但法国政党已经在紧锣密鼓地酝酿和筹备未来的总统大选。

马克龙总统与执政的共和国前进党更迭菲利普政府，成立"600天"的卡斯泰政府，除了旨在应对第二波新冠肺炎疫情和实施"国家复兴计划"外，法国媒体和舆论普遍认为，另一个主要目的就是布局2022年总统选举，当然包括2021年6月的大区议会选举和省议会选举。法国媒体和舆论还指出，马克龙总统在卡斯泰政府成立后的许多讲话和接受国内外媒体的访谈中，虽然没有明言，但潜台词或多或少指向未来的总统选举——谋求连任。为此，马克龙总统加大了宣传力度，不仅公开活动增多，还通过宣布好消息来改善形象。马克龙的亲信、国民议会议长里夏尔·费朗（Richard

Ferrand）于2020年9月17日表示："我希望……他会成为第二任期的候选人，并且能够当选。"费朗还进一步断言："目前（马克龙）并没有一个像样的对手。"9月法国民调显示，马克龙的民意指数要高于前两位总统的同期水平。不过，爱丽舍宫并没有放松警惕，马克龙亲信都在密切地跟踪法国媒体和舆论关于各个党派筹备总统选举的事宜。

社会党领导机构和第一书记富尔已经决定，该党筹备总统选举分三步走：第一步是整顿组织，改头换面，提出新的政治纲领和口号，以适应时代和大选的需要；第二步是谋求左翼和欧洲生态 - 绿党的联合和结盟，通过联合和结盟壮大自己，使社会党走出低谷；第三步正如富尔在2020年11月接受法国媒体采访时谈到的，呼吁左翼和绿党阵营在2021年实现一场"大爆炸"（Big Bang）式的彻底革新，提出左翼共同的总统候选人。他疾呼："如果我们不能做到尽可能地团结一致，那么2022年第二轮必然还是马克龙对勒庞，这种态势很明显，连一个五年级的孩子都知道怎么和你解释。"但社会党第一书记的思路受到法国前总统、社会党人弗朗索瓦·奥朗德（François Hollande）的警告，他在《法国西部报》2020年8月29日刊出的一篇采访文章中指出，社会党"有责任"在2022年的大选中成为左翼的"中坚力量"和"轴心"，不应该"归附"环保党，也不要"投靠""不屈法国"。总的来说，社会党内部现阶段还没有众望所归的总统候选人，但在这一年里，一些社会党领导和精英，如奥朗德，前社会党政府经济部部长阿诺·蒙特堡（Arnaud Montebourg），前社会党政府环保、可持续发展及能源部部长塞戈莱纳·罗亚尔（Ségolène Royal），现任巴黎市市长伊达尔戈等，不顾社会党的筹划，已经先后明里暗里表示要参加2022年总统竞选。罗亚尔在2020年12月宣布参加总统竞选时说道："现在是女人当总统的时候了。"伊达尔戈的亲信、巴黎第一副市长埃马纽埃尔·格雷瓜尔（Emmanuel Grégoire）则于2021年1月推出一个名为"共同理念"的平台，目的是"为2022年社会和生态左派献计献策"。他表示："左翼联合的呼吁已经初露端倪，而安妮（即伊达尔戈）则是同时体现连续性和超越性的人物之一。"社会党第一书记富尔最近也表示，他认为伊达尔戈会是左翼中最具声

望者，会成为一位"优秀的总统"。而伊达尔戈本人也频繁地同左翼各重要人物会面，其中包括富尔、奥朗德、宪法委员会主席洛朗·法比尤斯（Laurent Fabius）。她还坦言，2022年总统选举不能只有马克龙和勒庞二选一这一种选择，还应有另一种可能。伊达尔戈亲信透露，这位巴黎市市长将在2021年9月正式表明态度。蒙特堡于2021年1月9日在《观点》周刊上表示，很明显他是否"投身"2022年总统大选的问题已经被提出来了，他要参加2022年的总统竞选。他在2020年11月出版的新书书名即为Engagement（兼有"投身参选"和"承诺"之意），而一个新政治组织Engagement（与他的新书同名）于2021年1月10日宣布成立，旨在协助蒙特堡进行竞选。

共和党中的各路人马也在紧锣密鼓地筹备，觊觎总统职位者越来越多。前法国总统、共和党人萨科齐在法国媒体上频频亮相，共和党内一些人士声称，萨科齐仍将是2022年大选右翼的一个"假定人选"。共和党重要人物、上法兰西大区区长格扎维埃·贝特朗（Xavier Bertrand）2020年9月在接受《巴黎人报》访谈时称自己已经"前所未有地下定决心"："我代表了一个社会的、大众的、有能力聚合人心的右翼，并且始终拒绝同极右翼进行任何妥协。"还有奥弗涅-罗讷-阿尔卑斯区区长、共和党前主席洛朗·沃基耶（Laurent Wauquiez），共和党参议员布律诺·勒塔约（Bruno Retailleau）等潜在候选人都跃跃欲试，他们或积极地从事政治活动，或在媒体上频频露面，以扩大影响力和提高知名度。共和党内就总统候选人的产生方式也有争论：有人坚持"初选"；有人反对，主张"让现实"决定。在乱哄哄的情况下，共和党主席雅各布在2020年12月召开政治局会议后宣布，关于参加总统竞选的策略和推荐总统候选人事宜在2021年6月大区议会选举和省议会选举后再做决定。

极右国民联盟主席玛丽娜·勒庞早在2020年1月就宣布，她将投身选战的前期准备工作。2021年1月是她接替其父让-马里·勒庞（Jean-Marie Le Pen）党首十周年，她已经按捺不住参加总统竞选的兴奋，她在接受BFMTV新闻频道采访时表示，愿意对所有法国人阐述政纲，无论他们是哪个党派的支持者。在 21 世纪的历次大选中，极右组织的总统候选人所获得的选票取得进展，2002 年在第二轮选举中获得 550 万张选票；2007 年第一轮获得 380 万张选票；2012 年第一轮获得 640 万张选票；2017 年第一轮获得 770 万张选票，第二轮获得的选票高达 1060 万张，创该党历史新高。法国舆论预测，从目前法国盛行民粹主义、民族主义、极右主义和极端主义的情况看，2022 年大选极有可能又是国民联盟总统候选人进入第二轮，与共和国前进党总统候选人对峙争夺总统宝座。不过，玛丽娜·勒庞的正式参选还需要在该党 2021 年大会上得到确认。在国民联盟内部，勒庞还受到贝济耶市市长罗贝尔·梅纳尔（Robert Ménard）和自己的侄女玛丽昂·马雷夏尔-勒庞（Marion Maréchal-Le Pen）的挑战。在这之前，国民联盟寄希望于在 2021 年 6 月大区议会和省议会选举中有所突破，取得"历史上好成绩"。

法国许多小党派也提前进行筹划。欧洲生态-绿党党首亚尼克·雅多（Yannick Jadot）宣布，在 2021 年 9 月进行党内初选，她本人早已跃跃欲试。极左翼"不屈法国"在丑闻和分裂中走弱，但其党魁让-吕克·梅朗雄（Jean-Luc Mélenchon）仍雄心勃勃，他于 2020 年 11 月表态："我准备好了，我准备出马参选，但条件是我要得到一项民众提名：只有当我征集到 15 万个保举签名时，我才会觉得获得了人民的提名，我才能确定成为候选人。"这是他继 2012 年和 2017 年之后第三次宣布参加总统竞选。

（四）寻找联合和结盟、增强和壮大自己成为法国主要政党的头等任务

经过 2020 年的市镇选举和参议院部分改选，法国主要政党的力量此消彼长，其特点是各个主要政党的力量都不占绝对优势，即便是在法国政党格局中占据主导地位的共和国前进党也已经从绝对的优势走向相对的优势，因此，寻找联合和结盟、增强和壮大自己成为法国主要政党的头等任务。

执政的共和国前进党在国民议会中失去了绝对多数，但它有一个"天然"同盟者——民主运动（Mouvement démocrate，MoDem）。该党在国民议会中拥有 46 名议员，从而确保了共和国前进党在国民议会中的绝对多数。

马克龙总统及其执政党推行的"经济政策靠右、社会政策靠左"的左右逢源政策,马克龙在卡斯泰政府中的人事安排以及推行以"环保、生态"为中心内容的"重振法国"政策,即旨在团结中间党、吸引生态党和环保党以及右翼党甚至左翼党。共和国前进党总代表斯坦尼斯拉·格里尼(Stanislas Guerini)于2021年1月表示,共和国前进党在选举中不搞"宗派主义",不拘一格联合各党各派。他联合民主运动、共同行动-自由-领土(Agir ensemble et Libertés et Territoires)等组成"共同家园"以显示该党走联合和结盟之路。

社会党三步走的第二步,就是争取实现包括环保党和生态党在内的左翼大联合,为此,社会党早已行动起来,对社会党本身进行初步的改造,强调"环保、生态",以便显示社会党联合环保党和生态党的意愿。在2020年市镇选举中,在许多大中城市,社会党和欧洲生态-绿党结盟,在第二轮投票中战胜对手,赢得了选举的胜利。但是,法国左翼各有各的打算,二战后法国左翼经常陷入"联合—破裂、分裂—联合"的怪圈,总之,法国左翼实现以社会党为核心大联合的道路充满荆棘。

共和党主席雅各布以"联合、化解矛盾和重新崛起"为宗旨,打造"伟大的右翼"。一方面,他要容纳与团结包括共和党内的各路人马和异见人士,与他们达成某种妥协,避免党内出现各种纷争和"自相残杀",从而达成共和党的团结和步调一致。另一方面,他还要联合其他右翼政党和中右政党,如民主人士和独立人士联盟(Union des démocrates et indépendants,UDI)。该党在洛朗·沃基耶(Laurent Wauquiez)担任共和党主席期间认为,共和党已变成"保守的政党",从而中断了与共和党的结盟。共和党主席雅各布要重新与民主人士和独立人士联盟和好,在此基础上进一步团结和联合其他右翼和中右政党。

欧洲生态-绿党原先是比较"封闭"的政党,坚持"精英政党",反对"群众性政党"的原则。经过2019年欧洲议会选举"起死回生"、2020年市镇选举的大胜后,欧洲生态-绿党开始实施对外开放的策略,以便通过对外开放进一步壮大自己,扩大影响。它首先要团结和联合如社会党、法共、左翼激进党（Parti radical de gauche，PRG）等左翼政党，还要争取中间政党部分异见人士的支持和合作。不过，欧洲生态-绿党的实力和影响能否进一步发展，还要经受2021年6月大区议会选举和省议会选举以及2022年大选的考验。

总之，经过2020年的市镇选举和参议院部分改选，法国各个主要政党将精力放在筹备2021年6月的大区和省议会选举上，最终目标则是2022年总统选举。为了获取2022年总统选举的胜利，法国各个主要政党除了整顿组织和提出相应的竞选纲领外，寻找联合和结盟对象也成为至关重要的任务。

B.3
法国经济：疫情冲击下的严重衰退

杨成玉*

摘　要： 新冠肺炎疫情冲击下，法国经济经历了第五共和国成立以来最严重的衰退，2020年经济运行呈现"上半年衰退、第三季度强势复苏、第四季度小幅下滑"的态势。疫情背景下，法国政府推出了大规模经济救助和复苏措施纾困产业、企业和个人，防范主权债务风险，积极实施产业链回迁战略，同时以经济复苏为契机引导经济向数字和绿色领域转型升级，以培育未来竞争力。长期来看，法国经济面临疫情防控、减少财政赤字、改革劳动力市场、重塑竞争力等诸多挑战。当前法国疫情波折反复、变种病毒层出不穷、疫苗有效性和普及性有待观察，经济正常化短期内难以实现，经济复苏形势不容乐观。

关键词： 法国经济　新冠肺炎疫情　经济衰退　纾困措施　经济复苏

法国在2020年成为确诊新冠肺炎病例最多的欧盟国家之一。法国为抗疫而反复实施的封城与宵禁措施导致消费低迷、供应链中断、失业率激增，财政赤字、公共债务等宏观经济指标进一步恶化。疫情给法国经济带来了剧烈冲击，2020年法国经历了第五共和国成立以来最严重的经济衰退。

---

* 杨成玉，中国社会科学院欧洲研究所助理研究员，经济学博士，研究方向为欧洲经济。

一 新冠肺炎疫情下的法国经济

整体上看,法国的经济衰退发展与疫情形势同步。2020年,法国经济表现出"上半年衰退、第三季度强势复苏、第四季度小幅下滑"的态势,大致可分为三个阶段。

第一阶段为2020年第一季度和第二季度,即第一波疫情期间。第一波疫情时期,法国付出了封城55天的巨大代价。法国国家统计与经济研究所(INSEE)数据显示,2020年上半年法国GDP同比下降12.4%,其中第一季度环比下滑5.9%,第二季度环比下滑13.7%,创下二战后最大衰退。社会经济活动下降了35%,受灾最严重的行业是建筑业,生产活动损失约3/4;贸易、运输、住宿和餐饮服务业,生产活动减少了约2/3;制造业生产几乎损失了一半。就业岗位削减了71.5万个,第二季度失业人数出现24.5%的历史性增长。这些情况使得第一波疫情期间,INSEE预测2020年法国经济将同比衰退11%。[①]

第二阶段为第三季度的复工复产时期。随着疫情缓解,法国于5月11日宣布解封,随即带动经济在第三季度呈现一种强势复苏的态势。在政府一系列复兴计划下,第三季度GDP环比增长18.5%,8~9月法国经济活动活跃指数仅比疫情前水平低5%。进口额恢复至同期水平的91%,出口额恢复至83%。制造业、酒店、餐饮和建筑等行业复苏均好于预期。此外,第三季度法国政府提供了超过100万个就业岗位。因此,在第三季度末法兰西银行做出了较为乐观的预测,将2020年法国经济增长预期调低至-8.7%,2021年和2022年法国GDP将分别反弹7.4%和3%,并期望于2022年初恢复至疫情前水平。

第三阶段为第四季度的"二次疫情"时期。从10月开始法国疫情出现

---

① INSEE, Produit intérieur brut (PIB) et ses composantes, 29 mai 2020, https://www.insee.fr/fr/statistiques/series/110309498.

反弹,法国全境从10月30日起再度封城,并从11月28日开始阶段性解封和宵禁措施。法国经济在第四季度再次出现下滑,第三季度产生的乐观预期转为悲观。法国央行于12月预计第四季度经济增速同比下降8%,同时给出了降幅9%的全年预期,较9月预测的8.7%更为悲观。[1]但从数据上看,除酒店和餐饮业外,"二次疫情"对法国经济的负面影响要小于第一波疫情。农食、药品和部分工业领域已接近疫情前水平,但航空等交通运输业的经营情况仍不容乐观。INSEE数据显示,第四季度法国经济环比下降1.3%,疫情对经济的负面冲击远低于上半年的水平。

2021年1月,INSEE交出了2020年法国经济的"成绩单"。2020年法国GDP同比下降8.3%,失业率接近11%,达到历史峰值。[2]从组成结构看,消费在四个季度的变化分别为-5.7%、-11.6%、18.2%和-5.4%,全年下跌7.1%,对GDP贡献度最大;投资的变化分别为-10.6%、-14.7%、24%和2.4%,全年下跌9.8%,波动更为剧烈;经济活力下降造成的产能减少抑制出口,法国出口(-16.7%)所受影响要明显大于进口(-11.6%)。从经济增长动能看,消费、投资、净出口对经济增长的贡献度依次为-7%、0.2%和-1.5%。[3]

二 疫情中法国纾困措施及主要挑战

(一)推出大规模财政纾困措施

疫情中法国政府推出了一系列救助和复苏措施纾困产业、企业和个人,

---

[1] Banque de France, Prévoir le PIB mondial avec les données haute-fréquence, 11 décembre 2020, Document de travail n°788, https://publications.banque-france.fr/prevoir-le-pib-mondial-avec-les-donnees-haute-frequence.

[2] INSEE, Comptes nationaux trimestriels-première estimation (PIB) -quatrième trimestre 2020, 29 janvier 2021, https://www.insee.fr/fr/statistiques/5018361.

[3] INSEE, Évolution du produit intérieur brut et de ses composantes, 29 janvier 2021, https://www.insee.fr/fr/statistiques/2830547#tableau-figure1.

主要经济措施包括紧急救助、政府担保贷款、定向救助以及"国家复兴计划"。由法国采取的经济措施（见表1）不难发现，在第一波疫情期间，法国政府应对较为迟缓，主要根据经济受损情况"点对点"被动地出台政策，缺少协调一致，基本是"哪一个行业受损严重就针对性进行救助"。但到第三季度有序复工复产期间，法国出台的"国家复兴计划"瞄准后疫情时代经济复苏和未来竞争力，进行了主动的战略布局。第四季度第二波疫情暴发后，又开始出现较被动的情形，开始增加临时性的定向救助。纾困措施在实施对象上不仅包括了对企业、雇员的补贴，兼顾对旅游业、汽车业、文化传媒业、航空业等产业的定向扶持，而且还涉及对养老院、青年等困难群体的救助。

表1　2020年法国抗疫经济紧急措施一览

时间	类别	救助对象	金额	主要措施
3月17日	第一批紧急救助	企业、雇员	450亿欧元	援助企业和工薪人员
4月9日	追加紧急救助	企业、雇员	在原450亿欧元基础上追加至1100亿欧元	扶持企业和工薪人员，其中200亿欧元支持20家大型战略企业，向中小企业贷款5亿欧元，80亿欧元用于医疗，240亿欧元用于部分失业
3月17日	部分失业补贴申请机制	雇员	截至6月10日共投入310亿欧元	政府支付正常情况下员工缴纳社保前毛收入的70%，或者净收入的84%，如果是最低工资标准则全额支付，涉及5万多家企业、超过1000万名员工
3月17日	政府担保贷款	企业	3000亿欧元（6月10日追加至3270亿欧元）	延长中小微企业贷款的偿还期限
3月17日	团结基金	中小企业	80亿欧元	减免中小企业3月到5月的社会分摊金和其他税负，目前已减免30亿欧元，对于固定成本超过营业额20%的企业，团结基金将覆盖其固定成本的70%
5月7日	定向救助	养老院	1.017亿欧元	保障养老院员工薪，5060万欧元；购置抗疫物资，5110万欧元

续表

时间	类别	救助对象	金额	主要措施
5月14日	定向救助("国家复兴计划")	旅游业	180亿欧元	13亿欧元直接公共投资; 延长旅游业员工部分失业补贴; 提供国家担保贷款
5月26日	定向救助("国家复兴计划")	汽车业	80亿欧元(此外政府还承诺向雷诺提供50亿欧元国家担保贷款)	购车补贴,私人用户、商业客户购买电动汽车可分别获得7000欧元、5000欧元补贴;旧汽车转换成污染较小的汽车也会获得政府补助; 扩大基础设施建设,2021年前建设10万个充电桩; 6亿欧元投资基金,法政府出资4亿欧元,雷诺、标雪(标致雪铁龙)各出资1亿欧元用于促进增长、创新及多元化; 2亿欧元支持基金,加速汽车业的多元化、现代化和生态转型; 研发支持,1.5亿欧元支持未来汽车业创新和研发; 推进本土化
5月29日	定向救助	地方政府	45亿欧元	支援地方财政
6月5日	定向救助	科技类初创企业、文化传媒业	25亿欧元	一次性救助措施
6月9日	定向救助("国家复兴计划")	航空业	150亿欧元	向法航注资40亿欧元并提供30亿欧元政府担保贷款; 新飞机购置奖励,涉及数10亿欧元财政预算支出; 10亿欧元中小企业股权资金 3亿欧元基金,帮助企业实现数字化和自动化转型,以缩小同德国、意大利在此领域的差距; 加速脱碳进程,推进氢燃料飞机研发,将飞机碳中和的目标期限从2050年提前到2035年

续表

时间	类别	救助对象	金额	主要措施
7月23日	"青年计划"	青年	65亿欧元	鼓励企业雇用青年、促进学徒制发展、支持技能青年就业、帮助无技能青年深造、关注就业困难青年、"一人一策"青年就业援助、扩大公共服务岗位
9月3日	"国家复兴计划"	全国	1000亿欧元	旨在重振经济、推动再工业化、创造就业、加速生态转型
10月14日	定向救助	受宵禁影响的企业	10亿欧元	临时性措施,时限视疫情而定
10月29日	定向救助	困难的企业和商户	每月60亿欧元	临时性措施,时限视疫情而定

资料来源：作者根据法国政府网站资料自制，https://www.gouvernement.fr/en/coronavirus-COVID-19。

9月3日法国公布了为期两年、总额为1000亿欧元的"国家复兴计划"具体方案①，旨在重振经济，推动再工业化，创造就业，加速生态转型，力争法国经济在2022年恢复至疫情前水平，该计划共分为三个部分。第一部分为"生态转型"，涉及资金300亿欧元，主要包括：110亿欧元用于发展交通业，其中47亿欧元拨付给法国国营铁路公司（SNCF）重建铁路货运；近70亿欧元用于建筑物能源改造，其中40亿欧元用于学校、大学等公共建筑物改造，20亿欧元用于居民建筑物改造；90亿欧元用于扶持企业进行能源转型，其中20亿欧元用于开发"绿色"氢能即非源自碳氢化合物的燃料；12亿欧元用于发展可持续农业与更健康的食品；30亿欧元用于加速自来水管网改造。第二部分主题为"竞争力"，涉及资金340亿欧元，主要包

---

① 其中400亿欧元资金来自"下一代欧盟"复苏基金。参见 Ministère de l'Economie, des Finances et de la Relance, Building the France of 2030 today: French recovery plan's measures for investors, Rédigé par DG Trésor · Publié le 12 novembre 2020, https://www.tresor.economie.gouv.fr/Articles/53c71f49-efc7-4bd0-ac6e-e9138efc0656/files/60d3f689-3c28-41aa-8cd8-613ae4a88ab9。

括：持续削减生产税，在2021~2022年总计削减200亿欧元；为微型企业和中小型企业提供30亿欧元的股权资本，其中2.47亿欧元支持中小企业出口，向医疗保健、关键性中间产品、电子、农业食品和电信五个战略部门提供6亿欧元投资，以确保价值链安全；110亿欧元用于下一个"未来投资计划"（PIA），其中3.85亿欧元用于扶持小微企业和中小企业的数字化转型，65亿欧元财政措施刺激青年就业等。第三部分聚焦"协调发展"，涉及资金360亿欧元，主要包括：65亿欧元用于"青年计划"；通过长期性部分就业来构筑"防失业盾牌"（66亿欧元）；增强国家就业基金中的职业培训职能（10亿欧元）；52亿欧元用于支持地方政府投资；60亿欧元用于改造医疗和社会护理机构，重组医疗服务并实现医疗领域的数字现代化；等等。此外，法国政府还于2021年1月启动第四项未来投资计划。计划未来五年出资200亿欧元助力法国战略新兴产业发展，其中，75亿欧元将用于支持法国高等教育、科学研究与创新；125亿欧元用于支持氢能、网络安全、量子计算、数字教育等战略性投资项目。

在对疫情这一紧急事件对冲方面，法国采取了与德国等欧洲国家几乎相同的应对措施，如出台部分失业补贴申请机制、政府担保贷款、减免企业税费、成立中小企业和小微企业团结基金等，这体现出法国经济较强的韧性和修复力，但也加剧了财政压力，对未来政策正常化形成了阻力。与此同时，纾困措施不仅着眼现在，还展望未来，一些较为系统的计划旨在以疫情结束后经济复苏为契机加快实现经济的转型升级和塑造竞争力。

（二）实施产业链回迁战略

疫情使法国意识到维护经济主权、保持产业链安全等问题，也成为欧洲国家中最早开始进行针对性部署的国家之一，旨在重视产业重塑、战略产业、供应链安全，引导医药、医疗、新能源、高科技等战略产业回迁，实现自给自足。为了降低对外依存度，法国政府设置支持企业回迁本土的专项基金，用于帮助战略性企业的产业链回迁。2020年7月，法国国家采购委员会和普华永道列出了可能需要回迁法国的113类"敏感"和"高风险"产品清单。① 其中，58 项产品被列为"需要"和"优先考虑"回迁法国，例如，对于外科手术机器人、可回收包装、金属 3D 打印设备等产品，需要在法国建立新的生产基地；对于供电发动机、耐火制品等产品，则需要从产业链较成熟的国家或地区回迁法国。58 项产品被赋予"优先"级别，年进口额约 1150 亿欧元。目前，回迁政策主要集中在四个战略领域：生物医药、食品加工、电子以及核心中间品产业。

一是生物医药领域，涉及 440 亿欧元药品、396 亿欧元医疗设备以及 15 亿欧元体外诊断试剂和仪器，其中 26% 的进口来自欧盟以外地区，主要进口来源国为美国、德国、瑞士、爱尔兰、比利时，从中国年进口额仅为 8 亿欧元。

二是食品加工领域，涉及 42 亿欧元鱼类、38 亿欧元奶制品、32 亿欧元肉类、31 亿欧元水果、30 亿欧元可可豆、30 亿欧元食用油、23 亿欧元茶及咖啡等，主要进口来源国均为欧盟成员国，约 30% 来自欧盟以外地区。

三是电子领域，涉及 117 亿欧元通信设备、65 亿欧元仪器设备、46 亿欧元电子元器件、22 亿欧元电池，67% 的进口来自欧盟以外地区，且每年还在以 1.9% 的增速增长。主要进口来源国为中国、德国、美国、越南、意大利。

四是核心中间品领域，涉及 313 亿欧元机动车辆、268 亿欧元航空零部件、122 亿欧元通用机器、120 亿欧元汽车零部件、117 亿欧元机械设备等，30% 的进口来自欧盟以外地区。主要进口来源国为德国、美国、意大利、西班牙、英国。

通过对以上四个战略领域的分析发现，法国回迁的相关产业，除电子产业对中国针对性较强外，其他产业的主要矛头均指向美国或其他欧盟国家。因此，我们需要冷静地看待法国产业回迁问题。虽然在疫情中，法国领导人多次表示要重视产业重塑、战略产业、供应链安全，也表示要实现医药、医

---

① CNA – PwC, Relocalisation des achats stratégiques, 9 July 2020, https：//www.pwc.fr/fr/assets/files/pdf/2020/07/fr – france – pwc – cna – relocalisation – des – achats.pdf.

疗、新能源、高科技等产业的自给自足，但仍存在经济基本面和政策、资金配套支撑不足等困难。

（三）防范主权债务风险

法国为纾困造成债务飙升，引发社会对于债务危机的担忧。为应对疫情，法国的举债规模也是前所未有的。2020年法国国库总司（AFT）向债市投放的债券，无论是单次募资规模还是长期发债额度都创下历史之最。截至9月30日，法国债务存量为2.015万亿欧元，平均偿还时间为8年零12天。尽管如此，法国国债利率总体还是平稳的，10年期债券二级市场利率仍然为负值。2020年初以来，法国发行的债券解决了年度财政净需求的一半左右，市场总体稳定。另一个积极情况是法国平均举债利率自年初以来一直维持在负利率区间，市场购债需求是举债额的2倍，国家增发债务并未损害投资者热情。得益于欧央行及时高效的货币政策，当前欧元区法国、意大利、西班牙等国家的主权债务与德国的息差保持稳定，主权债务风险基本可控。

长期来看，法国在危机期间大幅增加的财政开支避免了大规模破产和失业潮的出现，为法国经济保存了竞争力，有效规避了高昂的社会和政治成本。2020年法国储蓄累计近1000亿欧元，为未来消费和投资形成有力支撑。与此同时，国际资本对法国债务的认可度和购买意愿未减。当前，法国债务被外国投资者认购所占比重为8.2%，总体上保持稳定，继美国债务之后，法国债务国际化程度居全球第二位。法国债务具备地理上的多元化优点，在面临冲击时仍能保持稳定性。法国债务国际化程度较高充分说明了法国债务的吸引力。

（四）培育未来竞争力

以经济复苏为契机，法国着眼绿色和数字经济转型，支持氢能、网络安全、量子计算、数字教育等战略性新兴产业发展。法国以复苏经济为契机加强未来产业部署，以数字转型和绿色转型为切入点谋求突破，整体思路可归纳为"追赶差距"和"保持优势"两个部分。

"追赶差距"集中于数字经济。法国乃至欧洲自知在数字领域与中美存在差距,法国通过系列复苏计划的实施,希望提升制造业数字化水平,也希冀在人工智能、云计算等"新疆域"结合自身基础研发、运算等寻求追赶优势,同时也积极打造人工智能伦理等标准,建立规则制定权的软实力优势。另外,最早提出并在国内层面实施数字服务税,结合经合组织(OECD)巴黎总部优势制定全球性框架,在数字经济规则标准方面占据制高点。

"保持优势"集中于绿色经济。法国一直自视为绿色经济、应对气候变化领域的领导者。除提出应对气候变化、减排、生物多样性等概念外,在绿色经济领域持续发力,拥有一定优势。后疫情时代法国以加速实现碳中和为目标,稳固全球绿色技术优势的用意明确。一是产业绿色转型。法国政府将提供援助资金与企业承诺生态转型捆绑,推动航空、汽车优势产业绿色化。将"生态转型"作为1000亿欧元"国家复兴计划"的目标之一,投入300亿欧元资金用于重建铁路货运、建筑物能源改造、扶持企业能源转型、氢能源领域。二是培育核心竞争力。重点是绿色核能、氢能,阿海珐低碳核能技术、核能医疗运用,特别是在氢能源应用领域,2020年9月法国出台《国家无碳氢能发展战略》,加速氢能产业链整合。① 目前,法国氢能发展领跑全球,产业链上游法液空(法国液化空气集团)是全球最大的氢气生产商和储备商;中游法电(法国电力集团)等能源企业打通氢能供给环节;下游应用空客发布2035年零排放氢能飞机路线图,建造国铁氢动力火车,雷诺和标雪(标致-雪铁龙)已推出数款氢能源车型。三是助力基础设施转型升级。以绿色转型为契机,加速公共建筑物、农业基础设施改造和自来水管网改造。

---

① Ministère de l'Economie, des Finances et de la Relance, Stratégie nationale pour le développement de l'hydrogène décarboné en France, 8 September 2020, https: //www. economie. gouv. fr/plan – de – relance/profils/collectivites/strategie – nationale – developpement – hydrogene.

三 未来法国经济展望

世界银行《全球经济展望报告》预计2020年欧元区经济下跌7.4%[1]，法国以8.3%的降幅高于欧元区平均水平。与此同时，根据欧盟统计局数据，2020年法国经济衰退幅度明显大于德国、比利时、卢森堡、荷兰等国家，经济表现仅好于受疫情冲击最为严重的意大利和西班牙。其原因主要可归纳为社会特点、经济结构以及体制限制三个因素。

首先，崇尚个人主义、追求自由舒适的法式社会特点在很大程度上决定了法国很难有效控制住疫情。民众普遍崇尚个人主义，追求自由和舒适的生活空间，没有为公共利益牺牲自我的价值观。在第一波疫情"封城"期间，民众还自发组织巴黎马拉松，"黄背心"运动和医疗人员游行示威也未因抗疫"封城"受限，致使无法从根本上阻止病毒的传播。与此同时，民众追求个人主义，对政府出台的政策往往持怀疑甚至批评态度，对政府公共卫生政策的信任度低。

其次，疫情"精准"打击了法国的优势产业。疫情严重冲击法国经济结构中占比较大、附加值较高的产业，"精准"打击了旅游、酒店、餐饮、零售业、航空、汽车等优势产业。例如法国是全球最大的旅游目的地，创汇最多的旅游、酒店、餐饮及零售业等服务业受疫情打击最大，诸如航空、汽车等法国贸易顺差制造业也受到较大影响。优势产业受到疫情"精准"打击也是法国与欧盟其他国家相比经济受冲击较严重的原因之一。法国《2020年外贸统计报告》显示，2020年法国贸易逆差达652亿欧元，较2019年增加73亿欧元。在2020年全球货物贸易下降9.6%的背景下，法国货物贸易进出口分别同比减少13%和15.9%。其中，在法国出口中占比较大的航空业和汽车业的出口锐减直接造成法国外贸逆差增加。此外，传

---

[1] World Bank Group, Global economic prospects, A World Bank Group Flagship Report, January 2021，https：//openknowhttps//openknowledge. worldbank. org/bitstream/handle/10986/34710/9781464816123. pdf.

统上保持贸易顺差的服务业受旅游业中断影响,进出口分别减少13.8%和17.7%。①

最后,法国政治体制限制了政府抗击疫情工作的效率。一方面,法国政府自身防控决策相对滞后,在严格防控和经济损失两者之间犹豫不决;另一方面,政府政策的推动需要得到多数民众的理解和支持,需要较长的沟通时间,这种方式应对突发的紧急事件有局限性。此外,法国政府的纾困措施过于慷慨,对受损企业和雇员补贴的力度是欧盟国家中最大的,且援助周期一再延长,致使社会对疫情的负面影响变得"麻木",放任疫情蔓延。

长期来看,法国未来经济复苏形势不容乐观。第一,财政资金有限。目前一系列救助措施、补贴可以说是大刀阔斧,造成法国财政赤字和政府债务飙升。近年来法国财政赤字控制得力,在2017年控制在2.8%,10年来首次降至欧盟3%的红线以下,2018年和2019年进一步降至2.5%。但法国政府在疫情中推出多项紧急救助、政府担保贷款、定向救助、复苏计划等经济纾困措施,扩张性财政政策导致法国财政状况进一步恶化,预算赤字和公共债务"水涨船高",超过欧债危机时期水平。2020年财政赤字达1782亿欧元,增至GDP的10.2%。公共债务从2019年底的98.1%上升至2020年底的119.8%,在一年内跃升了20个百分点。财政压力进一步增大,未来经济复苏的资金投入空间相应收窄。第二,严格防疫与稳定经济的冲突。2020年法国在两波疫情均未实现根本控制的情况下仓促复工,其根本原因在于政府无力继续投入援助资金。政府"无偿输血"确实能够稳定企业及就业形势,但封城措施一旦解除、援助断供,可能面临大规模中小企业倒闭潮和失业潮。第三,社会矛盾激化。即使疫情平稳过去,后续还有大规模的结构性改革、宗教冲突、罢工潮冲击经济,在经济层面"蛋糕"越来越小的情况下"分蛋糕方案"导致的游行罢工和社会不平等日益加剧、贫困人口增加,

---

① Ministère de l'Europe et des Affaires étrangères, Résultats du commerce extérieur en 2020, 2 février 2021, https://www.diplomatie.gouv.fr/fr/politique-etrangere-de-la-france/diplomatie-economique-et-commerce-exterieur/actualites-liees-a-la-diplomatie-economique-et-au-commerce-exterieur/2021/article/resultats-du-commerce-exterieur-en-2020-05-02-2021.

社会层面宗教矛盾、分离主义导致社会割裂,都将拖累未来法国经济复苏前景。未来,法国面临疫情防控、减少财政赤字、改革劳动力市场、重塑竞争力等诸多挑战。

当前,对法国经济的展望可谓"悲喜交加"。一方面,法国疫情波折反复、变种病毒层出不穷、疫苗有效性和普及性有待观察,经济正常化短期内难以实现,宏观经济尚存很大的下行风险;另一方面,法国政府在疫情中推出了一系列救助和复苏措施,体现出法国经济较强的韧性和修复力,迅速将经济恢复至疫前水平、重振经济成为社会一致期待。法国央行将2021~2023年法国GDP增速预期分别设定为5%、5%和2%,并预计2022年中期法国经济才能恢复至疫情前水平。[①] 法国经财部将2021年增长目标设为6%,为近50年来最高增速,预计2022年经济增速将为1%,但经财部部长乐梅尔也坦言实现目标的困难较大,较为悲观的说法是法国经济在2023年底恐怕难以恢复至疫情前水平。[②] 经济复苏将在很大程度上取决于疫情持续、疫苗接种、病毒变异等情况的发展,破产和失业加剧、法国主要经贸伙伴的经济增速放缓等因素也使法国经济恢复至疫情前水平存在很大的不确定性。短期来看,法国政府期待全面疫苗接种推动经济在2021年下半年实现反弹;长期来看,法国经济真正的困难在于供应质量、投资和创新,未来提高行政效率、推行退休体制改革、降低失业率、增加全民工作时长才是破题的关键。

---

① Banque de France, Évaluation des risques du système financier français, Décembre 2020, https://publications.banque-france.fr/evaluation-des-risques-du-systeme-financier-francais-decembre-2020.

② Lesechos, Bruno Le Maire: la prévision de croissance de 6% pour 2021 "reste un défi", 12 janvier 2021, https://investir.lesechos.fr/marches/actualites/bruno-le-maire-la-prevision-de-croissance-de-6-pour-2021-reste-un-defi-1943052.php.

B.4 法国社会：帕蒂事件引发的"文明冲突"

——着眼于本土的社会问题

王 鲲*

摘 要： 2020年10月法国发生了一起针对中学教师的极端主义恐怖袭击。马克龙随后为受害教师帕蒂举行了国葬，并指出：法国不会放弃言论自由，将与宗教激进主义斗争到底。这一讲话发表后，在境外造成了较大影响。欧洲国家纷纷声援，而土耳其总统埃尔多安则激烈抨击了马克龙，号召抵制法国货。众多伊斯兰国家积极响应，在伊斯兰世界掀起了一波反法风潮。这不仅让法国在伊斯兰世界的形象有所下降，也让其国内反恐局势更加堪忧。马克龙政府出台《强化尊重共和国原则案》草案（简称"加强共和国原则法"）又引发了新一波的争议。

关键词： 帕蒂事件 恐怖袭击 法国与伊斯兰世界关系

2020年，法国经历了几起与宗教激进主义有关的恐怖袭击案件，法国政府的回应和应对措施不仅使法国内部关于穆斯林社区的争论甚嚣尘上，也引发了其与伊斯兰世界的紧张关系。"文明冲突"似乎日益成为法国国内治

---

* 王鲲，北京外国语大学法语语言文化学院讲师、副院长，主要研究方向为法国社会、法国文化。

理及对外关系中一个绕不过去的难题。分析这个问题的发展过程及法国政府对付这一难题的决策与后果,对我们理解当今法国社会的变化大有裨益。

一 帕蒂事件及后续

帕蒂事件发生于 2020 年 10 月 16 日。当天下午,位于法国巴黎西北郊孔夫朗 - 圣奥诺里讷市（Confluans-Sainte-Honorine）一所初中的历史老师萨缪埃尔·帕蒂（Samuel Paty）被杀害,随后被砍下头颅。凶手是一名 18 岁的穆斯林难民阿卜杜拉克·安佐洛夫（Abdullakh Anzorov）。他当日来到帕蒂的学校门口,当街将其杀害并鞭尸,同时高呼宗教口号,最后在与法国警方的对峙中被击毙。事件起因是历史教师帕蒂在课上介绍言论自由概念时,课件中包含有讽刺伊斯兰教先知的漫画。部分学生家长得知后认为自己的宗教信仰遭到了冒犯,并在网络上发布了对帕蒂不满的言论。这间接刺激了安佐洛夫走向宗教极端化并杀害了帕蒂。①

帕蒂课上所展示的讽刺画来自有争议的《查理周刊》。这家杂志社以敢于讽刺侮辱名人而知名。2015 年 1 月 7 日,该杂志社因刊登侮辱伊斯兰教先知的漫画遭恐怖分子持枪袭击,造成编辑部 12 人死亡、多人受伤。帕蒂在课堂上展示这些讽刺漫画是为了讨论《查理周刊》的行为是否属于言论自由的范畴。教师并没有表示支持讽刺漫画内容,而且提示班里同学课程中将有相关内容,如认为受到冒犯,可暂时离场。在帕蒂被杀的前一周,他受到了大量穆斯林团体的网络攻击,甚至有人在网络上要求开除他,但警局并没有针对他个人进行专门保护。而这名杀人凶手来自其他城市,和这所学校没有关系。

法国社会对这次针对教育工作者的恐怖袭击事件反应十分激烈,各界都进行了声讨。从 10 月 17 日开始,全法大、中、小城市爆发大游行,成千上

---

① 《安佐洛夫如何陷入恐怖主义》,法国 BFMTV 网,https://www.bfmtv.com/police-justice/professeur-decapite-comment-abdoullakh-anzorov-a-bascule-dans-le-terrorisme_AN-202010220366.html。

万的人冒着感染新冠病毒的风险走上街头,支持这位遇害教师。法国《观点》周刊22日引述民调称,87%的法国人认为法国非宗教世俗原则处于危险中,79%的人认为宗教极端势力已向法国宣战。① 在法国共和传统中,教师是其价值观的捍卫者和传播者。1905年,法国相继颁布了普及国民教育的《儒勒·费里法》(Loi Jules Ferry)和《政教分离法》(Loi de séparation des Églises et de l'État),通过向全国各地派遣传播共和价值的教师,来驱散天主教会对基础教育的把持,摒除宗教对儿童的影响。国民教育被视为科学向宗教宣战,第三共和国时期公立教育系统中的教师向孩子们传播世俗、共和的启蒙思想,也由此被诗人夏尔·佩基(Charles Péguy)誉为"黑袍骑士"(Hussard noir)。因此,在法国针对教师的恐袭就被视为宗教极端势力对共和国根本价值的宣战。

10月21日,在巴黎索邦大学院内举行了盛大的追悼仪式,约400人出席。仪式期间,马克龙总统为帕蒂追授法国公民最高荣誉——"荣誉军团勋章",并发表了长达15分钟的讲话。马克龙在悼词中说:"共和国每天在课堂里重生,自由在学校里传承延续。"他盛赞帕蒂是一位"了不起的英雄",叹息他不幸成为"愚蠢、谎言与仇恨的受害者",称帕蒂"被杀就是因为他是共和国的象征,是因为有人想要夺走我们的未来"。他还表示,法国不会禁止出版讽刺漫画作品,而是会继续捍卫讽刺漫画的出版自由,并且要打击极端主义。② 法国当局随即针对国内的宗教极端势力施以重拳,警方在短短几日内突袭了数十个极端团体,对激进分子同时发起约80项调查,并准备对231名处于政府监控名单上的外籍危险分子实施驱逐。③

---

① 《教师被斩首:全法国预计将迎来悼念游行》,法国《观点》网,https://www.lepoint.fr/societe/direct-enseignant-decapite-des-manifestations-attendues-dans-toute-la-france-ce-dimanche-18-10-2020-2396886_23.php。
② 《在索邦大学举行帕蒂全国悼念仪式上的讲话》,法国总统府网,https://www.elysee.fr/emmanuel-macron/2020/10/21/ceremonie-dhommage-national-a-samuel-paty-a-la-sorbonne。
③ 《帕蒂死后法国内政部长欲驱逐231名嫌疑人》,《赫芬顿邮报》网,https://www.huffingtonpost.fr/entry/apres-lassassinat-de-samuel-paty-darmanin-ordonne-lexpulsion-de-231_fr_5f8c5581c5b67da85d1f226d。

帕蒂事件并非事出无因。一方面，事件发生在《查理周刊》和巴黎恐袭五周年纪念期间。法国正在加紧对上述两个案件的审判，民众也在进行反思和纪念。另一方面，法国政府正在紧锣密鼓地准备对本国极端分裂势力开展打击行动。从某种意义上说，这一事件是极端势力的反扑。

2019年底，法国警方内部出现恐袭，引起法国政府的高度重视。2019年10月3日，巴黎警察总部一名警员突然持刀行凶发动恐怖袭击，造成4人遇害，袭击者最终被警方击毙。① 2020年2月，该恐袭案的议会调查委员会表示凶手发动恐袭前流露出许多极端化迹象。法国内政部部长也透露，在对全法约15万名警员的筛查中，目前已经发现106人涉嫌宗教极端化。马克龙发表讲话，计划限制极端势力在法国的发展。② 虽然疫情拖慢了计划的脚步，但是2020年5月13日，法国议会投票通过"打击网络仇恨"相关立法：社交网络等在线内容平台必须在1小时内移除与恋童癖和恐怖主义相关的内容，否则将面临高达其全球收入4%的巨额罚款。③

第一轮疫情稍有好转后，马克龙于10月3日再次发声，称"伊斯兰作为一个宗教在全世界面临危机"，法国需要警惕"宗教分离主义分子"，并宣布一系列措施，对法国伊斯兰教组织进行整顿。"伊斯兰宗教改革计划"包括一系列举措：冻结境外宗教机构在法国的银行账户；终止其向法国派遣神职人员，改为本国自己培养；彻底清查穆斯林协会，筛查有极端主义倾向的人员，要求协会签署《共和国价值宪章》；清理有宗教倾向的私立学校、文化和体育组织，实施更为严格的管制计划。这些举措旨在重新巩固世俗主义传统，抵御宗教势力对法国公共生活的渗透。④

---

① 《巴黎警察局警员受到一男子袭击》，卢森堡广电网，https://www.rtl.fr/actu/justice-faits-divers/paris-un-homme-s-attaque-a-des-policiers-dans-la-prefecture-de-police-7798383350。
② 《马克龙公布反"分裂主义"计划》，法国《巴黎人报》2020年2月18日。
③ 《打击网络仇恨法终获通过》，法国《世界报》2020年5月13日。
④ 《马克龙将宣布反分裂主义战略》，法国BFMTV网，https://www.bfmtv.com/politique/macron-presentera-sa-strategie-contre-les-separatismes-le-2-octobre_AD-202009210189.html。

法国社会：帕蒂事件引发的"文明冲突"

此前，伊斯兰教在法国的传播主要依赖境外输送神职人员，其中大部分神职人员来自北非马格里布国家，而幕后推手则是土耳其。土耳其宗教事务局每年给境外大量拨款，在境外训练神职人员，最终将这些人派往法德等欧洲国家工作，并资助欧洲各地的宗教场所建设。马克龙意识到，法国穆斯林已占到法总人口的8%～10%，如果他们受到的宗教宣传影响远超世俗教育的影响，这部分国民将永远无法建立共和国认同，而只会建立伊斯兰世界认同，乃至土耳其认同。法国必须要通过改革宗教教育，来捍卫自身的世俗化价值体系和政治体制。

纪念帕蒂的国葬并不是整个事件的结尾，而更像是新一轮紧张关系的序章。宗教极端势力和法国的斗争继续上演。10月29日，法国城市尼斯的圣母大教堂发生一起独狼式持刀恐怖袭击事件，导致3人死亡、多人受伤。死者中一人被砍头杀害，另有一人被割喉，这明显是对帕蒂事件的效仿。"伊斯兰国"极端组织宣称对该次袭击事件负责。① 同一天，在位于沙特阿拉伯吉达的法国总领事馆，一名警卫也遭到了持刀行凶者的袭击。② 作为帕蒂事件的余波，法国频繁发生新的恐袭，也可以看作恐怖主义势力对法国的一种示威。

二 帕蒂事件对法国社会的影响

帕蒂事件发生后，法国获得了世界主要国家的同情。就连一向与法国关系紧张的土耳其，都发出了针对恐怖分子的谴责。但是，马克龙在国葬演讲中提到要保护法国的讽刺漫画，捍卫言论自由后，舆论发生了变化。其中关于言论自由能不能侮辱他人信仰的问题，自2015年《查理周刊》恐袭事件以来就引发了广泛争论。法国自大革命以来保留有渎神的传统，但并未被全

---

① 《尼斯圣母大教堂持刀袭击：两死多伤》，法国《巴黎竞赛报》2020年10月29日，https://www.parismatch.com/Actu/Faits-divers/Attaque-au-couteau-dans-la-basilique-Notre-Dame-de-Nice-deux-morts-et-plusieurs-blesses-1709387。
② 《法国驻沙特大使馆警务遭袭》，法国《巴黎竞赛报》2020年10月29日，https://www.parismatch.com/Actu/International/Un-garde-de-l-ambassade-de-France-en-Arabie-saoudite-attaque-au-couteau-1709415。

世界所接受。

在法国本国，穆斯林信仰委员会（CFCM）发表声明，表示支持言论自由，但呼吁应对展示涉及先知的漫画进行"规制"，尤其是在学校或是在公共建筑上投影应当慎重。①

英国脱欧后，法国作为欧盟成员国中唯一的安理会常任理事国，在中东和西北非地区问题上雄心勃勃，希望有所作为。马克龙上任伊始，就信誓旦旦地表示要打击恐怖势力。一方面，法国积极参与美国主导的对伊拉克、叙利亚境内的"伊斯兰国"恐怖组织的打击；另一方面，在打击西非"博科圣地"恐怖组织的行动中，呼吁欧盟、非盟参与，并积极推动建立萨赫勒五国（G5）联合部队，扩大支持阵营。但2019年马克龙在大使论坛演讲中，也谈到西方霸权或将终结，指出法国当前的自我定位是率领欧盟扮演中美两极之间的平衡力量。② 由于以中美俄关系为代表的大国关系变动频仍，中东局势多变。叙利亚问题的解决为阿斯塔纳进程所主导，巴以问题受到特朗普承认耶路撒冷为以色列首都的干扰而陷入新的困境，黎巴嫩灾后重建工作受到总理人选不稳定的影响而滞后，法土关系再一次陷入了僵局，也门战事尚未平息，法国在中东政局中能够扮演的角色也越来越不重要。

三 《共和国价值宪章》和"加强共和国原则法"的出台

在2020年10月2日宣布反分裂主义战略后，马克龙不顾发生多起恐怖袭击，抛弃法国长达一个世纪的政教分离原则和政府不干预信仰自由的传统，出手挽救岌岌可危的"共和国价值"，开始以国家意志干预法国伊斯兰教会的宗教事务。法国政府从内外两个方向入手，对内通过《共和国价值

---

① 《法国穆斯林全国委员会呼吁部分放弃漫画权》，法国BFMTV网，https：//www.bfmtv.com/societe/religions/le – president – du – cfcm – appelle – a – renoncer – en – partie – au – droit – a – la – caricature – pour – ne – pas – offenser_ AN – 202010270160. html。
② 《2019年马克龙总统在大使论坛上的讲话》，法国总统府网，https：//www.elysee.fr/emmanuel – macron/2019/08/27/discours – du – president – de – la – republique – a – la – conference – des – ambassadeurs – 1。

宪章》，端正宗教团体和神职人员的"价值观"，借助"加强共和国原则法"的出台，整顿社会生活、教育等领域里违反共和国价值、带有强烈宗教色彩的行为；对外切断境外宗教势力对法国穆斯林的思想影响和对法国伊斯兰教会的资金和人员支持。

马克龙首先责成法国穆斯林信仰委员会起草一份所有法国伊斯兰宗教团体和神职人员都必须接受的《共和国价值宪章》。2021年1月17日，法国穆斯林信仰委员会宣布，该委员会的所有九个成员团体，均已经通过《共和国价值宪章》。委员会主席穆罕默德·穆萨维表示："该宪章重申了穆斯林的信仰与共和国原则的兼容性，这些原则包括世俗主义以及法国穆斯林对其公民身份的承诺。"①

随后，马克龙着手切断外国（土耳其、摩洛哥等）向法国派遣伊玛目的渠道，避免国外宗教势力左右法国穆斯林群体的思想，要求法国穆斯林信仰委员会创建法国伊玛目理事会（Conseil français des imams, CFI），并建立一套针对伊玛目的培训和认证机制。法国将借此培训本国的伊玛目，向穆斯林社区提供服务，防止激进化或分裂主义。② 目前有两所机构提供这一培训，完成全国将近3000名伊玛目的培训和认证大约需要六年时间。所有伊玛目要签署遵守《共和国价值宪章》才能得到法国伊玛目理事会的认证。法国左翼媒体批评有"共和国认证"的神职人员是一件很"穿越"的事情。法国的做法就像回到了大革命以前的旧制度，教会需要向国王宣誓效忠。③

马克龙还将国内宗教极端分子称为"分裂主义者"，指控他们生活在与主流社会相区隔的"平行社会"，在其中实行自己的宗教律法，图谋撕裂法国社

---

① 《法国穆斯林信仰委员会承诺15日内通过〈共和国价值宪章〉》，《巴黎人报》网，https://www.leparisien.fr/politique/le-cfcm-promet-a-macron-une-charte-des-valeurs-republicaines-dans-les-15-jours-18-11-2020-8409157.php。
② 《马克龙令法国穆斯林信仰委员会同意创建伊玛目理事会》，《赫芬顿邮报》网，https://www.huffingtonpost.fr/entry/islam-macron-obtient-du-cfcm-la-creation-dun-conseil-des-imams_fr_5fb62590c5b66cd4ad41d5ce。
③ 《迈向共和国认证的官方伊斯兰教?》，法国《解放报》2020年11月22日，https://www.liberation.fr/debats/2020/11/22/vers-un-islam-officiel-certifie-republicain_1806376/。

会。法国政府于 2020 年 12 月 9 日公布了一部法律草案,最初被称为"反分裂主义法"草案,后改为"加强共和国原则法"。其主要内容包括加强对宗教组织的监管、维护公共服务中立性、规范家庭教育等,在社会中引发广泛争议。虽然法国政府坚称该项法案不具有歧视性,不针对任何特定宗教,但其对伊斯兰教宗法习俗的针对性昭然若揭。马克龙也曾多次强调,此法是为了打击破坏法国的"分裂分子"和威胁共和国价值观的激进的意识形态。

该法案规定,法国的伊玛目必须取得国家的认证;法国伊斯兰各宗教团体必须签署承诺尊重"共和国价值的宪章",若违规须返还政府给予的资助;一旦发现宗教场所涉嫌煽动歧视、仇恨和暴力,政府有权将其暂时关闭;该法律还要求清真寺注册为礼拜场所,以便更好地识别、管控境外资金,超过 1 万欧元的外国资助必须申报;该法案规定禁止一夫多妻;除健康原因等特殊情况外,禁止儿童在家上学(旨在让儿童免受地下宗教学校影响)。同时,公立学校不再教授移民儿童来源国的语言和文化;该法案还规定,医生为年轻女性提供处女证明是犯罪行为,可处以罚款 1.5 万欧元和最高一年的监禁;任何人以意识形态或宗教极端主义的名义,对公务员和公共服务提供者施加压力,曝光他们的个人信息,迫使他们背离法国的政教分离"世俗主义"价值观,都将构成刑事犯罪;任何人在网络上散布仇恨言论都将受到刑事惩罚。①

"反分裂主义法"草案自 2020 年 12 月公布以来就一直伴随着争议。法国左翼人士和穆斯林群体批评马克龙政府针对伊斯兰教、污名化穆斯林,并多次发起示威。极左翼"不屈法国"领导人让-吕克·梅朗雄指责这部法律推行"国家无神论"②,且在国民议会投了反对票,认为政府利用恐穆斯林情绪的上升来获取政治利益,以期在新一轮的总统大选临近时吸引极右翼

---

① 《本周三部长会议上讨论的反分裂主义法包括什么内容》,法国《费加罗报》2020 年 12 月 9 日,https://www.lefigaro.fr/politique/separatisme-ce-que-contient-la-loi-presentee-ce-mercredi-en-conseil-des-ministres-20201208。

② 《反分裂法:梅郎雄捍卫非常开放的世俗化》,法国《费加罗报》2021 年 2 月 2 日,https://www.lefigaro.fr/politique/loi-separatisme-jean-luc-melenchon-se-fait-le-defenseur-d-une-laicite-tres-ouverte-20210202。

选民的选票。对于保守派和极右翼阵营来说，这部法案未指明宗教极端主义威胁，不足以达到效果。① 经过政府和议会的多处修改，2021年2月16日，国民议会在经过135小时激烈辩论后，以347票赞成、151票反对、65票弃权的结果通过该法案。3月底，右翼占多数的参议院通过该法案。英美媒体对此法律的通过表示担忧，称其会影响信仰自由，让法国穆斯林群体遭受歧视，重拳出击可能带来更严重的后果。②

结　语

伊斯兰问题是法国在外部和内部都绕不过去的一个议题。马克龙反分裂主义的宣言及其催生出的一系列恐袭事件，以及围绕"加强共和国原则法"产生的激烈争论，都证明了法国社会的分裂程度之深。为了遏制极端主义思想在法国的蔓延，预防法国成为滋生恐怖主义的沃土，马克龙政府希望通过一系列举措，整肃法国伊斯兰宗教组织，切断其与国外的关联，打击宗教极端化思想传播，消弭其存在的社会基础，重塑"共和国价值"。与此同时，法国社会中已经有8%～10%的穆斯林人口。因为这一群体的宗教信仰和身份认同与法国传统有异，全社会对法国政府的有关政策都非常敏感。这一群体还构成了法国民主选举的重要票仓，会成为法国各党派争夺或排斥的对象。左翼传统上希望吸引大多数处于社会底层的穆斯林群体，右翼则习惯把他们视为威胁和问题来源。由于采取更加严厉的治理措施，执政的中间派被视为有向右倾斜的趋势。2022年的总统大选即将到来，就此议题的争论只会越来越激烈。

---

① 《反分裂法：谁投了什么票？》，玛丽娅娜网，https://www.marianne.net/politique/projet-de-loi-contre-le-separatisme-qui-a-vote-quoi-a-lassemblee。
② France takes on Islamist Extremism with new bill,《纽约时报》网，https://www.nytimes.com/2020/12/09/world/europe/france-islamist-extremism-bill.html。

政 治 篇
Politics

B.5
从总统府到市政厅：
2020年法国疫情政治

王壮壮 张 敏*

摘 要： 自2020年2月以来，受新冠肺炎疫情的严重冲击，法国的政治生活紧紧围绕抗击疫情而展开。本文以疫情下的法国行政机构为主线，探究法国政治人物在卫生紧急状态下应对重大危机的特点。通过分析我们得出三点结论：一是法国各级行政机构在政治、经济和社会各界的批评声中防疫，在矛盾的防疫选项中决策；二是法国的政治体制在危机处理中展现出一定的弹性；三是新冠肺炎疫情对法国经济和社会发展造成了严重影响，但也为法国探索中央和地方治理模式、测试中央和地方关系提供了新情境，同时为我们观察法国政治运作提

---

* 王壮壮，北京外国语大学国际组织学院讲师，研究方向为国际制度、气候政治和外交；张敏，北京外国语大学法语语言文化学院副教授，研究方向为法国政治。

供了新案例。

关键词： 法国　疫情政治　危机治理　央地关系

引　言

在21世纪第二个十年接近尾声之际，全球陷入由新冠肺炎疫情引发的公共卫生危机之中。各国在经济成长、文化繁荣和对外交往等多个层面受到冲击，同时也在抗击疫情的过程中展现出国内政治的特点。就法国而言，抗疫自2020年2月便成为政坛焦点议题，政治生活的方方面面都受其影响：各项改革和群众运动火力大减甚至偃旗息鼓，第二轮市镇选举被迫推迟，总统频繁地发表全国电视讲话，媒体和民众议论的话题别无他选。在应对危机的过程中，法国的基本策略是在"开"和"关"的交替中寻求抗击疫情和保障经济民生的平衡，采取的是一种相对温和型的抗疫方针。本文聚焦疫情期间的法国行政机构，分析总统、总理和地方各级行政机构应对疫情的不同特点，探究法国政治体制面对重大公共卫生危机时的应对机制。由于法国和全球疫情尚未结束，本文仅讨论2020年2月末至2021年2月末发生在法国的抗疫事件和涉及的政治人物。

一　爱丽舍宫："民意至上"的总统

第五共和国宪法赋予法国总统极大的内政和外交权力，尤其当总统所属政党为议会多数派时，总统是当之无愧的权力"穹顶"（la voûte du pouvoir）。由于法国总统由全民直接投票选举产生，只对国民负责，无须对议会负责，因此在政治决策时必须时刻顾及民众诉求，以获得支持。尤其在总统第一任期的中后期阶段，总统为寻求连任往往更加注重选民的意见，民众支持率是总统优先考虑的事项之一。在抗击新冠肺炎疫情的决策中，总统马克龙是战

"疫"总司令,拥有绝对指挥权。面对这场严峻的公共卫生危机及其引发的后果,马克龙作为国家元首,在疫情发展的不同阶段,先后六次通过电视讲话与民众沟通(见表1),这在共和国历史上是绝无仅有的。马克龙的历次讲话各有侧重,在民众中引起的反响也不尽相同,并引发了不同的评论。一些评论认为,马克龙通过这一方式,更好地传递了相关信息,从而履行国家元首的职责,体现了共和国价值观。另一些评论则认为,这是马克龙在疫情政治中塑造形象,是为自己竞选连任做铺垫。事实上,在此次抗击疫情中,上述两方面应该都在总统府的优先考量范围内。

表1 法国总统关于疫情的六次电视讲话

次数	时间	主要内容
1	2020年3月12日	3月16日起关闭各级学校 维持3月15日市镇选举的第一轮投票活动
2	2020年3月16日	宣布法国进入战争状态,并发布"禁足令" 宣布允许在家附近独自锻炼或遛狗的政策
3	2020年4月13日	"禁足令"延长至5月11日
4	2020年6月14日	传递学校复课和餐馆复工等信息 6月28日举行市镇选举第二轮投票
5	2020年10月28日	两日后重启"禁足令",但严格程度低于第一轮防疫措施
6	2020年11月24日	分阶段解封

资料来源:笔者自制。

针对"民意至上",一方面,2020年,虽然各党派由于疫情缘故尚未推出参与总统角逐的候选人,但随着2022总统选举年越来越近,竞选的消息开始不时出现在媒体上。马克龙作为现任总统和议会多数派共和国前进党党首,竞选连任的雄心不言而喻。因此,他不能在处理与民众的关系上犯错。另一方面,法国总统作为最高级别的民选代表,需要在决策中兼顾民主防疫和科学防疫,兼顾自由价值和生命健康,兼顾经济发展和社会政策。因此,在实施两轮封禁措施之后,总统十分抗拒发布第三轮"禁足令",而是选择宵禁政策。这自然不是对抗疫情的最佳策略,却融合了民众意见和专家建议,保证了民众一定限度的出行自由,满足了经济和社会运转的基本需要。

但是马克龙为顾及平衡而采取的温和防疫政策并未取得十分理想的结

果。在防疫效果方面，由于封城和解封不断交替并且总统避免实施第三轮封城措施，法国每日实际感染人数继续维持在较高水平。自疫情出现至2021年2月末，法国已有近380万确诊病例。① 尽管如此，在民意支持度方面，民众对总统在疫情中的表现给予了一定的认可。在疫情暴发之初，法国与其他欧美国家一样，在心理准备和实际行动上都比较松懈。但疫情初期的慌忙应对并未损害总统的民众认可度，其平均支持率从2020年2月的31.71%上升到2020年3月的38.29%和4月的41.86%（见图1），与其执政初期的支持率接近。此后，马克龙的民众支持率维持在40%左右，超过密特朗、萨科齐和奥朗德三位前任总统同期的民众支持率。②

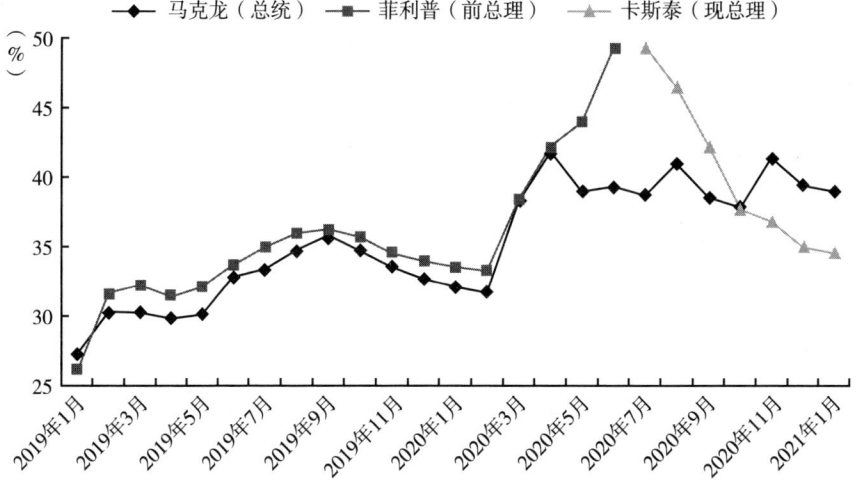

图1 2019~2021年法国政治领袖民意支持度调查

注：图中数据为 *Le Journal du Dimanche* 根据7份不同民调整理得出的支持率平均值。作者抽取2019~2021年的相关数据绘制而成。

---

① Santé publique France, Coronavirus：chiffres clés et évolution de la COVID－19 en France et dans le Monde，https：//www. santepubliquefrance. fr/dossiers/coronavirus － COVID － 19/coronavirus － chiffres － cles － et － evolution － de － la － COVID － 19 － en － france － et － dans － le － monde.

② Bloch, M., SONDAGES. La popularité d'Emmanuel Macron en recul pour le deuxième mois consécutif, *Le Journal du Dimanche*，https：//www. lejdd. fr/Politique/sondages － la － popularite － moyenne － de － macron － en － forte － hausse － sur － lannee － 2020 － malgre － une － baisse － en － decembre － 4015451.

马克龙这一相对较高的支持率或许可以从以下三方面得到解释。第一，从前期民调基数上看，新冠肺炎疫情出现前，受养老金多轨制改革和燃油税上调等政策影响，马克龙民调数字下跌较多。虽然对养老金改革政策的暂缓执行和"黄背心"运动给生产和生活带来的不便使总统支持率有所回升，但其支持度基本不超过35%。到2020年2月末疫情出现前，其支持率重新跌破32%，处于相对较低水平。第二，从政治体制上看，法国的政治体制面对疫情的冲击展现出一定的抵御强度、耐力和弹性。抵抗强度表现在法国政治机构能够在初期抗击疫情工作不力的情况下较快地扭转方向，调整防疫政策，调动国内力量并通过外交手段提高防疫能力；抵抗耐力表现在面对新冠肺炎疫情持续肆虐且防疫形势不断变化时，通过延长卫生紧急状态等方式，尝试不同的抗疫方法和节奏；抵抗弹性表现在法国总统、议会和各级公共行政部门都能在紧急状态下调整工作方式和节奏，甚至采取与传统价值相悖的措施，包括限制行动和集会自由、征用医疗产品和服务、限制商品价格等。第三，从民众的心理上看，面对一个世纪以来最严重的公共卫生危机，一向追求自由的法国民众为消除前所未有的紧张感和不确定性反而期待领导人有所作为，相对积极地配合政府的防疫政策，同时对国家的各项救助政策期待更大。

总之，在抗疫阶段，法国总统通过电视讲话向全国发布封禁和解封状态以及框架性防疫措施，并访问和视察医院和学校等具有代表性的机构，显示自己掌控战"疫"全局的能力，塑造了良好的总统形象。但是，这些并不足以保证现任总统能在2022年的总统大选中胜出。究其原因，首先，在疫情这种特殊情况下，其与两位前总统的民调进行比较并不能说明问题。在2015年1月发生针对《查理周刊》的恐怖袭击事件后，前总统奥朗德的支持率也曾同样迅速且大幅提升，但这并未持续很久，且由于大选前的民调过低，奥朗德不得不放弃寻求连任。其次，法国在防疫上并未取得突出的成绩，与意大利、西班牙和德国等欧洲邻国相比，其国民新冠疫苗接种率反而处于较低水平。虽然这并未对总统的支持率造成太大影响，但与四成的支持率相比，更大比例的民众并不认可马克龙的执政表现。马克龙打算谋求连任,需要避免在剩下的执政期内挑动本就因疫情而变得紧张的民众的敏感神经。是选择以抗击疫情为主线,继续扮演"救世主"的角色,还是重拾"改革者"的形象,逼迫民众重新穿上"黄背心",这或将决定马克龙在下届总统选举中的结果。2021年6月的大区选举结果也可作为一年后总统选举的风向标。

二 马提尼翁宫:批评和夹击中的总理

尽管法国行政制度存在双首长的特点,但总理需要由总统任命,同时得到议会批准并对议会负责。这就意味着总理要在总统和议会的夹击下施政。通常情况下,若遭遇选举失利或危机事件,总理大概率会成为"替罪羊",沦为政府重组的牺牲品。作为身处战"疫"大本营并穿梭于经济、教育和劳工等各行业的政府首脑,爱德华·菲利普总理在战"疫"中展现了矛盾的形象:尽管由他带领的政府在抗疫中受到各方批评,但其民意支持率反而有所提高;虽然选择辞职并被接受,但超半数法国国民却希望其继续留任。2020年7月,让·卡斯泰接替菲利普执掌马提尼翁宫之后也未改变各方对政府的批评,而且新总理的支持率由上任之初的高点不断下跌。由此可见,政府及其首脑并未能逃脱其在法国政治中"费力不讨好"的传统角色。

总统决定战"疫"的纲领性策略,具体政策的制定和实施则由总理领导下的政府负责操作和执行。此次防疫的超长战线中,菲利普政府在各个阶段都遭到批评。疫情初期,由于准备不充分,基本药物、医院床位和呼吸机出现短缺,连口罩、手套、酒精和护目镜等日常医疗用品也无法充足供应,因此很多医护人员、媒体代表、政党代表和普通民众同时对政府进行批评。在感染和死亡人数不断攀升之际,法国不得不进入"禁足"状态。这一限制出行的措施虽然得以推行,但关于人身自由的讨论蜂拥而至。在第一次解封前夕,总理在新闻发布会上未曾发布实质性的解封方法和措施,表示要"在不确定中做选择",这招致众多因疫情而无法出门的民众通过网络发出尖锐的批评。解封细则出台以后,包括交通运输行业和教学单位在内的很多机构表

示难以按照政府发布的严苛卫生预案恢复工作，不支持政府过早解封。尤其是在疫情科学委员会建议9月开学的情况下，政府依然为了恢复经济而要求学生在2020年5月11日解封后即刻返校。教师和家长代表，甚至连巴黎市市长都对此公开表示反对。最后，为减小压力，政府决定并不强制所有学生到校学习。但这又引来新的反对声音，因为差异化的政策可能造成学生的学习程度参差不齐。总之，在来自各方不绝于耳的批评声中，菲利普总理完成了法国历史上首次覆盖全境、针对全体国民的封城和解封任务。

然而，在解封一个多月之后，政府机构便出现疫情期间最重要的人事变动——菲利普总理辞职，新总理卡斯泰上任。菲利普于7月3日向马克龙递交辞呈的行为可以从两个角度加以解释。从履行总理职务的角度看，马克龙和菲利普在抗疫上存在不同意见。在第一轮市镇选举的问题上，总统曾希望推迟举行，而总理府依据疫情科学委员会给出的建议维持在原定日期进行投票；在第一轮解封问题上，总理希望在2020年5月11日之后继续延长"禁足令"，或者至少推迟学校开学，但总统坚持按原计划开学的想法并未改变。① 左派出身的马克龙和右派出身的菲利普不仅在疫情问题上存在分歧，疫情出现前二人就已在其他政策上产生分歧：在次级公路限速问题上，总理将最高速度从时速90公里降至80公里，但在遭到民众反对后，总统称考虑恢复原有政策；在碳税征收问题上，总理在面对"黄背心"运动时仍表示要坚持到底，而总统却希望放弃提高燃油税的政策；在基准退休年龄问题上，政府提出的64岁基准线遭到国民反对后，总统要求总理尽快找到和解的办法。因此，此次疫情只是促使菲利普提前离开了马提尼翁宫。

从个人政治规划的角度上看，菲利普在担任总理的同时于2020年6月重新赢得勒阿弗尔市市长选举，离开总理府可以解决与总统之间的政策分歧，而重新接手市长的工作可以弥补选民的信任，对选民负责。在2017年接受马克龙总统邀请成为法国总理之后，菲利普便离开了自2010年以来一

---

① Marcelo, W., Macron-Philippe, le début de la fin? *France Inter*, https://www.franceinter.fr/emissions/histoires-politiques/histoires-politiques-28-avril-2020.

直担任的勒阿弗尔市市长职位。此后，作为法国重要港口城市的勒阿弗尔市政府经历了包括新市长不雅照片事件在内的种种混乱。菲利普的回归既是市民支持的结果，也是许多当地政治和经济界人士的期待。由此来看，菲利普的辞职或许是主动选择和被动离开共同作用的结果。2020年3月举行的勒阿弗尔市市长初选就已揭开了菲利普重回勒阿弗尔的序幕，而这位前市长在第二轮选举中又一次获胜为其结束总理的工作做了决断。虽然菲利普结束了为期37.5个月的总理生涯，但其在疫情期间的民众支持率一直高于马克龙（见图1），尤其是在2020年6月其近50%的民意支持率使爱丽舍宫显得暗淡无光。

接替菲利普成为马克龙总统任期内第二位总理的政治人物是全面参与第一次解封协调工作、被誉为"解禁先生"的让·卡斯泰。第二阶段的封城和解封工作落到了新总理的肩上。总之，无论是前任总理还是现任总理，法国政府防疫政策都是在禁足和解封之间摇摆，封禁的程度也忽高忽低。菲利普总理曾明确表示在抗疫的同时不得不考虑经济因素，这就可以解释为何法国疫情防控效果忽上忽下。尽管第二阶段解封力度低于预期，但仍然无法避免一系列生产、生活及其引发的就业和社会保障问题。截至2021年2月末，法国已经实施两轮"禁足令"，尽管总统不把实施第三轮封禁作为首选，但找到有效的防控措施依然是政府需要面对和解决的问题。防疫效果不佳和决策犹豫不决使新总理自上台后逐渐失去民众的耐心，其民调已连续6个月下跌。与总统的支持率相比，卡斯泰的支持率已经连续4个月落后，与菲利普时期的情况大不相同。可见，与疫情初期相比，民众对政府防疫政策的耐心和配合度逐渐降低，这加大了马提尼翁宫未来防疫工作的难度。马提尼翁宫的主人也难以逃脱"费力不讨好"的命运。

当然，政府在疫情期间的施政依旧需要受到议会监督，与防疫相关的法律法规也要得到议会的批准。这在马克龙创立的共和国前进党在议会中占据多数席位时不成问题。虽然国民议会中7名共和国前进党成员因不满意马克龙的表现而选择在2020年5月解封一周后退出该党，致使议会第一大党因缺少1票而失去在国民议会具有象征意义的多数席位，但由于在众议院拥有

40多席的民主进步党和拥有10多席的行动党的政治理念与共和国前进党相近,而且它们在投票时完全配合执政党,所以政府提案并未在国民议会层面遭遇太多困难。2021年初,在关于延长卫生紧急状态的提案上,参议院在紧急状态结束时间点的问题上和在封城超过一个月是否需要通过议会投票的问题上向政府发难。与国民议会不同,参议院的选举方式不利于成立仅三年的共和国前进党,所以它在2017年的参议院改选中在总共344个席位中仅获得了23席。在2020年9月改选半数参议员之后,共和国前进党在参议院的席次更是减少到仅剩19席。参议院在卫生紧急状态问题上的"不配合"也就在情理之中了。因此,虽然在紧急卫生状态下,议会在法国政治生活中的角色有所弱化,但其批准法令和监督政府的基本功能并未缺失,政府的防疫工作依然要受总统和议会的"夹板气"。

需要指出的是,自新冠肺炎疫情出现以来,负责不同领域的政府各部部长都参与了政府的防疫工作,保障医疗、治安、经济和社保系统在卫生紧急状态下正常运转。虽然这些机构在疫情中的一些做法遭到社会批评,例如政府对戴口罩的态度前后矛盾,禁止医生使用抗疟疾药物氯喹治疗新冠肺炎,巴黎警察因黑人音乐制作人未佩戴口罩而对其进行殴打,小企业主在申请救济项目时遇到故意刁难等,但正是在中央政府多个机构联合参与抗疫的情况下,法国社会才逐渐适应了与疫情共存的新生活。

三 地方机构:进一步分权还是集权?

与其他多数西方国家相比,法国中央集权的程度较高,但通过权力下放和地方分权等改革,权力过分集中在中央而使地方治理效率低下、地方民主失效的问题在一定程度上得到了缓解。[①] 总体来说,大区、省和市镇等不同地方机构在经历两次权力下放之后拥有处理预算、教育、救助、卫生、交

[①] 张敏:《法国:从中央集权走向地方分权》,《法语学习》2017年第6期。

通、就业和治安等不同权限。① 然而,此次疫情期间,中央和地方机构的权力分配在卫生紧急状态下有所改变。

一方面,自2020年3月24日法国正式进入卫生紧急状态后,与民众关系最为密切的地方权力机构依旧可以发挥其功能。地方治理机构在特殊时期维持了公共机构的运作,并在法律框架下向地方民众与企业提供各类帮助,凸显地方权力单位在战"疫"中的重要作用。法国议会1983年7月22日曾通过了有关权力下放的法律,赋予各省在家庭和儿童健康防护方面的权限。针对此次卫生紧急状态,法国也出台了相关法令以保证各级民选机构能够在疫情期间继续执行权力,但其权力执行方式有所变化。例如,政府在2020年4月1日发布了一项法令,确保地方机构在卫生紧急状态下维持运转。该法令授权市(镇)长、省议会主席和大区议会主席可以自行行使职权,以缩短决策时间并避免相互接触。在疫情前,这些权力需要由议事机构授权后方可行使。地方领导在卫生紧急状态下,有权向各协会分配补贴,并有权为贷款做担保;同时,他们也可以决定是否通过音频或视频方式召开会议。② 虽然地方议事机构负责人的个人权力得到了加强,但地方议事机构仍然行使监督的权力,可以在该法令允许的情况下终止或修改对地区议会负责人的授权。从结果上看,地方行政机构在国家功能发挥不足或缺失时,起到了重要的补充作用。口罩事件便是一个明显的例子:当中央政府出现紧急征用、标准不一和付款延迟等问题时,各省和市镇政府各显神通,通过自己的渠道采

---

① 1982~1986年,法国通过25部法律和近200项法令来保证国家和地方治理机构的权力分配。这构成了权力下放第一阶段的主要成果。2002年5月,让·皮埃尔·拉法兰被任命为总理,这标志着权力下放运动进入新时期。第二次权力下放有两个特点:一是将权力下放写入宪法;二是赋予地方机构新的权限。参见Vie publique, Qu'est-ce que l'acte I de la décentralisation? https://www.vie-publique.fr/fiches/19608-quest-ce-que-lacte-i-de-la-decentralisation-les-lois-defferre; Vie publique. Qu'appelle-t-on l'acte II de la décentralisation? https://www.vie-publique.fr/fiches/19609-quappelle-t-lacte-ii-de-la-decentralisation。

② Ordonnance n° 2020-391 du 1er avril 2020 visant à assurer la continuité du fonctionnement des institutions locales et de l'exercice des compétences des collectivités territoriales et des établissements publics locaux afin de faire face à l'épidémie de COVID-19, Journal officiel de la République française, n°0080, le 2 avril 2020.

购防疫物资,这在一定程度上减轻了中央工作不力造成的防疫困难。可见,无论在"禁足令"生效阶段还是解封之后,地方行政单位作为国家权力的重要补充,对群众在防疫的支持、建议和教育上都起到了更重要的作用。

另一方面,中央政府在疫情处理过程中发挥了绝对主导作用。在卫生紧急状态下通过的新法令加强了中央政府的权力,法国防疫的集权形象有所增强。在第一轮"禁足令"解除阶段,曾有大区议员甚至大区议会主席认为总体方针可由国家制定,但各地的治理应由各区自己负责。① 但实际情况并非如此,虽然地方机构可以通过不同方式继续行使权力,但法国主要还是依靠中央治理危机的模式来应对疫情,而且作为中央政府代表的总理、大区区长和各省省长都在卫生紧急状态下扩大了部分权力。以2020年10月16日通过的为抗击新冠肺炎疫情需要采取必要应对措施的法令为例,该法令规定省长可根据地方防疫形势需要,针对当地居民和群聚活动采取加强或免除各种限制的措施。② 这显然增添了法国的集权色彩。早在该法令发布之前的第一轮"封城"期间,集权防疫的模式就已得到应用。具体来说,2020年3月26日发布的关于应对新冠肺炎疫情的补充法令扩大了大区区长和各省省长的权力,包括征用医疗卫生机构及其商品、服务和专业人员的权力,还包括海外领土或新喀里多尼亚当地具有领土管辖权的国家代表对已豁免的人员实施隔离的权限③;2020年4月8日通过的法令赋予大区和各省国家代表进

---

① Beytout, N., Gestion du confinement: les limites de la centralisation du pouvoir, *Europe 1*, https://www.europe1.fr/emissions/L-edito-eco/gestion-du-confinement-les-limites-de-la-centralisation-du-pouvoir-3964085.

② 省长针对全体居民决定的事项包括:要求佩戴口罩,禁止在公共道路上聚集,限制公园、海滩等公共场所的开放,对相关人员采取隔离措施,对相关地区实施宵禁政策等;针对专门活动决定的事项包括禁止游行活动、禁止群聚活动或给予豁免,以及对交通行业的营运给予限定等。详见 Décret n° 2020-1262 du 16 octobre 2020 prescrivant les mesures générales nécessaires pour faire face à l'épidémie de COVID-19 dans le cadre de l'état d'urgence sanitaire, *Journal officiel de la République française*, n°0253, le 17 octobre 2020。

③ Décret n° 2020-337 du 26 mars 2020 complétant le décret n° 2020-293 du 23 mars 2020 prescrivant les mesures générales nécessaires pour faire face à l'épidémie de COVID-19 dans le cadre de l'état d'urgence sanitaire, *Journal officiel de la République française*, n°0075, le 27 mars 2020.

行豁免的权力①；2020 年 7 月的法令授予省长禁止开放公共和娱乐场所的权力和强制佩戴口罩的权力②；2020 年 8 月 13 日的法令使大区行政长官和省长不仅可以禁止，还可以为公共和娱乐场所的接待活动制定专门的规章制度。③ 由此可见，拿破仑时期建立的国家代表制度所拥有的权力随着时间推移逐渐减小，甚至一度经历存废的讨论，但最终在抗疫时期，这些代表中央政府的高级公务员在第一线重新焕发活力。事实上，在新冠肺炎疫情出现之前，法国也出现过中央集权重新加强的现象。例如，1998 年 7 月通过的《反排斥法》（*Loi d'orientation relative à la lutte contre les exclusions*）、2000 年 7 月通过的《无固定居所人员的接待和居住法》（*Loi relative à l'accueil et à l'habitat des gens du voyage*）和 2000 年 12 月通过的《城市团结与更新法》（*Loi relative à la solidarité et au renouvellement urbains*）就增强了国家代表在住房和职业培训政策上的权力。④ 当然，卫生紧急状况下出台的各项政令本就适用于临时出现的特殊情况，疫情期间出现的集权趋势是否将在疫情结束之后被保留，需要进一步观察。

不可否认的是，采取中央集权还是地方分权的模式进行防疫与防疫效果没有必然联系。德国和西班牙同为分权程度较高的国家，但两国的防疫效果大相径庭；即使在联邦制的美国，各州防疫效果也大不相同。但是，这种国家委任代表和地方选举代表共同治理的结构必然会在适合度和配合度上产生问题。在适合度上，如何分配权力才能有效治理是个重要问题。在 2020 年

---

① Décret n° 2020 – 412 du 8 avril 2020 relatif au droit de dérogation reconnu au préfet, *Journal officiel de la République française*, n°0087, le 9 avril 2020.
② Décret n° 2020 – 860 du 10 juillet 2020 prescrivant les mesures générales nécessaires pour faire face à l'épidémie de COVID – 19 dans les territoires sortis de l'état d'urgence sanitaire et dans ceux où il a été prorogé, *Journal officiel de la République française*, n°0170, le 11 juillet 2020.
③ Décret n° 2020 – 1035 du 13 août 2020 modifiant le décret n° 2020 – 860 du 10 juillet 2020 prescrivant les mesures générales nécessaires pour faire face à l'épidémie de COVID – 19 dans les territoires sortis de l'état d'urgence sanitaire et dans ceux où il a été prorogé, *Journal officiel de la République française*, n°0199, le 14 août 2020.
④ Sénat français, Rapport d'information, *Annexe au procès-verbal de la séance*, 28 juin 2000, N° 447:179 – 184.

第一次禁足期间,法国中央政府规定所有露天市场在"禁足令"生效期间不可继续营业,除非得到省长的豁免才能重新开放,而最贴近民众和了解实际情况的当地市长或镇长却无法决定。这显然与地方分权的精神相违背,从效率和适合度的角度来说并非最佳方式。从配合度上看,在抗疫过程中,中央代表与地方政府在执行防疫政策时也产生了分歧。在法国西北部的鲁昂市,作为国家代表的行政官曾决定从2020年8月中旬开始在中心城区强制要求全市民众配戴口罩,然而包括欧洲生态-绿党、世代党和"不屈法国"在内的左派民选代表反对他的决定,认为这项政策应该排除骑自行车的人,因此谴责这一政策不公正、无效,而且适得其反。① 上索恩省参议员阿兰·茹瓦延戴(Alain Joyandet)就此专门向法国中央政府中负责区域协调及与地方政府关系的部长雅克丽娜·古洛(Jacqueline Gourault)提出质疑。古洛回应称:"无论如何,行政官们采取的措施都必须严格遵守适度性原则,否则保持社交距离的规定将无法得到遵守。"② 有效抗击新冠肺炎疫情,需要地方民选代表和政府任命的行政官之间有经常性和富有建设性的对话。因此,法国总理要求大区与各省的行政官与当地民选代表取得联系,以尽可能地扩大在公共场所配戴口罩的范围。③

结　语

在一年时间里,疫情扰乱了法国政治和社会生活的正常节奏,各领域活动几乎都只围绕疫情和抗疫而展开。从市政厅到省政府再到总理府和总统府,从市长到省长再到政府首脑和国家元首,法国政治机构都经历着新冠肺

---

① Leterq, M., "Injuste, inefficace": des élus de Rouen opposés au port du masque pour les cyclistes, *Actu. fr*, https：//actu. fr/normandie/rouen_ 76540/injuste - inefficace - des - elus - de - rouen - opposes - au - port - du - masque - pour - les - cyclistes_ 35521280. html.
② Sénat français, Réponse du Ministère de la cohésion des territoires et des relations avec les collectivités territoriales, *JO Sénat*, 3 décembre 2020, p. 5713.
③ Sénat français, Réponse du Ministère de la cohésion des territoires et des relations avec les collectivités territoriales, *JO Sénat*, 3 décembre 2020, p. 5713.

炎疫情的考验。随着时间的推移，法国的防疫过程也发生重要变化：从最开始对疫情重视不足转向严格防疫，之后因经济和社会压力不得不在防疫和恢复经济之间摇摆，最后接受与疫情共存的现实。

通过观察这一阶段的疫情政治，我们可以看到，法国的行政机构及其代表在质疑、批评和矛盾中展开防疫工作。在防疫和民意中抉择的总统会在决策不力时遭到指责，夹在爱丽舍宫、波旁宫和卢森堡宫之间施政的总理会针对其防疫政策听到不同的意见，各级地方政府的首长也在中央集权和地方分权的博弈中艰难地行使权力。同时，法国的政治体制在危机处理中展现出一定的弹性。在卫生紧急状态下，法国的政治决策者出于国家和社会整体利益的需要采取了限制公民自由的措施，立法和行政机构采用了音视频等非常规方式行使权力，公民也能够在特殊的情况下较好地遵守相对严苛的法律和政令。此外，新冠肺炎疫情虽然对法国乃至世界各国造成了破坏性的影响，但它同时为法国探索中央和地方治理模式、测试中央和地方关系提供了新情境，也为我们观察法国政治运作提供了新案例。

B.6
法国极右翼政党未能利用疫情成功翻盘

胡晓溪*

摘　要： 2020年的新冠肺炎疫情成为改变法国政治格局的不可控因素，它把深藏在平静生活中的矛盾都摊开到了明面上，是考验政府策划与执行能力的巨大挑战。面对这场空前的灾难，法国政府不断地提出自己的应对策略。而作为反对派，法国国民联盟在疫情中的政治表现也很积极。本文旨在研究疫情期间法国国民联盟的策略，分析其是如何评论疫情以及法国政府的应对措施，以探究其怎样利用疫情促发民族主义情绪，来扩大自己的影响，并准备2022年的法国总统大选。

关键词： 法国疫情　国民联盟　极右翼政党

法国国民联盟是法国传统极右翼政党，现在是反对派。在2020年的新冠肺炎疫情期间，法国国民联盟活动频繁，抓紧一切机会扩大自己的影响。目前在法国执政的是共和国前进党，因此防疫、抗疫的政策和措施均由共和国前进党主政的内阁决定和实施。疫情中，法国政府虽然有些手忙脚乱，情况有些失控，但民众对政府的依赖在持续增加，并没有出现政府信誉大幅下跌的情况。然而，国民联盟作为反对派，持续不断地利用疫情抨击法国政府

---

* 胡晓溪，中国社会科学院大学学生；本文经主编丁一凡指导。

与欧盟的作为,一方面显示其作为反对派的作用;另一方面也显示出其想借民众对疫情防控不利不满之机争取民心,扩大自己的影响。

一 利用疫情批评政府与欧盟

疫情给法国人民的生命带来了严重的威胁,也给他们的生活带来了诸多不便。截至2021年1月31日,法国累计确诊病例已突破315万例,死亡人数逾7.5万人。疫情重创了法国的医疗体系,加大了意外死亡的概率,并使经济陷入瘫痪。据统计,法国国内生产总值2020年萎缩的幅度大约为9%;全年失业人数高达69万,其中60万人原本有稳定的工作岗位,失业人口已占法国总人口的8%。

法国政府为了控制疫情做出了许多紧急决策,而国民联盟趁此机会发挥自己作为反对派的作用,例如在疫情初期,国民联盟主席玛丽娜·勒庞曾就政府关于戴口罩的决定提出反对,而在封城之后更是多次以人民的自由受到了禁锢为由抨击政府的抗疫决策。

与此同时,国民联盟以这次疫情带来的损失为实例,宣传自己的政治主张。例如,勒庞多次要求法国政府关闭法意边境,试图以疫情的蔓延为挡板,将封锁边境问题政治化,将排外主义合理化,并通过发出"反对移民"的口号为自己争取支持。除了针对法国政府之外,国民联盟也参与了欧洲极右党派和民粹主义者的"大合唱",趁机不断推高"疑欧"的音量。他们认为欧盟应对疫情"拖延""被动",理由是在资金、物资以及广受关注的是否关闭边境等问题上,欧盟迟迟不表明态度以及发出相互矛盾的声明。此外,"截胡"口罩、"争夺"物资等种种"难以共苦"的行为,在民众眼中更是成了对欧盟一体化宏图的讽刺。

但同时,国民联盟也并非单纯与政府作对,只是有选择性地试图激起民众对政府的不满。比如,他们没有大肆宣扬经济下滑,因为民众很容易察觉到这是疫情引发的现象。他们的做法是静观其变而非推波助澜,主要强调衰退造成贫富差距拉大等问题,让底层民众更加关注和支持国民联盟。

勒庞对于新冠疫苗的态度也证明了她的立场十分灵活，并非教条主义式的。最开始，国民联盟极为排斥新冠疫苗，例如前二号人物菲利波（Florian Philippot）就在2020年12月组织了一次反对"健康暴政"的集会，重点是反对新冠疫苗。他们大谈有关医疗管理不善的丑闻，并表示，"代议民主并不意味着在你失去控制的时候推卸责任"。但随着新冠疫苗作用的逐渐显现，疫苗的安全性也已被验证，勒庞表示虽然"不情不愿"，但自己还是做好了接种新冠疫苗的准备。抗疫的残酷现实表明，只有做到"群体免疫"，才有可能让法国恢复正常。在这样的情况下，勒庞只能又一次站在了大趋势一边。

二 利用疫情促发民族主义情绪

2017年法国总统大选时，勒庞的民意支持率曾达到27%，居各候选人之首。而当时国民联盟选情向好的原因可被归纳为：经济治理不善导致失业率高企，民众对移民政策不满，对老牌政客失望，经济发展停滞导致民众普遍敌视政治精英人士。法国政府防疫不利，促发了法国民众新一轮的不满，而这正好成为极右翼政党国民联盟发展的机会。

疫情威胁每个人的生命，多数民众的生活水平下降、资产减少，中产阶级群体缩小。这些问题导致公众容易高估涉及个人的风险，而低估对集体的威胁。国民联盟利用被疫情促发的民族主义情绪，更加大力地宣扬反移民和保护主义的经济政策。他们声称，要保护"小人物"，反对现有政治体制。他们认为，现有体制正危及国家，而主流媒体又助纣为虐。他们鼓吹，在资源有限的情况下，法国资源正在被外国人侵占，那些外国人引起了失业和犯罪，导致了民族文化的衰败。疫情期间，国民联盟这些蛊惑人心的言论煽动性就更强。

与此同时，在巴黎及尼斯发生的几起骇人听闻的恐怖袭击把法国人与外来移民之间的矛盾推上了风口浪尖。巴黎一位中学教师因在课堂上向学生出示了侮辱伊斯兰先知穆罕默德的漫画，在街上被人砍杀；在尼斯，极端分子潜进教堂，砍杀了两位神职人员。

国民联盟认为，法国最大的威胁就是日益壮大的非基督教宗教团体，而其中穆斯林团体是最危险的一群人。法兰西民族偏向于强调国家的整体认同，否认族群多元化的"雅各宾主义"。法国虽然欢迎移民参与经济建设，却强调外来移民应该融入法国社会的"共和模式"，以此保持法国的整体文化认同。然而，进入法国的穆斯林团体坚持伊斯兰文化，防止被法国文化同化。同时，这些穆斯林移民的后代还在不断发展着伊斯兰文化。从法国的角度看，穆斯林和其他外来移民不一样，不懂得入乡随俗的道理。尽管如此，穆斯林在法国已经成为一个无法忽视的庞大群体。根据2019年9月的数据，信奉伊斯兰教的人口在法国已经占8.8%，大约有600万人，超过信奉犹太教、新教等宗教的人口。伊斯兰已成为法国的第二大宗教，法国也成为拥有穆斯林人口最多的西方大国。

在穆斯林团体与基督教团体的冲突一触即发的紧张局势中，作为法国极右翼的领袖，勒庞呼吁，法国应拿起武器，武装起来，直面恐怖威胁。勒庞主张警察、宪兵和海关等方面都加强军事武装力量，同时，政府应取缔伊斯兰组织，关闭受极端主义思想影响的清真寺，驱逐那些在法国传播反法思想的外国人和在法国境内"无所事事"的非法移民。有一些极端的民众一边夸大政府在应对疫情上的无能为力，一边将难民和少数民族群体刻画为病毒传播源，发表种族主义歧视性言论。

国民联盟猛烈抨击在法国各地兴起的反对警察对穆斯林施暴的群众运动，同时还批评"撒南非洲抵抗联盟"是"极端的种族主义联盟"，称该组织频繁传播反白人、反法国人、反警察言论，并多次呼吁暴力行为。还有极右翼政客呼吁政府尽早取缔这个组织。

三 国民联盟政治现状

在最新一轮的市镇选举中，法国总统马克龙领导的共和国前进党在多个重要城市得票率落后，而绿党和极右翼的国民联盟势力则大增。国民联盟候

选人阿利奥的团队以52.7%的支持率取得了法国南部城市佩皮尼昂选举的胜利,这也是国民联盟首次斩获人口超过10万的城市。

当然,国民联盟能获得如此好的成绩,也与疫情期间投票的状况有关。法国的选举制度是"两轮多数投票制"。第一轮投票,所有候选人都可以参加。但只有得票最多的前两名候选人有权进入第二轮选举。这两轮投票之间一般相差半个月左右的时间。由于3月15日开始封城,第一轮市镇选举投票后,第二轮不能马上开始,直到6月28日才举行了第二轮投票。很多人既想参加投票,又怕病毒感染,于是申请了委托代理投票。尽管如此,第一轮投票时,弃权率竟高达55.34%,而第二轮的投票率也仅为40%左右,与2014年市镇选举第二轮投票率相比下降超过20个百分点。

在这种情况下,选民在两次投票中支持不同政党的可能性大幅增长。两轮投票之间隔了三个月,民众对于现任政府的不满情绪会导致他们在第二轮选举中改投反对党。另外,选民的成分也值得探究。大批弃权的选民可能正是听从政府安排、担心病毒传染的人;而冒着疫情风险去投票的人可能就是对政府的安排提出质疑的人,他们会更加积极地投票支持极右翼政党。

四 未来法国政坛的发展方向

法国的政坛并不稳定,传统的政党在萎缩,众多新的政党在崛起。其中,有相当一部分年轻的政党领袖其实并没有多少执政经验,政治思想也尚不成熟。这也就意味着,在法国的政治改革浪潮中可能会出现众多的激进分子以及荒唐行为。政客为了拉选票就要讨好选民,做出各种各样的承诺,开出各种各样直接或间接的"福利支票"。而选民只会想我要什么,并不会考虑这是否只是一张空头支票。这样的"欺骗"循环往复,政党就可能失去它们在民众中的威信。同时,法国近十年来的经济状况非常不好,GDP从2008年的2.92万亿美元降到了2018年的2.78万亿美元。经济增长停滞,失业率居高不下。在这种情况下,需要警惕法国是否会有反智主义浪潮的出现。尤其是在西方所谓的言论自由和新闻自由的背景下,反智主义很容易迅速扩大,而互联网及社交媒体的发展又降低了政治参与的门槛,越激烈的言论越容易吸引民众的注意。因此,反智主义一旦出现,不仅有害于政府的公共政策制定,也有害于法国政坛的理性重组。

法国政府对2021年经济发展持乐观态度,预测疫情过后法国经济有望出现"小跃进"。法国国家统计与经济研究所表示,在公共卫生情况逐步稳定下来的情况下,法国经济活动有希望在年中回到比新冠肺炎疫情出现前低3%左右的水平。当然这一预测的前提是:法国人广泛接种新冠疫苗,且疫苗能有效控制病毒的传播;法国逐渐推行经济重振计划,以及欧盟整体经济出现回升。然而,疫苗是否能够有效地控制新冠肺炎疫情尚没有定论,因为病毒的变异速度似乎大大超出人们的预期。

下一次法国的总统大选在2022年。在可能参加大选的候选人方面,极右翼的首领玛丽娜·勒庞将背靠国民联盟再度参选已是一个公开的秘密。传统的右翼政党共和党有几位候选人跃跃欲试。现任共和党主席洛朗·沃基尔(Laurent Wauquiez)已不掩饰自己的政治野心,前总统萨科齐同样想卷土重来,法兰西岛大区女主席瓦莱丽·佩克雷斯(Valérie Pécresse)也在做着准备,现任经济部部长布鲁诺·勒梅尔(Bruno Le Maire)似乎在等待时机,而上法兰西大区行政长官泽维尔·伯尔唐(Xavier Bertrand)则被舆论认为是右翼政党最有竞争力的候选人。

疫情之下,国民联盟在反对政府方面有着天然优势,他们也利用此次"机会"扩大了自己的影响力。但是,除了抨击政府外,他们并未能提出实质性的解决问题的方案。若在2022年的选举之前,法国右翼政党没有拿出一套完整的应对方略,它们将很难真正赢得民心。在这种时局下,右翼还会采取怎样的行动,是否还会有更大规模的动向为大选做出铺垫,值得我们认真观察和思考。

经 济 篇
Economy

B.7 数字税凸显欧盟内部"数字主权"之争

赵永升*

摘　要： 数字税凸显欧盟内部"数字主权"之争。欧盟各国对数字税态度各异，具体体现在征收与否、征收多少和何时征收三个方面。此番欧盟的"数字主权"之争具有多重特征：地理区域特征、经济体量特征和税收导向特征，即欧盟不同地理区域呈现出对数字税不同的态度，成员国不同的经济体量对数字税态度也不同，税收在国民经济中的不同地位也导致对数字税的态度不同。欧盟经验可为中国未来征收数字税提供借鉴。

关键词： 欧盟　数字税　数字主权

---

* 赵永升，对外经济贸易大学国家对外开放研究院法国经济研究中心主任，金融学教授，法国全法中国法律与经济协会副会长，主要研究方向为金融学（金融货币和金融地产）、经济学（欧洲经济和法国经济）、工程学（市政规划）等。

2020年11月25日，法国经济、财政与振兴部（简称经财部）宣布从当年12月起，按原计划开征数字服务税。经财部已向需要缴纳数字税的相关企业发出预付款征税通知，还特别指出该税项将涉及被称为"GAFA"的谷歌、亚马逊、脸书和苹果等美国数字巨头。[①] 这表明法、美两国之间历时近三年的"数字税争端"终于尘埃落定，以法国胜出而告终。

"数字税"作为一个新的课题，尽管学术界已有部分研究成果，但总体为数不多。已有文献主要集中在三个方面：现状介绍、动因分析和对中国的启示。张群[②]和岳云嵩等[③]分别对全球和欧盟数字税的最新进展和推进现状做了梳理，茅孝军[④]对欧盟数字税的兴起和演化做了详细介绍，梁嘉明[⑤]和张群则分别对法国和全球数字税的征管动因进行了简要分析。

然而，尽管有几篇文献已提及欧盟不同成员国对"数字税"这一新现象所表现出来的不同态度，却未能加以深入探究；既有文献亦未对数字税与欧盟诸成员国国家主权在数字领域的体现，即"数字主权"之间的关系加以研究。鉴于此，本文将着重探讨数字税凸显欧盟内部"数字主权"之争的问题。

一 欧盟各国态度各异

面对"数字税"这一新的现象，欧盟各成员国表现出的态度也不尽相同，其差异主要体现在征收与否、征收多少和何时征收这三个方面。

其一，在对数字税"征收与否"上立场不一。若对欧盟成员国进行横向比较，鉴于历史与地缘的因素，欧盟最初是从建立统一的"政治联盟"

[①] 李鸿涛：《法国"如约"开征数字税展现独立性》，《经济日报》2020年12月1日。
[②] 张群：《全球数字税最新进展、动因及对我国的启示》，《信息通信技术与政策》2019年第7期。
[③] 岳云嵩、齐彬露：《欧盟数字税推进现状及对我国的启示》，《税务与经济》2019年第4期。
[④] 茅孝军：《从临时措施到贸易保护：欧盟"数字税"的兴起、演化与省思》，《欧洲研究》2019年第6期。
[⑤] 梁嘉明：《法国数字税动因、进展及启示》，《金融纵横》2019年第11期。

机制开始的。但即使有了统一的欧盟政治框架，各成员国在财政上还是各自为政，欧盟缺乏对各成员国财政上的实际制约权。① 因此，由于数字税涉及各成员国的"税务主权"问题，欧盟内部对此表现出意见不一——支持国的阵营里有法国、意大利、西班牙、葡萄牙、匈牙利、波兰和英国②，反对国的阵营里则包括爱尔兰、瑞典、丹麦、芬兰、荷兰、比利时、卢森堡、希腊和马耳他，其余国家持观望态度。

其二，在对数字税"征收多少"上态度各异。除了在上述"征收与否"上的分歧，欧盟不同成员国在"征收多少"即数字税的税率设定上，也是各执己见。根据法国参议院2020年7月投票通过的征收数字服务税的法案，全球数字业务年营业收入超过7.5亿欧元，以及在法国境内年营业收入超过2500万欧元的企业，将被征收3%的数字税。

首先，我们可以比较一下法国和欧盟在数字税税率上的不同之处。2013年7月，经合组织发布了"税基侵蚀与利润转移行动计划"③，其中第一项行动计划是"应对数字经济的税收挑战"④。在此之后的第四年，即2017年9月，欧盟委员会发布了"建设欧盟单一数字市场⑤公平高效的税收体制"；随后2018年3月就出台了针对数字经济的公开征税提案。在该提案中欧盟委员会对数字税的征管加以明确量化，提出了三个关键的数值：规定对全球年营业额收入超过7.5亿欧元、在欧盟境内收入超过5000万欧元的数字企业征收3%的数字税。然而，欧洲议会对此意见有所不同，它建议将征税门槛下降至4000万欧元，并将税率提高至5%。

通过比较这三个数值，可知法国最终设定的数字税税率，参照的是欧盟委员会提案的3%，并未采纳欧洲议会5%的意见。另外，法国推出的数字

---

① 赵永升：《希腊违约，根在欧盟建制》，《环球时报》2015年7月2日。
② 为了便于国家间数据比较分析，尽管英国已脱欧，本文仍暂时将其保留在欧盟范畴之内，特此说明。
③ Base Erosion and Profit Shifting (BEPS) Action Plan.
④ OECD, *Addressing the Tax Challenges of the Digital Economy: Action 1 - 2015 Final Report*, Paris: OECD Publishing, 2015, p.116.
⑤ Single Digital Market.

税所针对的数字企业，在全球年营收上的规定，与欧盟委员会是一致的，即7.5亿欧元；但在本土境内的年营收金额则减半，即将欧盟委员会提案中的5000万欧元减到了2500万欧元。

与法国在数字税的税率上持同样意见的国家有意大利、西班牙和奥地利。这三国都主张对其数字服务收入征收3%的税，但区别在于意大利规定的是适用于在其境内拥有3000笔以上数字交易的企业，西班牙规定的是适用于全球年收入超过7.5亿欧元的企业，以及在其境内年收入超过300万欧元的企业。奥地利与西班牙保持一致。

数字税税率超过3%的国家有匈牙利，其规定对数字广告征收7.5%的税，适用于每年广告收入超过约合35万美元的企业；还有德国联邦财政部准备对在外资平台上投放的在线广告征收15%的预扣税。

数字税税率低于3%的国家以英国为代表，英国对搜索引擎、社交平台和线上商场征收2%的税，适用于全球数字业务年营业收入超过5亿英镑的企业。

其三，在对数字税"何时征收"上意见存在分歧。在欧盟各成员国中，已经立法并实施数字税的国家有法国、意大利、英国、西班牙、奥地利和匈牙利；已经立法或正在立法但实施时间待定的国家有德国和捷克。①

实际上，法国是一个极其擅长税种设定和各类税务征管倡导的国家。无论是先前的增值税还是现在的数字税的成功设定，法国都功不可没。追溯历史，法国亦是"营改增"的鼻祖。早在1946年，法国财政官员莫里斯·劳莱就已提出"用增值税代替营业税"的设想，两年之后法国正式采用增值税税制。② 之后，增值税才逐渐在欧洲、美洲以及世界其他地区流行开来。

"数字税"其实是对"数字服务收入税"或"数字经济税"的简称。诚然，法国是世界上首个完成数字税立法的国家，也是第一个成功征收数字税的国家。但追溯起来，最早讨论数字经济涉税问题的应是经合组织，以其

---

① 侯立新、白庆辉：《数字税的特征及征管建议》，《财务与会计》2020年第15期。
② 赵永升：《法国"营改增"对中国的启示》，《经济》2013年第9期。

法国蓝皮书

"税基侵蚀与利润转移行动计划"中第一项行动计划"应对数字经济的税收挑战"为主要标志,尽管法国也是世界上有关征收数字税最早的倡导国和推动国之一。

法国原计划从2019年开始征收数字税,但实际上从2020年开始征收。法国不但是世界上第一个实际征收数字税的国家,也是迄今为止唯一一个实行数字税追溯的国家,即并非从法国数字税法生效之日起缴纳,而要追溯至2019年1月开始执行。

二 欧盟"数字主权"的多重特征

笔者认为,此番欧盟的"数字主权"之争具有多重特征,主要从地理区域特征、经济体量特征和税收导向特征三个方面进行分析。

(一)地理区域特征

面对与"数字税"休戚相关的"数字主权",尽管欧盟各成员国均持有各自的态度,但若综观欧盟整体,我们还是不难发现与其他经济和社会变量一样,欧盟的"数字主权"也首先呈现出地理区域特征。

通过观察各个阵营的成员国,我们可以将其按照地理区域划分如下:支持国主要是分布在西部欧洲①的法国和英国,南部欧洲的意大利、西班牙和葡萄牙,以及东部欧洲的匈牙利和波兰;反对国主要分布在北部欧洲的瑞典、丹麦、芬兰、比利时和卢森堡②,南部欧洲的希腊和马耳他,还有西部欧洲的爱尔兰。

可见,数字税支持国有两个在西部欧洲、三个在南部欧洲、两个在东部欧洲;反对国有五个在北部欧洲、两个在南部欧洲、一个在西部欧洲。从区

---

① 此处使用的"西部欧洲",以及下文使用的"南部欧洲""北部欧洲""东部欧洲",均是在将欧洲一分为四,且将南北欧洲的边界设在法国北境的情况下,以便与我们常规使用的"西欧""南欧""北欧""东欧"概念区别开来。
② 比利时和卢森堡,常规被列入"西欧"国家范畴,本文将其列入"北部欧洲"国家范畴。

域性来看，数字税支持国集中分布在除了北部欧洲之外的另外三个欧洲区域；而反对国则主要集中在北部欧洲，外加南部欧洲的两个小国，以及笔者认为是特殊的并不具有代表性的一个西部欧洲国家。

（二）经济体量特征

除了地理区域性特征，面对与"数字税"相关的"数字主权"，欧盟成员国的态度还呈现出经济体量特征。

总体而言，支持国阵营里的国家在欧盟范畴内和各自所属的区域内均属于疆土和经济体量较大的成员国；而反对国阵营里的国家则多数属于疆土和经济体量较小的成员国。然而，瑞典、丹麦、荷兰和比利时疆土虽然不大，却在高科技领域各自占有一席之地，爱尔兰则凭借其超低的税率吸引了大批的跨国企业，卢森堡更是在金融和银行业独领风骚。

（三）税收导向特征

除了地理区域、经济体量特征，面对与"数字税"相关的"数字主权"，欧盟成员国的态度还呈现出税收导向特征。

爱尔兰、瑞典、丹麦、芬兰等国明确表示反对征收数字税，认为欧盟的改革应与经合组织全球数字税改革相结合，不应在国际税法协议达成前草率行动。在2018年欧洲财长会议上，瑞典、丹麦等国认为，对于税收较少的国家而言，数字税会损害传统行业，阻碍创新，对本国大型互联网企业产生不利影响，并可能招致美国方面的报复；爱尔兰、芬兰、捷克等国认为，仅在欧盟内征税会破坏欧盟与其他国家的税收协议，使欧盟与国际惯例难以同步，有违反国际公约和破坏跨大西洋关系的风险。

此外，经济体量较小的欧盟成员国不愿意开征数字税，还有两个方面的考量：一是数字经济发展相对缓慢，征收数字税的收益可能低于修改国家税收制度的成本；二是爱尔兰、卢森堡等国家一直通过低税率吸引外资企业，征收数字税无疑动了这些国家的"奶酪"，可能会对其财政收入与产业发展造成损害。

三 欧盟"数字主权"对中国的启示

和许多其他的商业交易一样,无论是广义的"数字业务",还是狭义的"特定数字经济活动"都涉及买卖双方;若归入"服务"范畴,便都有服务供应商和服务采购商。在实践中,数字税涉及两方的博弈,一方为数字服务的提供方,另一方为数字服务的接受方。

根据普华永道发布的《2019 全球市值百大企业排名》报告,全球市值前十的企业中数字企业占据七席,美国的微软、苹果、亚马逊、Alphabet(谷歌)包揽前四位,中国的阿里巴巴、腾讯占据第七、八位,开征数字服务税的国家的企业无一家上榜。①

中国已经拥有世界上最具竞争力的数字工程师红利和最庞大的数字市场规模优势。阿里巴巴、腾讯、华为、中兴等数字企业已在国内市场做大做强,同时已经对中国现有非数字型的传统企业,尤其是中小微企业的生存空间产生了极大的挤压。

数字企业可将新技术与传统规则加以结合,形成新的服务类型。基于此产生的新型商业模式中有四种典型代表:社交网络商业模式、数字化经销商业模式、共享乘车商业模式和云计算商业模式。而各种商业模式正利用国内与国际税法规则的滞后,或多或少地对传统行业产生挤压。因而,笔者认为在中国开征数字税势在必行,只是时间早晚的问题。

然而,正如数字税的征收涉及欧盟各成员国的财政主权问题,欧盟成员国在财政问题上一直各自为政,中国也存在国内各个地区,尤其是高异质度的地区之间财税利益分割的难题,需要在对中国数字税的研究中加以考虑。

关于欧盟"数字主权"之争体现出的多重特征——地理区域特征、经济体量特征和税收导向特征,笔者认为也需要在中国未来开征数字税时加以借鉴。地理区域特征存在于中国不同的地区之间:从东部到西部、从南方到

---

① 黄健雄、崔军:《数字服务税现状与中国应对》,《税务与经济》2020 年第 2 期。

北方，面对未来的数字税，中国不同地区也将呈现不同的地理区域特征：东部和南部尤其是数字经济最为发达的长三角地区与作为数字服务购买方的西部和北部地区很可能反应迥异。经济体量特征在中国不同地区也同样存在：中国内部的发达经济体和欠发达经济体在体量上的差异极为明显。例如中国发达沿海一个县的经济体量，甚至要比落后边远地区一个省的经济体量还要大。即使届时中国推出数字税的税率不会高，但其产生的心理效应可能会较大，或将直接影响投资者尤其是数字经济主要驱动者的投资意愿。

至于欧美之间的数字税争端，由于要征税的对象主要是美国几家大型互联网公司，而美国企业游说美国政府的结果就是，美国政府将此事提高至跨大西洋关系的高度，特朗普政府将征税和贸易战捆绑在一起，并威胁用对法国其他商品加税的办法来对付法国的数字税。笔者认为特朗普这招失灵，原因在于法美之间存在经济、企业主体和贸易的不对称性。另外，新总统拜登上台之后，美国迄今对欧洲有关数字税问题尚未出台有力的回击办法。

总之，数字税凸显欧盟内部"数字主权"之争。面对数字税，欧盟各国态度各异，具体体现在征收与否、征收多少和何时征收这三个方面。此番欧盟的"数字主权"之争具有多重特征，即地理区域特征、经济体量特征和税收导向特征。欧盟经验可为中国未来征收数字税提供借鉴。

B.8
新冠肺炎疫情背景下法国产业回迁政策

桂泽元*

摘　要： 受新冠肺炎疫情影响，法国经济遭受沉重打击，暴露了在某些关键领域产能不足的问题，这些问题导致法国经济主权遭受较大威胁。在此背景下法国政府推行了产业回迁政策，即通过财政支持，对关键敏感领域的产品生产进行回迁。本轮产业回迁是着眼全产业链布局的回迁，既涉及解决当前抗疫过程中生产力不足的问题，也与未来产业战略相承接。本文将从产业回迁的定义与类型出发，分析本轮产业回迁的特点，同时总结其所涉及的主要行业和回迁项目的实施情况，最后阐述法国产业回迁在未来可能遭遇的困境。

关键词： 法国　产业回迁　产业政策　新冠肺炎疫情

2020年新冠肺炎疫情大流行给全球经济带来了沉重的打击，欧洲主要国家经济增速严重萎缩。法国国家经济统计局（INSEE）数据显示，法国2020年GDP增速同比下降8.3%①，是欧洲国家中经济受新冠肺炎疫情影响最为严重的国家之一。新冠肺炎疫情不但造成了法国经济增速下降、失业率

---

* 桂泽元，中国社会科学院研究生院欧洲研究系博士生，对外经济贸易大学外语学院讲师，主要研究方向为法国经济、欧洲经济。
① INSEE, *Comptes Nationaux Trimestriels-Première Estimation（PIB）-Quatrième Trimestre 2020*.

攀升等宏观经济领域问题，也暴露了法国产业空心化、关键物资生产能力方面的缺陷。生产能力不足，加之全球供应链遭到破坏，直接增加了法国经济对外的依赖性。基于经济主权和医疗卫生安全遭受巨大威胁，法国政府开始寻求转变，2020年6月，法国总统马克龙在公开场合提出要将部分医药相关企业的生产线回迁法国[①]，由此拉开了新冠肺炎疫情下法国产业回迁活动的序幕。

早在20世纪末亚洲金融危机爆发时，就出现过法国企业将生产线回迁本土的规模性活动。之后作为产业政策的产业回迁则可追溯到2008年全球金融危机和欧债危机的爆发，彼时为了解决产业空心化问题，法国政府出台了产业回迁、再工业化等一系列政策来提升就业和提高制造业占GDP比重。本轮新冠肺炎疫情背景下法国政府实施的产业回迁，严格意义上可以称为其第三轮规模较大的产业回迁活动，其政策背景、回迁类型和回迁行业范围都与前两轮产业回迁有较大差异，本文将首先厘清产业回迁的定义与分类，随后从目前已经落地的产业回迁项目入手分析本轮产业回迁的现状，最后浅析本轮产业回迁的困境和未来走势。

一 新冠肺炎疫情下法国产业回迁类型

产业回迁（relocalisation）的定义可以分为广义和狭义两个层面。狭义的产业回迁符合公众对产业回迁最传统的认知，它强调以产业外迁为前提条件，即早期的产业回迁政策，其实施前提是产业已经出现过外迁活动。在进入后工业化时代以来，欧美等西方发达国家普遍经历了"去工业化"进程，本国劳动力迅速从第一、第二产业向第三产业转移，其中制造业大规模向新兴工业化国家转移，随之而来的便是产业空心化问题。法国在进入21世纪后实施的早期产业回迁政策就与产业空心化问题有关，这个问题也导致了国

[①] Ministère de l'économie des Finances et de la Relance, Le plan d'action pour la relocalisation des industries de santé en France, https://www.economie.gouv.fr/plan-daction-pour-relocalisation-industries-sante-en-france.

家在相关领域生产能力不足，造成经济主权不稳固。产业空心化问题成为各类产业政策要解决的根本问题。

2013年，法国跨部委经济变化预测与展望中心（下文简称PIPAME）根据2011~2013年法国产业回迁的案例发布了《工业活动回迁法国文献回顾》（Relocalisations d'activité industrielle en France Revue de littérature），其中对狭义和广义的回迁做了较为详尽的总结。其中狭义回迁指负责生产和组装的经济主体首先以多种形式迁移到劳动力成本低的国家，后再回归到初始迁出国家的过程。这种定义主要参考了从事生产活动所在地的差别，按照转移方向和转移顺序上的差别，将产业外迁与产业回迁剥离开来。而广义的回迁则是指生产活动向低劳动力成本国家迁移的速度放缓，即经济主体重新考虑对于敏感产业的离岸或非离岸生产决策的行为。①

对于狭义的产业回迁并不能一概而论，而应从其实施目标进一步加以区分。PIPAME在2013年发布的《工业活动回迁法国综述报告》（Relocalisations d'activité industrielle en France Synthèse）中，又将狭义的产业回迁细分为权衡式回迁②、外迁后回迁③与创新发展式回迁④三种主要类别。⑤ 在这三种类型的产业回迁活动中，企业按照成本逻辑进行的回迁活动多数属于外迁后回迁；最符合未来国家产业布局和发展，实现对接未来产业目标的回迁主要指创新发展式回迁；而权衡式回迁则处于中间位置，主要以企业自主选择为回迁依据。外迁后回迁最符合传统意义上对"回迁"二字的定义，但并非当代产业回迁的主要类型。相对而言权衡式回迁可以使生产链更加紧密以提高生产效率，创新发展式回迁也与产业链升级和新型生产活

---

① PIPAME, Relocalisations d'activité industrielle en France Revue de littérature, décembre 2013, pp. 21-24.
② 权衡式回迁主要针对厂址全球布局的跨国公司，经过企业充分权衡和论证后选择在本国厂址进行生产活动。
③ 外迁后回迁是以产业外迁为基础，在外迁过后由于国外生产环境恶化或其他诱因，企业再次将生产线迁移回迁出国进行生产活动。
④ 创新发展式回迁指企业必须经过国外的学习和成熟阶段，在获得经验后为未来发展考虑，将生产活动迁回本国。创新发展式回迁不一定有外迁的过程，很可能企业设立之初就在外国进行生产活动。
⑤ PIPAME, Relocalisations d'activité industrielle en France Synthèse, décembre 2013, p. 15.

新冠肺炎疫情背景下法国产业回迁政策

动关系密切，是更符合当代全球化发展态势的回迁模式。

产业回迁与"再工业化""制造业回归"等政策相比，似乎更能深入解决产业空心化的根本问题。作为进入 21 世纪以来被各国经常使用的工业振兴政策，"再工业化"与"制造业回归"在推行目的与实现方式上与产业回迁有着类似之处，但三类政策在范围界定上存在明显区别。产业是一个社会组织，且是生产同样产品的企业集合在一起，形成一种文化或共识，或是形成一种有文字记录或没有文字记录的规则。① 因此产业回迁就具有了更高层次的文化共识含义，这对重塑国家经济主权的民众认同基础有着关键作用。而对于"再工业化"和"制造业回归"而言，主要政策目标还是集中在制造业振兴上，其中机械制造行业是此类政策的重点振兴目标，并形成了以机械制造行业为核心的发散式布局，这与产业回迁的行业间多点式布局有明显区别。

二 新一轮产业回迁政策演变

20 世纪 70 年代中期，法国选择以"后工业社会模式"跻身全球化浪潮，开启了去工业化的脚步，逐步将研发、营销和分销等活动留在西方，而将价值链中低利润的中间生产环节和分包环节逐步转移到了新兴市场。这种与"工业脱钩"的模式给法国经济带来了难以逆转的损伤，例如 1973 年和 1979 年两次石油危机的冲击，印证了法国 GDP 变化与法国去工业化进程的一致性。② 有学者认为法国已经成为欧盟内除希腊以外去工业化程度最高的国家。③ 虽然法国大规模的生产外迁和去工业化起步晚于美国和德国，但 21

---

① 平新乔：《关于产业政策的若干理论问题》，载林毅夫等主编《产业政策：总结、反思与展望》，北京大学出版社，2018，第 373 页。
② Elie Cohen, Pierre-André Buigues, *Le Décrochage industriel*, Fayard, 2014, pp. 19 – 25.
③ Marine Carballet, La France est devenue le pays européen le plus désindustrialisé, *Le Figaro*, le 20 juillet 2020，https：//www.lefigaro.fr/vox/economie/la – france – est – devenue – le – pays – europeen – le – plus – desindustrialise – 20200720.

世纪初，呼吁产业回迁的声音已经在法国经济界出现。① 起初在具体落实方面，多数案例以临时补贴促企业回迁，是增加就业机会的暂时性措施，彼时回迁的主要目的是兑现选举承诺或为追求连任制造短暂经济繁荣数据。直到2010年出台"工业振兴计划"、2013年出台"再工业化"政策，法国政府才将产业改革的重点转移到提升制造能力上来，但这些措施并未让法国的制造业恢复到金融危机之前的水平。②

经过国际金融危机和欧债危机的冲击后，法国在2011～2013年曾出现过第二轮产业回迁浪潮。PIPAME曾对这一期间的100个回迁案例进行了研究，认为回迁目的主要在于实现短期宏观经济振兴，即降低失业和贸易逆差。③ 有学者的统计研究表明，外迁后回迁仅占2011～2013年回迁浪潮统计企业中的17%④，可见从2010年起的产业回迁活动已经逐渐摆脱了人们对回迁的传统印象。在第二轮回迁浪潮中，被学者广泛研究的例子是法国金鸡（Rossignol）公司滑雪用品生产线从中国台湾地区的回迁。多数媒体和学者认为其回迁是成功的，满足了当时条件下的既定目标，让"法国制造"再现辉煌。但与此同时也有学者对产业回迁的内涵提出了质疑，"法国制造"的重点在于生产法国产品，还是在法国生产，彼时的产业回迁给出的答案是"在法国生产"。⑤ 而如何能够让这种"在法国生产"延续下去，不致让产业回迁成为昙花一现，则是当前背景下实施产业回迁更应着重考虑的问题。

---

① Hervé Nathan, Louis Gallois, Pourquoi il faut réindustraliser la France après la crise sanitaire, *Alternatives économiques*, le 30 mai 2020, https://www.alternatives-economiques.fr/louis-gallois-faut-reindustraliser-france-apres-crise/00092934.
② 李俊江等：《从全球化到逆全球化思潮下的欧美发达国家制造业回归效果分析》，《吉林大学社会科学学报》2018年第4期。
③ PIPAME, *Relocalisations d'activité industrielle en France Synthèse*, décembre 2013, pp. 25-27.
④ El MouhoubMouhoud, La relocalisation des activités industrielles est-elle le signe de la démondialisation? *HUFFPOST*, le 27 février 2017, https://www.huffingtonpost.fr/el-mouhoub-mouhoud/relocalisation-des-activites-industrielles-signe-demondialisation_a_21722740/.
⑤ François Bost, Les relocalisations industrielles en France: épiphénomène ou tendance de fond? *Les territoires français à l'épreuve des mutations industrielles*, No. 92-4, 2015, p. 487.

三 法国本轮产业回迁概览

法国政府自2020年6月释放产业回迁信号以来，先后进行了行业选定、项目征集和确定两轮财政支出回迁项目等历程。从产业回迁的目的来看，本轮产业回迁与法国所进行的前两轮产业回迁存在较大差异。本轮产业回迁并不意味着保护主义回归和开放战略收缩，而是一场以巩固经济主权为根本目的的全产业链条构建活动。首先，新冠肺炎疫情的背景决定了本轮产业回迁必须在短期内解决生产能力不足的问题，尤其要填补医疗物资、疫苗等关键防疫产品的生产缺口；其次，在中期，产业回迁致力于提升经济恢复能力，而在全球产业链出现断裂的大环境下，经济恢复能力必须依托法国本土和欧盟单一市场内部健全的产业链；最后，本轮产业回迁还要肩负在未来提升创新能力的使命，完成与法国未来产业战略的对接。由此可见，本轮产业回迁是有步骤、目标较为明确的长期产业规划。

2020年7月，法国国家采购委员会和普华永道审计与咨询事务所（法国及马格里布地区）共同发布了《战略性采购回迁指南》报告（下文简称"指南"）。指南中确定了四大亟须回迁的行业，分别是医药健康、农产食品、电子信息技术以及机械加工制造。指南中公布了58类产品的优先回迁，并推测2018年法国对这58类产品的总进口额达到1150亿欧元，仅对这些产品中20%的核心产品进行回迁即可直接带来75000个就业岗位。[①] 法国经济、财政与振兴部（简称经财部）发布的首批回迁项目征集报告中规定的敏感领域与指南中基本一致（机械加工制造业变为制造业关键投入品相关产业）。对于本国无法获取的生产原料、高度依赖国际市场原料进口的产业，强制回迁则意义不大。除非改变非本地原材料在最终产品中的构成比

---

① CNA – PwC, *Relocalisation des achatsstratégiques*, le 9 juilleut 2020, https：//www.pwc.fr/fr/assets/files/pdf/2020/07/fr – france – pwc – cna – relocalisation – des – achats.pdf.

例，否则很难实现生产的本土化。① 这也是最终公布的项目征集中，最后一项敏感行业由机械加工制造转为制造业关键投入品相关产业背后的原因。此外回迁项目征集中特意将5G行业单独列出，共同构成了本轮法国产业回迁的五大行业领域。

2020年11月，法国政府公布了第一批财政确立支持的31个产业回迁项目，2021年2月又公布了第二批36个产业回迁项目。两批项目共涉及62家企业主体，涵盖大型、中型、中小型和小型各种规模的企业，并覆盖了全部五大产业回迁敏感领域。笔者根据法国经财部发布的回迁项目简介，整理了前两批回迁项目的主要回迁类型和涉及产品（见表1）。从前两批产业回迁项目的回迁类型分类不难看出，本轮法国产业回迁的类型已经与以往的产业回迁产生了较大差异。从已经确定财政支持的项目来看，广义回迁活动的占比已经达到了所有回迁项目总数的约45%，而创新发展式回迁与广义回迁二者总数则占据所有项目的73%，足见本轮产业回迁背后的经济逻辑是以构建科技创新产业链和延缓产业外迁速度为目标。

表1 前两批财政支持回迁项目分类及主要涉及产品

所属行业	回迁项目分类（项目数量）				涉及主要产品举例
	权衡式回迁	外迁后回迁	创新发展式回迁	广义回迁	
医药健康	5		8	13	药物活性成分、抗病毒药物、单细胞生物制剂、抗癌药物、注射袋、便携注射泵、针剂栓剂、负压氧舱、γ-羟基丁酸、疫苗佐剂、分子生物测序、多克隆抗体、质粒生物制造、医用软包连接器、一次性塑料包装等
农产食品		6		8	软骨素、天然香料、昆虫加工蛋白、水产动物养殖饲料、代肉食品、植物萃取、冻干水果、天然酵素、再生纸包装盒等

---

① Anne-Sophie Bellaiche, La relocalisation massive des chaînes de valeur est un vœu pieux, *L'Usine Nouvelle*, le 27 mai 2020, https：//www.usinenouvelle.com/editorial/la-relocalisation-massive-des-chaines-de-valeur-est-un-voeu-pieux.N968721.

续表

所属行业	回迁项目分类（项目数量）				涉及主要产品举例
	权衡式回迁	外迁后回迁	创新发展式回迁	广义回迁	
电子信息技术		2	6	4	纳米线3DLED、3D打印模型、印制电路板、印制电缆、粒子植入器、碳化硅晶片、半导体集成电路等
制造业关键投入品	1		1	5	酚类丙酮、丙醇、生铝、生物能生产、生物降解塑料、生物基颜料、压电装置等
5G相关				4	5G互操作、5G垂直行业、5G/后5G应用技术、电信安全技术等

资料来源：笔者根据法国经财部 *Relocaliser* 及 *Relocaliser – 2ᵉ vague* 报告信息整理。

从行业分布来看，医药健康行业获得财政支出的回迁项目最多，反映出原本产业回迁的迫切目标是应对新冠肺炎疫情。而针对不同行业，回迁项目的分布也有各自的特点。

在医药健康领域中，对产品和技术的需求成为回迁项目获得财政支持的主要依据。回迁项目的主体企业包含大型、中型、中小型和小型各种规模，可见无论何种规模企业，只要能够贡献敏感产品和技术都可以获得回迁资金支持，该行业回迁项目主要涉及的产品也多与抗击新冠肺炎疫情有关。

对于农产食品领域而言，由于涉及回迁企业规模主要集中在中小企业，回迁成本成为企业考虑的主要因素。由于全球产业链的断裂，更多曾经外迁的中小企业选择回迁至距离最终消费者更近的地方从事生产活动，所以农产食品领域中外迁后回迁的企业占比较高。我们也发现农产食品领域的回迁项目中包含了部分消费者需求较高、符合消费潮流的绿色和代餐类食品，出于对未来市场需求的判断而对此类型产品生产进行回迁，显示出了法国政府预防未来在食品领域出现过度依赖外部市场危机的决心。

电子信息技术领域的回迁项目最能体现出产业回迁政策与法国未来产业战略的承接性。本轮产业回迁同时也是法国应对自身在个别新兴关键技术落后局面开出的一剂药方，电子信息技术领域回迁的重点就是布局未来，在回迁项目中颇多涉及3D打印、新能源汽车电池等相关技术。

在制造业关键投入品领域中，回迁项目涉及的主要产品体现了为其他行业提供支持的特点，这类产品的回迁是构建全产业链、保障未来产业链安全的重点。

5G领域的回迁主要体现在技术研发方面，企业回迁并不伴随着大规模实质性的生产活动回迁，这也是本轮产业回迁出现的新特点。

四 法国产业回迁的发展困境与前景

法国产业回迁计划从项目征集到第二轮项目公布已历时半年有余。正如法国前两轮回迁活动并未达到理想效果一样，本轮回迁活动从回迁计划出台到回迁项目实施，再到回迁项目援助后续仍然面临诸多困难。破解整个产业回迁困境的方法将直接影响产业回迁的短期和长期效果。

在回迁计划开始之前，产业回迁的难度一方面体现在如何对企业进行有效引导。在新冠肺炎疫情影响下，欧洲经济下行压力陡然增大，市场对法国制造业前景的看法普遍消极，这种消极态度与疫情控制程度有直接相关性。从法国2020年2月至2021年1月工业信心指数的变化可以看出，几次下降波动均与疫情波动的时间有较高贴合度（见图1）。在这种背景下产业回迁的引导难度会大幅增加。

对企业的有效引导既要注意解决企业实际问题，又要帮助企业规避短视行为。在20世纪末期法国企业外迁浪潮中，企业选择新兴市场国家作为目的地主要出于成本考量，而如今随着新兴市场国家劳动力成本、运输成本逐步上升，以工业自动化和机器人生产为发展方向的发达国家吸引企业回迁的优势正在逐步增强。这导致为降低成本的外迁与回迁即使没有政府干预，也可以由企业自主发起，这种趋势确实在新冠肺炎疫情发生之前

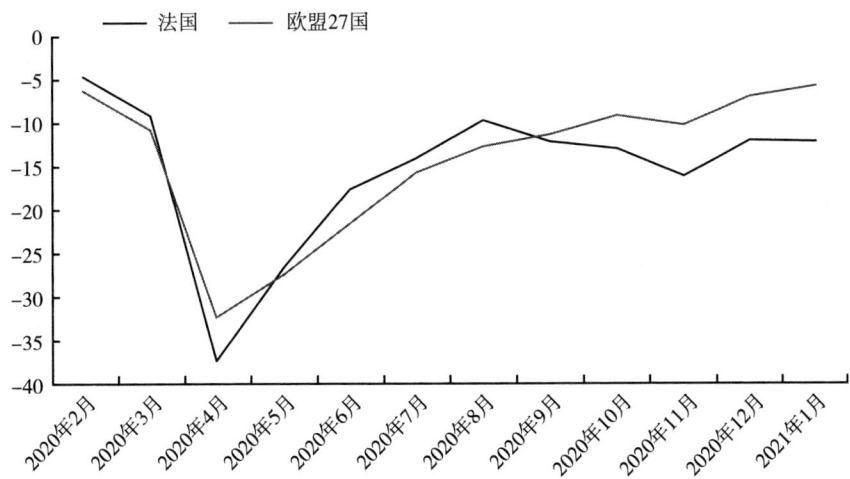

图 1　新冠肺炎疫情期间法国工业信心指数

资料来源：欧盟统计局。

就已存在。欧债危机后期的产业回归多数属于此类情况，如法国金鸡、梦宝星（Mauboussin）等集团在当时的回迁活动。① 产业政策实施的目的是纠正市场失灵，产业回归政策也要发挥更长远的作用，不能仅以满足企业短期利润为导向。回迁无疑会产生成本，这也应该是政府回迁补贴的最终支付去向，但如果补贴远远高于回迁成本，就会产生新的外部性。正如赛诺菲（Sanofi）集团最初在 2020 年 6 月提出的回迁计划并没有考虑到持续性和配套生产，这种项目一旦补贴用尽，回迁就无法持续，是企业短视行为的集中体现。

就本轮法国产业回迁的目的来看，在引导企业回迁时必须考虑到完善产业链布局和新技术应用，让技术因素代替成本因素主导企业回迁，因此回迁前的项目筛选环节存在难度。有关报道显示，自回迁项目征集以来，法国经财部收到的回迁申请超过 3600 项，经财部部长勒梅尔也表示需要预支 2021

---

① Romain Lescurieux, Après les délocalisations, la relocalisation? *20minutes*, le 25 mars 2014, https：//www.20minutes.fr/economie/1333322 - 20140325 - apres - delocalisations - relocalisation.

年的 5 亿欧元回迁基金用于支持 2020 年项目申请。① 如何破解有限的财政支持与企业获得回迁基金强烈意愿间的矛盾，以及如何提高企业配套投资的使用效率成为法国政府在回迁项目正式落地之前亟须解决的问题。在审批回迁项目时，必须要同时关注企业未来依靠自身发展的能力，以及企业所涉产品在产业链中的构成地位。政府应按照对巩固经济主权的紧要程度设立综合性评估指标，完成对回迁项目的筛选工作。

在回迁过程中，保障产业链正常运作是决定回迁成败的基础。首先，全产业链回迁无法通过一轮回迁完成，需要分阶段按照急需程度进行回迁。而不同批次回迁的时间间歇和布局耗时就成为增加企业成本的不稳定因素。个别出于供应链安全回迁的企业可能由于无法形成产业集群，供应链安全问题无法得到彻底解决。进入 21 世纪以来，法国已经打造了一批企业集群、竞争力培育中心和企业俱乐部，目的是以对产业的政策扶持来加强企业间的联系，打造相应完善的生产体系。② 而在回迁过程中需要继续巩固产业链上企业间的联系，特别是完善供应商生产体系，这是提高供应链恢复能力、保证产业链完整运行的关键，也是疫情背景下法国产业所暴露出的有待解决的弊端。

保障产业链完整的另一端是保障运输链。在首轮回迁的 31 个项目中，就有 4 个项目涉及运输链安全，主要集中在产品的运输和贮存领域。对于回迁企业，尤其是涉及制造出关键投入品生产的企业，运输链的安全和技术提升对产品完成销售和供应起到至关重要的作用。自疫情发生以来，全球空运通道和海运通道遭受了不同程度的影响，连欧盟统一市场的内部也出现了运输不畅的危机。在疫苗供应紧缺的时刻，疫苗的保存与运输也一度成为影响

---

① COVID：les aides à la relocalisation industrielle font fureur，*Les Échos*，le 20 octobre 2020，https：//www.lesechos.fr/economie-france/budget-fiscalite/COVID-les-aides-a-la-relocalisation-industrielle-font-fureur-1257543.

② Beth Daley，La relocalisation industrielle en France：un retour vers le futur？ *The conversation*，le 9 janvier 2018，https：//theconversation.com/la-relocalisation-industrielle-en-france-un-retour-vers-le-futur-89472.

居民健康的一大挑战。① 因此在回迁过程中必须时时保障运输链安全，避免因运输障碍给回迁企业项目带来外部经济损失。

回迁项目布局完成后，防止敏感领域再度出现企业外迁则成为回迁政策能否长期见效的关键。从本次回迁项目的分类来看，外迁后回迁的项目占比较低，而多数属于相应政策的广义回迁，即首次在本土设立有关生产线或扩大生产规模，这类广义回迁的项目是未来控制外迁的重点关注对象。本轮回迁计划的重点是打造全产业链的回迁以确保经济主权，后期一旦出现再次外迁的情况，有很大可能再次造成产业链断裂，这样产生的社会成本绝非单独一条生产线外迁可以弥补。

就推动企业产生外迁和回迁的因素而言，生产过程的地理变化并不一定源于成本因素，也可能是由知识迁移主导的，全球范围内的知识交流驱动了消费和生产从由全球创新中心的工业化国家向新兴市场转移。虽然劳动成本曾是生产转移的主要动力，但现在很多行业中劳动力已不是关键的成本因素，电子移动设备等现代产品中劳动力成本已低于5%，更重要的因素是原料成本、物流运营的灵活性以及网络调整成本。② 从这一角度看，单纯从劳动力成本出发的产业地理位置回迁难以保持活力并长久维持。未来科技的发展更是知识主导产业回迁的集中表现，因此将回迁企业与未来科技产业布局联系起来是长期防止企业外迁较为有效的措施。

结　语

本轮法国产业回迁是法国政府在新冠肺炎疫情背景下，应对自身产能不足导致的经济主权危机所采取的措施。本轮产业回迁是法国进入21世纪以

---

① Elisabeth Pineau, Chloé Aeberhardt, Après l'aval de l'Europe, le défi logistique du vaccin Pfizer-BioNTech en France, Le Monde, le 22 décembre 2020, https://www.lemonde.fr/planete/article/2020/12/22/COVID-19-apres-le-feu-vert-europeen-le-defi-logistique-du-vaccin-pfizer-biontech_6064172_3244.html.

② 〔德〕恩格尔贝特·韦斯特坎博尔：《欧洲工业的未来：欧洲制造2030》，王志欣、姚建民译，机械工业出版社，2016，第17~18页。

来第三轮具有一定规模的产业回迁活动,从回迁类型来看,创新发展式产业回迁和广义回迁成为本轮回迁的主要组成部分。本轮产业回迁是基于全产业链的回迁,同时对接法国未来的产业战略,是法国整体产业布局的组成部分。本轮产业回迁虽然已经进入正式实施阶段,但还面临诸多实施过程中和回迁后的挑战,能否达到预期的效果仍充满变数。产业回迁是产业政策的本质,其与欧盟内部竞争政策未来或会产生冲突,且其补贴的隐蔽性也可能对贸易产生影响。

B.9
新冠肺炎疫情背景下法国努力保持对外资的吸引力

翁颖洁*

摘　要： 2019年，法国凭借1468个新的外商投资项目，成为欧洲国家中吸引外商投资最多的目的地。2020年，新冠肺炎疫情给全球经济带来了严重影响。在此背景下，法国想要保持吸引外资欧洲第一的位置难上加难。本文概括了法国的总体经济情况与领先产业，分析了法国吸引外资中的缺陷和当下面临的挑战，并附上了在疫情中采访6家在法外国企业的反馈。

关键词： 法国吸引力　外商直接投资　经济增长

2019年法国总共吸引了1468个新的外商投资项目，创造了39542个就业岗位。近三年，法国对国际投资的经济吸引力持续增强，在2019年超过英国和德国，成为对外商最具吸引力的欧洲国家。

然而，法国经济在2020年新冠肺炎疫情中遭受重创，上半年经济活动严重收缩。内需方面，消费下降了17%，投资减少了24%，2020年法国国内生产总值增速为-8.3%。① 疫情初期，法国政府并未关注外来投资下降

---

* 翁颖洁，2018～2020年曾任职于法国地方政府上法兰西大区议会国际处和上法兰西大区投资促进局，现就职于法国欧哈生物医药健康产业园区（Eurasanté），负责国际展会推广和策划，研究方向为法国对外吸引力和地区国际合作。

① European Commission, *European Eonomy Instituional Papers 144*, 2021, p.27.

的问题。

随后,法国政府开始重视这一问题。在法国的外资企业有2.8万家,提供的就业岗位占了就业总人数的11%,并提供了私营领域研发金额的21%,其与31%的法国出口息息相关。[1] 外资企业早已成为法国经济不可或缺的一部分。因此,保持和持续增强对外商投资的吸引力对法国来说具有战略意义。

法国经济学家对吸引外资能力的定义是:"这是一个地区吸引和保留流动人口和生产要素的能力,也就是在短期或长期内被人们选来进行部分或全部活动的目的地。被吸引的对象涉及自然人、个体、家庭或相关团队,比如一家企业的管理层,抑或是某政府行政机构。"[2]

一个地区要保持对外资的吸引力,需要有两方面的优势:一是在生产层面,能吸引工业企业和商业机构;二是在生活层面,能让愿意投资的个体需求得到满足。下文中,我们主要研究法国在生产层面的吸引力,即法国吸引新的生产活动和要素的能力。

一 法国是一个对外资吸引力很大的国家

(一)外国人喜欢来法国投资的理由

网飞(Netflix)的一部新剧《爱美丽在法国》(Emily in Paris)引起了网民的热烈讨论。这是关于一位年轻的美国女孩在巴黎追逐职业梦想的故事。即便剧中存在对法国的众多刻板印象,但它再一次证明了法国对世界具有独特的吸引力,其中也包括众多国际投资者。

近年来,英国脱欧、特朗普任美国总统、中美贸易摩擦等事件给世界添加了许多的不确定因素。对于渴望发展国际业务的企业来说,去欧洲投

---

[1] EY, La Compétition de la Relance, Baromètre de l'Attractivité de la France, 2020, p. 3.
[2] Jacques Poirot, Hubert Gérardin, L'attractivité des territoires: un concept multidimensionnel, Mondes en développement (2010/1), pp. 27–41.

资成为一种较为稳妥的选择，而法国在欧洲国家中又属于外国企业青睐的目的地。

法国商务投资署（Business France）2020年9月发表了一份报告，从10个方面介绍了法国经济的主要优势。① 这里摘录以下5点。

1. 全球性经济强国

2019年，法国国民生产总值为2.715万亿美元，位居世界第七。在《财富》世界500强（Fortune Global 500）中，31家法国企业榜上有名，如：道达尔（Total）（第20位）、安盛（AXA）（第46位）、家乐福（Carrefour）（第81位）、液化空气集团（Air Liquide）（第200位）、赛峰（Safran）（第493位）、米其林（Michelin）（第478位）。同时法国也是世界第五大商品和服务出口国。

法国在尖端制造业有一定优势。例如，在航空航天领域，法国是世界第一大出口国，占全球市场的25.9%。该领域给法国带来了654亿欧元（不含税）的收益，其中85%都是出口产品。2017年底，在航空领域就业的人数已超过19万。在汽车行业，法国的雷诺公司（Renault）和标致雪铁龙集团（PSA）名列世界十大顶级汽车制造商。佛吉亚（Faurecia）和法雷奥（Valeo）也是世界十大顶级汽车零部件制造商。法国企业在该领域所投入的研究和开发资金是最多的，占全法企业研究和开发资金的13%。

法国的能源供给有充分的保障，主要得益于法国先进的核能发电。法国拥有58台压水反应堆核电站机组，分布在19个地区，发电装机总量达到6300万千瓦，占全国总发电量的75%，是法国电能的第一来源。并且，法国对96%的核燃料进行了回收处理，可产生新的核燃料。作为欧洲第二大电能出口国，法国的核电每年出口的产品和服务价值达60亿欧元，且其工业电费比欧洲平均价格低25%。

---

① Business France, *Kit Attractivité*, 2020, https://www.businessfrance.fr/decouvrir-la-France-mediatheque-les-kits-attractivite#.

法国的交通比较发达。早在1981年，法国的高速铁路（Train à Grande Vitesse）已将各大城市相互连接，当时的速度达到了280公里/每小时。如今，法国仅次于德国，拥有欧洲第二大的铁路交通网络。法国的各大交通企业也将其业务扩展到了国外：作为法国国营铁路公司（Société nationale des chemins de fer français, SNCF）的子公司凯奥雷斯（Keolis）参与了上海地铁的开发与维修。巴黎大众运输公司的子公司RATP Dev也与沙特阿拉伯签订了价值20亿欧元的合同。

法国的医药卫生事业也很发达。法国有全民医保体系，拥有一个健康的行业生态系统，足以促进医疗和生物领域企业的发展。2017年，法国医药行业创造了541亿欧元的营业额，其中出口产品占47%，健康行业约占国内生产总值的11%。[1] 法国有720家生物领域企业，160家医药技术企业以及6个与健康行业相关的产业集群。

法国的旅游业很发达，是全球第一大旅游目的地。旅游业收益占了法国国民生产总值的7.4%，法国本土13个大区在2018年吸引的游客超过了8900万人次。法国有45处景点被列入联合国教科文组织世界遗产名录，卢浮宫是世界上参观人数最多的博物馆。法国大餐也被列入联合国教科文组织的非物质文化遗产名录。此外，法国还经常举办世界闻名的文化活动如戛纳电影节，以及世界级的行业展会。

2. 法国占据着欧洲中心市场的地位

法国的国土面积达55万平方公里，是欧洲除俄罗斯外最大的国家，占欧盟成员国土总面积的1/5。它毗邻8个南欧、北欧、中欧国家，从法国进入中东和非洲市场也很方便，天然的地理优势为法国带来了广阔的市场。因此，众多外企来法投资、设立总部，也就不奇怪了。此外，法国的交通设施也处于世界领先地位：有欧洲前两名的商务机场——巴黎布尔歇机场（Aéroport de Paris-Le Bourget）和尼斯蔚蓝海岸机场（Aéroport Nice-Côte d'Azur）；巴黎戴高

---

[1] Trade Commissioner Service of Government of Canada, France: Market overview, https://www.tradecommissioner.gc.ca/france/market-facts-faits-sur-le-marche/0000781.aspx?lang=eng.

乐机场是欧洲第一大货运机场和第二大客运机场；高速铁路长度位居欧洲第二；法国还有欧洲第三大的国家高速公路网。

宽广密集的交通网络让来法的投资者能够方便快捷地在法国与其他国家之间自由流动，享受广阔的消费者市场，大大减少时间和开发成本。

3. 法国汇集了各路人才

虽然法国的法定工作时间是出了名的少，但法国人的工作效率在全球排名第九。

87%被采访的在法外资企业高管对法国劳动力的教育背景和专业能力表示满意。2018 年，法国 25～64 岁的科研人员和工程师有 1700 万人，位列欧洲第二。在管理领域，法国的商科院校常年被英国《金融时报》（Financial Times）评为全球最佳商校之列，如法国巴黎高等商学院（HEC Paris）、法国埃塞克高等商学院（ESSEC）和欧洲高等商学院（ESCP）等。

法国还有力地吸引着世界各地的学生。2017 年，在法国际留学生达 25.8 万人，法国是第二受国际学生喜爱的非英语国家。为了吸引国际人才，法国还出台了如"人才护照"（Passport Talents）等政策以简化外国人才来法的行政手续。

4. 法国有很强的创业精神

2017 年，法国创业企业的增速为 1.9%，而德国仅为 0.2%。2019 年，在法国创业的企业超过 81 万家，比 2018 年增长 18%。

在法国，平均 4 天即可注册一家公司，而在英国需要 4.5 天，在德国需要 8 天。此外，法国还拥有欧洲第二大风险资本市场和欧元区最大的股票交易所等金融设施，方便企业融资。2019 年，法国初创企业达成 736 笔交易，融资金额超过 50 亿欧元。此外，法国政府还推出了一系列支持企业的措施，暂免或推迟缴纳费用和税款，企业所得税连年下降：2020 年的税率为 28%，对于营业额超过 2500 亿欧元的公司，税率则为 31%。2022 年的目标是，无论公司规模大小，企业税率均降为 25%。

5. 打破外界对法国投资环境的消极印象

国际市场对法国品牌有很好的评价，但对法国的投资环境有一些刻板印象。例如,"劳动力成本高""法国人一年到头在度假""在法国创业不易""法国经济规模小""除了葡萄酒和奶酪,法国没有其他竞争性行业""汽车行业专属德国""不可能在法国解雇员工",等等。

法国商务投资署①和上法兰西大区投资促进局(Nord France Invest)②针对这些刻板印象进行了反击。它们公布的两份文件认为,比较法国与欧洲其他国家的成本(如运营成本)、世界排名(如法国人的生产力)、鲜为人知的特例(如工作时间可超过35小时),以及在法外企的本地见证,可以减少那些刻板印象的消极影响,让投资者放心在法国投资。

二 法国在努力保持对外资的吸引力

(一)法国吸引外资面临的挑战

1. 不确定的国际形势

在法国成为欧洲吸引外资的冠军之前,该宝座长期由英德两国占据。英国脱欧带来的不确定性显然抑制了对英投资者的胃口。"作为中美贸易摩擦的连带受害者"③,德国的经济也受到了打击。虽然法国在两大竞争对手处于不利地位的情况下占尽了便宜,但这种情况并不是一成不变的:总有一天,英国和德国会重返奖台。而英国脱欧带来的不确定性,尤其是对贸易流

---

① Business France, *La France, Stop aux Idées reçues*, 2020, https://www.businessfrance.fr/Media/PRODUCTION/PROCOM/Kits/Attractivité/KIT_Attractivité2020_FRANCE_STOP_IDEES_RECUES.pdf.

② Nord France Invest, *8 Myths Debunked: Why it makes sense to Invest in France in Automotive Field*, https://www.nordfranceinvest.com/strategic-advice/the-automotive-industry-8-myths-debunked-why-it-makes-sense-to-invest-in-france/#idee7.

③ Emmanuel Botta, *Attractivité industrielle: pour la France, une médaille qui cache les problèmes*, https://lexpansion.lexpress.fr/actualite-economique/attractivite-industrielle-pour-la-france-une-medaille-qui-cache-les-problemes_2115630.html.

通和劳动力流动的影响，会动摇投资决策者对欧盟的信心。①

国际关系变化也会对吸引外资产生影响。美国是法国在欧盟之外最大的贸易伙伴，但是据美国在法商会（American Chamber of Commerce in France）的调查②，在法国的美国投资者认为，法美关系不如以往。尤其是在唐纳德·特朗普（Donald Trump）担任美国总统期间，法美关系恶化，这对短期投资构成了风险。但马克龙在2021年2月的大西洋理事会的采访中表示，法国愿意修复法美关系，贸易交往将会是重塑欧美伙伴关系的重点之一。此外，法国与伊斯兰国家的关系也很微妙。法国中学教师在巴黎被恐怖分子刺杀后，法国总统马克龙发表的讲话在伊斯兰世界引发争议，随后法国产品遭到抵制。

在国际形势变幻不定的情况下，国际投资者会采取相对谨慎的态度，减少对外投资。这种形势对法国继续吸引外资也构成了严峻挑战。

2. 不完美的法式吸引力

法国2019年吸引到的外资项目数量虽然高于英国和德国，但外来投资总额只有德国的一半。根据安永会计师事务所马克·勒米特（Marc Lhermitte）的说法，在过去的20年里，受世界其他竞争地区的影响，法国在工业领域的市场份额已缩减了40%，造成了约100万个工作岗位的流失。如今，法国工业占国内生产总值的比例只有德国的一半。除此之外，外企工厂倒闭事件频频发生：2018年考特奈（Courtenay）的日本揖斐电工厂（Ibiden），2019年布朗克福尔（Blanquefort）的美国福特工厂，2020年贝蒂讷（Béthune）的日本普利司通工厂（Bridgestone），等等。

尽管法国努力想改变自己的刻板印象，但仍然多遭诟病。美国在法商会的2020年度调查显示：虽然48%的美国投资者认为在法设立总部对公司形象大有裨益，但这是该数值2015年以来的首次下降（2019年

---

① International Trade Administration of U. S., *France-Country Commercial Guide：Market Challenges*, https：//www.trade.gov/country-commercial-guides/france-market-challenges.

② AmCham, *Bain Barometer 20th edition：Satisfaction of American investors in France*, http：//amchamfrance.org/wp-content/uploads/2020/02/Présentation-AMCHAM-BAIN-ang.pdf.

约为65%)。虽然疫情带来的影响不能低估,但归根结底还是法国在吸引外资方面有缺陷:紧张的劳动关系、过高的成本和烦琐的行政程序。①

3. 新冠肺炎疫情背景下的挑战

2020年,新冠病毒在全球肆虐,死亡人数超过100万,各国经济受到严重打击,国际投资步伐也停滞不前。

已宣布的投资项目并非都能按计划完成。根据安永会计师事务所采访的113位跨国公司领导人,2019年公布的1200个项目中,约65%的项目可被保留,25%的项目将被推迟和再审,10%的项目面临被取消。而那些本可在2020~2021年正式确定的投资项目将被推迟或取消,原因是缺少财力和投资信心。②

法国政府处理新冠肺炎疫情这场卫生危机的办法并不令外来投资者满意。法国是目前欧盟国家中新冠病毒感染病例最多的国家。来自西门子法国和比利时智能基础设施公司(Siemens Smart Infrastructure France et Belgique)的首席执行官多丽丝·比尔霍夫(Doris Birkhofer)认为,法国经济的骤停较德国或北欧国家来说更加明显,因为后者采取的决定多限于地区范围,而不是全国。而且外来投资者还担心欧洲国家是否会暂时关闭边界,担心人员、货物或服务的流动会受阻。根据国际货币基金组织的预测,2021年法国经济可能无法全面恢复,疫情的影响还在持续,而且还面临病毒变异或疫苗接种缓慢等其他新风险。③

疫情背景下,普及远程办公是应对危机最好的方法。这要求企业在电子设备上大量投资,保证良好的连接和数据保护,防止网络攻击,推动内部流程数字化和去纸化,确保员工能在家顺利办公。这对习惯于纸质办公的法国

---

① AmCham, *BainBarometer*: *Satisfaction of American investors in France*, http://amchamfrance.org/wp-content/uploads/2021/02/2021_Baromètre-AmCham_eng_vF.pdf.
② EY, La Compétition de la Relance, *Baromètre de l'Attractivité de la France*, 2020, p. 4.
③ International Monetary Fund, *Fives charts on France's policy priorities to navigate the COVID-19 crisis*, https://www.imf.org/en/News/Articles/2021/01/15/na011921-five-charts-on-frances-policy-priorities-to-navigate-the-COVID19-crisis.

人来说又是一个挑战。此外，如今与同事、合作伙伴和客户的交流经常在远程情况下进行。虚拟联系是否能代替面对面的交流？所有公司都在思考这个问题，尤其是刚到法国的国际投资者。在这一特殊背景下，如何与联系人进行有效沟通已成为一个战略问题。

新冠肺炎疫情不仅改变了人们的工作方式，也改变了消费方式。根据法国民调机构 IFOP（Institut français d'opinion publique）为阿里巴巴旗下的全球速卖通（AliExpress）进行的一项研究，约 60% 的 25~34 岁的人喜欢在网上购买产品，其自发性是父母辈的 10 倍。25% 的法国人经常逛线上商店，20% 的法国人渴望在解封后大买特买。① 网上购物俨然成了一种时尚和商家必需的生存方式。如今的消费者对商品尤其是食品，有了新的期望，渴望了解原料产地、制作方式甚至是运输方式，越来越多的人支持本地化生产和植物类蛋白产品，这一系列的改变都将对农业食品行业产生重大影响。

（二）疫情下的企业现状

为了更好地了解企业的现状，作者对位于上法兰西地区的 7 家企业进行了采访。其中包括 1 家法国公司（Domyos 健身俱乐部）和 6 家中资公司。3 家公司位于里尔城市群，另外 4 家公司分布在上法兰西其他城市。2 次系作者实地采访（Yami 餐厅和"布福"公司），5 次系远程采访。

"胖妞"是一家制造豆制品的公司，位于夏尔姆市。该公司在疫情中仍然坚持生产，并获得了不错的业绩。封城使人们担心食物短缺，所以每次到超市购物他们都会将购物车塞满。在疫情的影响下，人们对食品的关注度越来越高，植物蛋白产品也受到更多人的喜爱。因此，封城期间该公司的销售额逆势上扬。疫情中，该公司照常生产，采取了相应的防护措施保证员工安全，每个人都需要戴口罩做工。近 3 年来，"胖妞"在法国打出了品牌。未

---

① IFOP, *Les Français et les achats en ligne depuis le déconfinement*，https：//www.ifop.com/wp–content/uploads/2020/07/Etude–AliExpress–Post–confinement–générations–Z–et–Y–_–les–consommateurs–de–demain–sont...en–ligne–1.pdf.

来，该公司希望继续加强与网络销售平台的合作，也计划与法国超市合作，扩大销售网络。

Yami 是一家日式餐厅，位于克鲁瓦市，2019 年底开业，2020 年 2 月初餐厅开始有了人气，但马上就遇到封城。每个月餐厅可以得到 1500 欧元的补助，虽然收不抵支，但因为法国社会保险金和家庭补助金征收联合会（URSSAF）的各项费用可以延交，餐厅老板认为已经不错了。疫情下，餐厅老板对未来一无所知，表示需要充分利用网络销售平台，可以让顾客上门取货，也可以点外卖送货上门。

Domyos 是一家健身俱乐部（迪卡侬子公司），位于马尔康巴勒尔市和里尔市。法国封城两次，而健身俱乐部在封城期间无法营业。疫情前，健身课程同时在操房和迪卡侬网课平台上进行。疫情一来，只能维持网课，但反响还不错。健身房虽然可以得到 1500 欧元的补贴，但根本入不敷出。幸亏该健身房的场地是迪卡侬集团的，可以内部协商推迟交租。健身俱乐部的负责人认为，封城前人们在迪卡侬店里狂购运动器材以便在家运动，这表明在特殊情况下，人们更加注意身体健康。问题是，网课不可能完全替代面对面授课。疫情期间，俱乐部暂停了缴纳会费，以争取会员的信任，避免客户流失。疫情中，免费开放网课满足了会员在封城期间的运动需求，还有可能会吸引潜在会员。健身俱乐部在疫情中努力维护与客户的关系，在脸书等社交平台上加强与会员的互动，期待在形势好转后更快反弹。

封城后，"胖妞"和 Domyos 健身俱乐部都明白了客户的需求，坚持"对症下药"，调整商业模式，获得了不错的业绩。Yami 餐馆与前两个企业相比，经营的困难显然更大，因为隔离与封城直接中断了餐饮服务。

与上述 3 家服务业公司相比，下面的 4 家制造业企业面临的则是另一种情形。

"合力欧洲"是安徽叉车集团公司在欧洲的分公司，负责叉车分销，位于科恺勒市，共有 9 名员工。封城期间，大多数人只能远程办公，有 2 名后勤人员每周要去检查仓库的状况。疫情减少了面对面洽谈的机会，行业整体的生产活动削减了20%~30%。该地区的优势在于靠近市场，拥有多式联运网络。该公司还在招聘2名法国人将来做商务拓展和行政工作，以后可能会设立欧洲销售中心。该公司没有建立生产基地的打算，一方面因为欧洲的劳动力太贵，另一方面因为产业链不齐，不容易找到所需的材料。

"布福"是一家纺织剪毛道具生产商，位于佩朗西市。其实，世界上只有3家企业从事同类活动，竞争并不激烈，其98%的产品都出口国外。该公司起初只有3名员工，后增加到12个。该公司的活动曾受到中美贸易战的影响，后又遭遇新冠肺炎疫情，现只有7人在车间工作。中方的总经理为员工提供了口罩，保证了生产活动的持续进行。疫情中，公司得到每月1500欧元的补贴，但因营业额下降、利润下降，公司无法招聘新员工，无法进行生产创新，也无法通过改良设备减少工业用水，从而降低成本。

华为通信技术公司在里尔市有一家分公司。自封城后，华为公司的员工居家工作，与客户和供应商在线沟通。虽然华为公司在5G方面的营业额在增加，但市场趋于饱和，再加上政治因素，形势比较复杂。华为公司表示，会继续对合作伙伴保持透明。

"铜陵格里塞"是一家冶金公司，位于尚蒂伊市。该公司有49名员工，疫情中工厂时而开门，时而关门，但公司不想裁员，仍尽最大努力保持生产活动。虽然疫情前景不明，但母公司还是决定在当地再投资建设2条新生产线。

在这4家公司中，"合力欧洲"和华为是中国公司的法国子公司，而"布福"和"铜陵格里塞"则是被中国人收购的法国公司。在参观"布福"的过程中，笔者了解到上法兰西大区投资促进局的亚洲主管向公司提供了救助方案——"国家复兴计划"，该计划针对工业企业有一系列的补助措施。如果"布福"能够证明其业务削减，或能证明因疫情而延滞了创新、节能、招工等计划的话，就有可能获得政府和地方当局的财政援助。"布福"的两位领导对此表示满意。有时候，企业深陷窘境却不知该向谁求救。地方负责经济发展的相关部门有责任与管辖内的公司多联系，提供相应服务。企业也要发挥主观能动性，积极寻求地方政府帮助。毕竟在特殊时期政府提供的帮助是大于管制的。

三 法国能保持对外资的吸引力吗？

2021年达沃斯论坛开幕前夕，法国总统马克龙与近百位世界企业领袖进行线上会议，介绍1000亿欧元的"国家复兴计划"，希望保持法国对外资的吸引力。

法国政府将继续为企业减税降费：取消巨富税、降低资本税、企业税和生产税；通过立法，进一步简化行政审批程序；利用"国家复兴计划"，支持外资企业来法投资。其中"国家复兴计划"的三大核心是促进生态转型、保证经济主权、加强社会与领土凝聚力。经过这次疫情，法国政府认识到"绿色复苏"是长远之计，希望依靠技术创新，推行电子化办公，加快"去碳化"进程，促进经济社会的可持续发展；倡导欧洲供应链渠道多元化，加强战略物资储备，提高关键领域的自主生产能力，鼓励在外的法资企业回迁，但同时对收购本土战略性企业的外企保持警惕，如加拿大零售企业Couche-Tard收购家乐福受阻；保护并支持在疫情中的弱势企业和人群，加强地区团结凝聚力，共同度过危机。①

法国外贸次长弗兰克·里斯特（Franck Riester）在法国电台欧洲一台（Europe 1）的采访中说，虽然2020年全球外商直接投资额缩水40%，但法国仍是最受投资商青睐的国家之一，排在德国和英国之前。在法企业也称赞法国针对疫情采取的紧急措施有效地保护了企业和员工。②

---

① Vie publique, *Entretien de M. FranckRiester, ministre du commerce extérieur et de l'attractivité, sur le site web de La Tribune le 4 janvier 2021, sur le commerce extétieur de la France et de l'Union européenne*，https：//www.vie-publique.fr/discours/277984-entretien-franck-riester-04012021-commerce-exterieur.

② Europe 1, la France, "*Parmi les pays les plus attractifs*" pour les investisseurs étrangers en 2020，https：//www.europe1.fr/economie/investissement-la-france-a-ete-parmi-les-pays-les-plus-attractifs-assure-riester-4020834.

即便如此，法国未来的发展仍是"愁云密布"：2020年国民产出下降了约9%，预计2025年前都没有办法恢复到疫情前的水平。交通设备和旅游业的出口受到重创，经常项目赤字（Current account deficit）① 将从2019年的0.7%上涨为2%。面对疫情，新冠疫苗的积极影响要等到2021年底才能体现出来。此外，法国还要应对金融收紧、社会紧张局势加剧和"去全球化"进程加速带来的诸多挑战。这样的形势让人无法盲目乐观。②

如果法国想要保持强劲的对外资吸引力，不仅需要有中央政府的正确政策，还需要地方政府及相关机构的大力配合，以保证已宣布的投资项目不流产。要保证未完成的投资项目能及时推进，还得积极寻找潜在投资商，最后更需要企业在疫情时能展现出其对市场变动的韧性。

附：法国各大区经济优势比较

根据"投资法国"（Invest in France）介绍的各大区的经济优势③，笔者以表格的形式对这部分内容进行梳理和总结（见表1、表2）。

与本土的12个大区相比，法国的海外大区：瓜德罗普、法属圭亚那、马提尼克、留尼汪、马约特和科西嘉大区的领土面积和经济规模都相对较小。这些地区常利用临海的地理优势发展海洋经济，大多具备可通往非洲、美洲、欧洲的国际机场，并且当地收入多依靠旅游业。考虑到这些特殊因素，不再将以上地区纳入表中。

---

① 经常项目赤字指一国或经济体进口货物及服务总额大于出口货物及服务总额，即贸易逆差的状态；是国与国之间非投资性的资本流动，主要反映的是商品及服务贸易的状况。

② International MonetaryFund, *IMF Country Report No. 21/15：France*, https：//www.imf.org/en/Publications/CR/Issues/2021/01/15/France-2020-Article-IV-Consultation-Press-Release-Staff-Report-and-Statement-by-the-50022.

③ Invest in France, *The FDI Map in each region*, 2019, https：//investinfrance.fr/the-key-strengths-of-frances-regions/.

表1 法国大区经济优势比较(1)

法国大区名称	巴黎大区	奥弗涅-罗纳-阿尔卑斯大区	新阿基坦大区	奥克西塔尼大区	上法兰西大区	大东区
地区生产总值(亿欧元)	7092	2630	1719	1660	1546	1546
地区生产总值占国内生产总值百分比(%)	30.9	11.5	7.5	7.2	6.7	6.7
人口总数(万人)	1220	800	590	580	550	550
工业潜力	欧洲就业岗位最多的地区,优势产业包括金融、航空、国防、交通、智能城市、绿色可再生能源、信息技术、物流、美妆等	工业产值达地区生产总值的18.3%,从业人数达47.15万,优势产业含数字科技,电子设备、能源、医药健康、塑胶等,全球工业贸易展会的举办方;拥有18个"工业产地"命名	面积最大的法国大区;优势产业有航空、木业、可再生能源等;拥有15个"工业产地"命名;其首府被命名为"法国科技之城"	大区面积居法国第二;人口增长稳定;优势产业有航空、可再生能源等,10处"工业产地"命名	最年轻的大区,优势产业含农业、汽车、物流、电子商务和零售等;获得13处"工业产地"的命名;开发成本低;在其辐射范围300公里内有7800万消费者	工业产值占大区生产总值的20%,优势产业包括冶金、化工、工业设备制造等;欧盟认证的十大工业转型先进大区
研究与开发能力	投入资金与美国硅谷相当;就业人数达16.2万;拥有8处竞争力产业集群	研发投入资金位于全法第二,占全国的14.2%,拥有8处国家重大科研设施,14处竞争力产业集群	拥有航空和能源存储产业集群,11处竞争力产业集群,建造多处法国第三空间行业	有15个竞争力产业集群,其欧洲专利数量位于法国第三	—	11839名研究人员,50余所创新和科技转化中心;斯特拉斯堡大学的现今诺贝尔奖获得者数量位于全法第一;6处竞争力产业集群
农业优势	—	—	畜牧业和葡萄酒行业	农业用地占总面积的一半,其8000名有机生产商占全国的20%	法国农产品出口第一大区,小麦、洋葱、豌豆等农作物产量居全国首位	—

续表

法国大区名称	巴黎大区	奥弗涅-罗纳-阿尔卑斯大区	新阿基坦大区	奥克西塔尼大区	上法兰西大区	大东区
文化与旅游	2018年有5000万人次旅客到访,其中包括840万人次商务旅客;举办了439场商务会展,1110次会议;拥有4000余处历史古迹,140家博物馆,700余家戏剧院和电影院;巴黎将承办2024年夏季奥运会	—	每年有2700万人次旅客来访;占地区生产总值的8%,提供了13万个就业岗位;拥有720公里的海岸线	法国第四大旅游地,水上活动和水疗盛行	—	拥有611名国家高水平运动员,300多家专业运动俱乐部,会员数超1300万;6处大区级自然公园和大区级自然保护地
市场便利度	—	与意大利和瑞士接壤,是法国第二大出口大区	—	位于南欧中心地带,方便进入欧洲和非洲市场	交通方便,直通欧洲五国城市(伦敦,巴黎,布鲁塞尔,杜塞尔多夫,阿姆斯特丹)	与比利时,德国,卢森堡和瑞士接壤,边界达800公里;向德国出口产品最多的法国大区,第四大法国出口大区
2018年吸引外资项目数(个)	409	172	100	111	115	110
2018年外资项目新增或保留就业岗位数(个)	6794	3796	2037	2636	5266	2480

资料来源:投资法国(Invest in France)网站,笔者整理并制表, https://investinfrance.fr/the-key-strengths-of-frances-regions/。

表2 法国大区经济优势比较（2）

法国大区名称	卢瓦尔河谷大区	普罗旺斯-阿尔卑斯-蓝色海洋大区	布列塔尼大区	诺曼底大区	勃艮第-弗朗什-孔泰大区	中央-卢瓦河大区
地区生产总值（亿欧元）	1520	1520	967	934	748	700
地区生产总值占国内生产总值百分比(%)	7.1	7.1	4.2	4.1	3.3	3.3
人口总数（万人）	500	500	330	330	280	260
工业潜力	优势产业：航天、汽车、造船、健康、可再生能源，14处"工业产地"命名	超过2.3万家工业企业，优势产业含健康、可再生能源利用、美妆等；8处"工业产地"命名	工业占地区总产值的15.7%；优势产业有数字科技、网络安全、电子通信、造船、健康、海洋可再生能源利用等	工业占地区产值的21%，就业人数的23%；产电量达全国生产总量的11%；获10处"工业产地"命名	20%的工人在制造业工作；拥有1.47万处工业产地；获10处"工业产地"命名；特色产业包括冶金业、汽车制造业、奢侈品等	工业占地区产值的19.2%；领先产业包括医药、奢侈品、航天、包装业等；获9处"工业产地"命名
研究与开发能力	10处竞争力产业集群	拥有2.9万研人员和欧洲最大的科技园区；300家公立实验研究室；受法国科创计划支持（French Tech）	4处竞争力产业集群，16家创新中心，7家科技中心和2家通信中心	4处竞争力产业集群	从业人数达1.126万人；拥有14个全球研究中心，13个技术平台，5处竞争力产业集群，4家国家级研究机构，4家健康产业机构；3座城市被命名为法国科技之城	4处竞争力产业集群

续表

法国大区名称	卢瓦尔河谷大区	普罗旺斯-阿尔卑斯-蓝色海洋大区	布列塔尼大区	诺曼底大区	勃艮第-弗朗什-孔泰大区	中央-卢瓦河大区
农业优势	相关企业1000余家,从业人员达5万人;白葡萄酒命名标识数量位于法国第一		从业人数达6万人,农业食品科技水平领先	农畜结合,渔场广阔,是牡蛎和贻贝的主要产区之一	其农业附加值位于法国第二;相关研究中心聚集;63%的葡萄酒有AOP和IGP标示;拥有33家特级酒庄	葡萄酒行业增速第三的法国大区
文化与旅游	"卢瓦尔葡萄酒之路"被联合国教科文组织评为世界非物质文化遗产	5处联合国世界遗产,平均每年接待3400万人次旅客和主办220场文化活动	法国第四大旅游大区,法国第二大海洋旅游大区,从业人数达5.76万	每年游客数量达1500万人次,积极发展绿色旅游业;拥有多处世界文化遗产,如圣米歇尔山,围绕二战遗迹,开发记忆旅游项目	拥有多处世界遗产地址;奢侈品工业;技术精湛;米其林星级餐馆居多	每年游客达900万人次,拥有众多城堡古迹
市场便利度	位于中部,适合开发法国市场	马赛港口通向南欧、非洲和中东,拥有4个国际机场	距巴黎1.5小时	周围潜在客户数量达2亿人,出口占地区总产值的35%	—	距巴黎仅为1小时高铁,位于法国中心,方便进入法国各地市场
2018年吸引外资项目数(个)	67	79	31	40	53	34
2018年外资新增或保留就业岗位数(个)	1776	—	539	896	858	1563

资料来源:投资法国(Invest in France)网站,笔者整理并制表,https://investinfrance.fr/the-key-strengths-of-frances-regions/。

B.10
新冠肺炎疫情时期法国的对非援助

李梦磊　李洪峰*

摘　要： 马克龙时期法国对非援助政策以推动经济增长、立足青年发展和维护地区稳定为基本方针。新冠肺炎疫情在非洲导致经济衰退、青年失业、贫困加剧、医疗系统受损等问题，冲击了法国既有援非思路。为应对疫情危机，法国在双边援助中及时调整援助政策，从扶持经济发展、提供医疗帮助和协同科研合作等不同方面开展援助，并通过国际多边合作框架发挥主导作用。但法国的对非援助政策始终以维护法国在非洲利益与提升法国国际影响力为根本目标，其本质上仍是为延续法非特殊关系的外交工具。

关键词： 新冠肺炎疫情　法非关系　法国对非援助　非洲发展

对外援助是法国外交战略的重要组成部分，在促进双边经贸关系、维护国家利益和安全以及塑造法国国家形象方面发挥着重要作用。自马克龙上任以来，法国政府提高了发展援助在国内生产总值中的占比。非洲长期以来是法国对外援助政策的重点对象。新冠肺炎疫情的暴发让许多非洲国家陷入困境。经济、卫生等领域的诸多问题导致贫困和失业人口激增，社会不稳定因

---

* 李梦磊，北京外国语大学非洲学院博士研究生，首都经济贸易大学外语学院助教，研究方向为法语国家与地区研究；李洪峰，博士，北京外国语大学非洲学院教授，研究方向为法语国家与地区研究。

素增多，各国发展面临挑战。为帮助非洲国家应对疫情危机，法国在经济、卫生和科研等多领域对非洲国家进行了援助，在一定程度上帮助受援国家缓解了此次危机所带来的经济和社会影响。但法国的援助政策始终以其国家利益为导向，其各项援助举措在本质上也仍以维持法国在非洲影响力为目标。本文通过梳理新冠肺炎疫情对非洲国家的冲击和对法非关系的影响，结合该时期法国对非双边援助政策的调整以及在多边援助领域发挥的作用，探讨疫情背景下法国对非援助的特点与效用。

一 新冠肺炎疫情对法非关系的影响

作为全球第五大发展援助国，法国在国际舞台上一直扮演着积极的援助者形象。2017 年马克龙担任法国总统后，提出官方发展援助（ODA）优先的思路，并宣布到 2022 年法国用于官方发展援助的预算将占 GDP 的 0.55%，并以达到 0.7% 为最终目标。① 根据经济合作与发展组织（OECD）统计，2019 年法国对外援助近 122 亿美元，仅次于美国、德国、英国和日本。② 非洲是法国重要的援助地区，也是法国维持大国地位与国际影响力的重要合作伙伴。

马克龙执政以来围绕深化经济外交、积极参与反恐、加大援助力度等多个领域制定了非洲政策。援助领域的革新集中体现了法国政府对发展理念的重视。除经济和军事援助外，法国政府还提高了无偿援助的预算，并要求法国开发署的项目援助资金要优先用于青年教育、就业、健康以及危机和脆弱

---

① Ministère de l'Europe et des Affaires étrangères, Une nouvelle ambition pour la politique de développement française, https：//www. diplomatie. gouv. fr/fr/politique – etrangere – de – la – france/developpement/une – nouvelle – ambition – pour – la – politique – de – developpement – francaise/.
② OECD, Augmentation de l'aide consentie par les membres du CAD en 2019, dont une plus forte proportion est dirigée vers les pays les plus pauvres, 16 avril 2020, https：//www. oecd. org/fr/cad/financementpourledeveloppementdurable/statistiques – financement – developpement/APD – 2019 – detail – resume. pdf.

性等领域，保障受援地区平稳发展，从根源上解决难民和移民大量涌入法国的问题，以达到最终维护法国利益和安全的目的。

在经济方面，马克龙积极推进经济外交，鼓励法国中小企业在非投资建厂。2017年访问布基纳法索时，马克龙在演讲中表明："我希望非洲成为法国发展经济外交的重点对象，不仅是法国的大型集团，中小型企业也都应该在非洲进行更多投资。"① 根据法国外交部统计，目前有1100多家法国企业在非洲设立了超过2109个子公司，法企成为撒哈拉以南非洲国家最大的雇主之一，直接或间接创造的就业岗位多达47万个。② 此外，法国开发署下属的经济合作投资和促进公司（PROPARCO）专门负责对私营企业的投资与合作，其在非洲的资金支持重点面向基础设施项目、银行业以及以中小型企业为代表的生产部门。该公司帮助马里、塞内加尔及尼日利亚等国的银行和中小型企业获得了融资，助力了受援国家经济活动的顺利开展。

在教育方面，马克龙在2018年2月与塞内加尔总统萨勒主持全球教育合作伙伴关系组织（GPE）的融资会议时宣布，法国将在2018~2020年向该组织捐助2亿欧元，并要求将其中一半的资金直接用于萨赫勒地区国家的教育发展，使当地民众能够提高文化素养，获得更好的发展前景。就业方面，2019年法国与欧盟和国际劳工局（BIT）达成合作，斥资350万欧元资助毛里塔尼亚的促进年轻人就业项目。③

2020年初以来，新冠肺炎疫情席卷全球200多个国家和地区，成为第二次世界大战结束以来人类经历的最严重的全球公共卫生突发事件。许多国家因疫情严重而宣布进入紧急状态，全球政治、经济和社会秩序受到严重影

---

① Déclaration de M. Emmanuel Macron, Président de la République, sur les relations entre la France et l'Afrique, à Ouagadougou le 28 novembre 2017, 28 novembre 2017, https：//www.vie - publique.fr/discours/204350 - declaration - de - m - emmanuel - macron - president - de - la - republique - sur - les - r.

② Ministère de l'Europe et des Affaires étrangères, Relations économiques entre la France et l'Afrique, février 2019, https：//www.diplomatie.gouv.fr/fr/dossiers - pays/afrique/relations - economiques - entre - la - france - et - l - afrique/.

③ AFD, Sahel 22 projets en images et en résultats, https：//www.afd.fr/fr/sahel - projets - images - resultats.

响。作为发展相对落后的地区，非洲国家面临着十分严峻的经济冲击和社会动荡加剧的形势，疫情对非洲的影响在经济、社会和卫生方面尤为凸显。根据联合国非洲经济委员会数据，2020年非洲GDP平均增速从3.2%下降到1.8%；而根据世界银行统计数据，经济活动大幅下滑使撒哈拉以南地区经历了25年以来的首次衰退，经济增长率下降3.3%，该地区至少损失了1150亿美元。①

疫情影响下非洲经济增长停滞的同时，青年人大量失业、学生学业被迫中断、贫困加剧及粮食供需矛盾趋紧等一系列社会问题也随之出现。根据非洲发展银行（AFDB）预测，疫情大流行会使非洲失去3000万个正式工作岗位，而随着居民消费的萎缩，有1900万名15~24岁从事非正规就业的年轻人会受到严重影响。②

同时，疫情影响下非洲地区的贫困情况和粮食危机进一步加剧，影响社会稳定。随着中小企业的倒闭和大量工作岗位的流失，非洲地区的贫困人口数量持续上升。非洲发展银行预测，疫情会使4920万人陷入赤贫状态③，贫困人口的增加会加剧社会动荡。同时，各国实施的防疫限制措施影响了非洲本土的农业生产，粮食产量大幅下降，一些主要粮食生产国出口减少。

疫情也加重了非洲本已脆弱的医疗卫生系统的负担。尽管许多非洲国家迅速采取了应对措施以减缓疫情的蔓延，但由于缺乏及时检测新冠病毒的能力，没有条件对确诊或疑似病例及时进行隔离，更遑论对确诊病例活动轨迹进行明确追踪，各国医疗卫生系统要应对新冠肺炎疫情带来的冲击极为艰难。

而法国自身也因为新冠肺炎疫情遭受严重打击。法国政府实施的封闭和隔离措施对社会生产和消费产生了直接影响。法国经财部统计数据显示，法

---

① The World Bank, The World Bank in Africa, 22 October 2020, https://www.worldbank.org/en/region/afr/overview#1.

② African Development Bank, Africa's economic outlook 2020 supplement amid COVID-19, July 2020, https://www.afdb.org/en/documents/african-economic-outlook-2020-supplement.

③ African Development Bank, Africa's economic outlook 2020 supplement amid COVID-19, July 2020, https://www.afdb.org/en/documents/african-economic-outlook-2020-supplement.

国经历了自二战以后最大的GDP下降幅度,2020年GDP同比下降8.3%,第三季度最大降幅达到了18.5%。① 在自身受新冠肺炎疫情困扰的情况下,法国依然积极参与对非洲援助,其主要原因可归于以下三点。

其一,法国要挽回并扩大在非洲的经济影响力。非洲以其丰富的战略资源和广阔的市场前景被视为未来经济发展的新大陆,世界主要经济体在非洲的经贸活动均十分活跃,法国在非洲的市场份额占比在各国的激烈竞争下受到影响。在非洲经济受到疫情冲击的情况下,法国必须积极参与经济援助,帮助法国在非企业和非洲本土的中小型企业应对危机,才能维持法国在非的经济利益,同时借由帮助非洲国家解决资金流动问题,重振法国在非洲的经济存在。

其二,法国要确保非洲人口的卫生健康状况和就业环境,进而维护地区稳定,从根源上避免非洲地区安全隐患的增加和难民问题的产生。马克龙的对非政策将地区稳定和青年发展作为重要目标,而新冠肺炎疫情却对这二者产生了直接冲击。部分非洲国家医疗体系不堪重负,粮食问题和失业危机让国家面临着防疫和恢复经济的两难选择,社会民生问题的出现威胁了地区的稳定,青年发展堪忧。要延续对非援助的既有成果,法国必须及时帮助非洲国家应对医疗卫生系统的压力,从援助资金、物资和专业知识角度加大对非援助,协助解决由医疗卫生问题引发的社会动荡问题,维护地区安定,从而进一步保障欧洲地区的稳定环境。

其三,通过在双边援助和多边援助中的积极表现,法国可以提升其在非洲的形象,并维护其在全球的影响力和话语权。对外援助是彰显法国形象的重要措施,在法国因殖民遗留问题在非洲形象持续受损的情况下,及时从经济、卫生等领域帮助非洲国家渡过疫情难关可以助力法国在非的形象提升,展现出勇担责任的大国形象,在迎接全球挑战中扮演主力军的角色,获得更

---

① Ministère de l'Économie, des Finances et de la Relance, Flash conjoncture France-chute historique du PIB en 2020 mais relative résilience au 4e trimestre, 29 janvier 2021, https://www.tresor.economie.gouv.fr/Articles/2021/01/29/flash–conjoncture–france–chute–historique–du–pib–en–2020–mais–relative–resilience–au–4e–trimestre.

新冠肺炎疫情时期法国的对非援助

大的国际影响力。

基于疫情对法非关系的影响,法国及时调整援助思路,以期全方位应对经济下滑、青年失业、学生辍学、卫生系统被破坏等一系列问题,在较短时间内有针对性地帮助非洲国家渡过疫情难关。

二 疫情背景下法国对非双边援助政策的调整

21世纪以来,世界各主要经济体同非洲国家建立了广泛密切的合作关系,中国、美国、德国等国家都对受疫情困扰的非洲伸出了援助之手,面临着竞争的法国要维持其在非影响力,就必须充分发挥其对非洲国情的认知优势,从务实的角度出发,制定切合非洲发展所需的援助方案。法国对非优先进行的经济援助、卫生援助和科研援助基本符合非洲国家当前需求,在一定程度上帮助非洲缓解了此次疫情危机带来的经济和社会影响。

(一)法国对非经济援助

法国对非经济援助由来已久,通过项目融资、预算援助和债务减免等一系列援助方式,推动受援国家的经济运行。法国对撒哈拉以南地区经济发展情况尤为重视,在马里经历了北部图阿雷格人反政府武装叛乱后,法国在2015~2017年向该国提供了3亿欧元援助,以促进其经济复苏和发展。① 2017年,法国开发署与几内亚经济和财政部签署协议,为其提供500万欧元的预算支持,用以促进该国经济结构改革的实施。② 此外,考虑到非洲中小型企业对其经济的重要性,2019年法国拨款150万欧元援助乍得小型企

---

① Jeune Afrique, Mali: 300 millions d'euros d'aide supplémentaires de la France, 19 octobre 2015, https://www.jeuneafrique.com/272890/economie/mali-300-millions-deuros-daide-supplementaires-de-la-france/.
② AFD, Guinée: Une aide budgétaire de 5 millions d'euros, 15 décembre 2017, https://www.afd.fr/fr/actualites/guinee-une-aide-budgetaire-de-5-millions-deuros?origin=/fr/rechercher?query=aide+sant%C3%A9+.

业的发展,用以改善当地青年企业家的融资渠道,在该援助计划结束时,共有 829 名企业家的项目得到支持①,当地青年的创业热情被大大激发。在与非洲各国长期的经济合作与援助中,法国对非洲地区的经济需求了解深刻,也建立了密切的经济合作网络,因此在疫情冲击非洲地区经济发展的情况下,法国的对非经济援助展现出了务实的特点。

2020 年 4 月,法国外交部部长让－伊夫·勒德里安（Jean-Yves Le Drian）宣布,法国将对非洲提供近 12 亿欧元的援助,用于遏制新冠肺炎疫情在非洲的扩散。这一举措表明法国非常重视新冠肺炎疫情对非洲经济和健康可能造成的破坏性影响,援助资金用于确保非洲国家、各国开发银行、卫生机构和非政府组织短期资金的供给,从而帮助受援国家和地区应对由疫情引起的经济问题。

除了关注非洲国家整体经济发展状况外,法国还尤为重视非洲中小企业在此次疫情中的生存状况。中小型企业已经成为非洲各国经济发展的主要推动力,是解决非洲贫困问题的重要支柱。基于对非洲经济情况的了解以及法非经济合作模式的特点,法国的对非经济援助也积极围绕中小型企业展开。2018 年,法国开发署曾发起"选择非洲倡议"（Initiative Choose Africa）,旨在向非洲初创企业、微型企业和中小企业提供发展所需的资金和援助,帮助它们改善信贷渠道,增强资本运营能力。在新冠肺炎疫情对非洲国家的中小企业和微型企业生存造成严重影响时,法国开发署在"选择非洲倡议"的基础上建立了"选择非洲恢复"机制（Choose Africa Resilience）,额外拨付 10 亿欧元援助用于支持非洲私营企业发展。该倡议将最初确定的 2018～2022 年 25 亿欧元的发展预算增加至 35 亿欧元。在"选择非洲倡议"的支持下,法国开发署已经资助了非洲多个国家的经济项目。此外,法国开发署的经济合作投资和促进公司还与非洲金融公司科菲纳（COFINA）签署了一项 1000 万欧元的贷款协议,以帮助科特迪瓦和塞内加尔的 1278 家微型企业

---

① AFD, Appui à la petite entreprise, https://www.afd.fr/fr/sahel-projets-images-resultats.

和中小型企业度过经济困难期。①

法国的对非经济援助在一定程度上帮助非洲国家提升了危机时期应对经济问题的能力，为正在受到国际经济环境影响的非洲中小型企业提供了稳定的资金支持，为疫情下非洲经济的稳定发展做出了一定贡献，也维护了法国自身在非经济利益。

（二）法国对非卫生援助

除经济领域外，卫生援助成为这一时期法国对非援助的重中之重。

法国一直重视对非洲的卫生援助，在非洲拥有较为扎实的健康卫生合作基础。在撒哈拉以南地区，许多国家农村地区近50%的医疗卫生服务由私立机构提供，而这些机构难以获得发展所需的资金，法国通过医疗信贷基金（MCF）为肯尼亚、加纳、尼日利亚和坦桑尼亚的中小型卫生机构提供资金，以帮助各国提升医疗保健条件。法国开发署还资助了1000万欧元帮助西非卫生组织（WAHO）设立了区域人口、性健康和生殖健康（DEMSAN）项目，以促进西非地区的人口健康发展。② 此外，为增强西共体成员国卫生机构应对流行病的协调管理能力，法国政府在2017年曾出资470万欧元帮助西共体建立了"西非法语国家公共卫生能力建设项目"（RIPOST）。③ 通过该项目，贝宁、布基纳法索、科特迪瓦、几内亚、尼日尔和多哥的医疗人员能够获得有关流行病学的专业医学知识培训，各国预防和控制流行病的能

---

① Proparco, Via un prêt au groupe COFINA, Proparco renouvelle son soutien aux TPE et PME sénégalaises et ivoiriennes, 22 mai 2020, https：//www.proparco.fr/fr/actualites/un－pret－au－groupe－cofina－proparco－renouvelle－son－soutien－aux－tpe－et－pme－senegalaises－et．

② Organisation Ouest Africaine de la Santé, Rencontre de travail entre l'OOAS et l'AFD L'examen du bilan physique et financier des activités au menu des discussions, 1 novembre 2017, https：//www.wahooas.org/web－ooas－prod/fr/actualites/rencontre－de－travail－entre－looas－et－lafd－lexamen－du－bilan－physique－et－financier－des．

③ WAHO, Control of epidemics in West Africa：The RIPOST project initiated by WAHO and AFD to build the capacity of health services for the coordination and management of epidemics, https：//www.wahooas.org/web－ooas－en/actualites/control－epidemics－west－africa－ripost－project－initiated－waho－and－afd－build－capacity．

力获得提升。回顾已有援助成果，法国对非的医疗援助展现出了明确的指向性，其援助思路充分考虑了受援国家的医疗问题及需求，并在对非合作中积累了丰富的经验，有较好的干预能力。

新冠肺炎疫情大流行情况下，法国通过法国开发署和直接拨款的方式帮助非洲国家医疗系统应对疫情。2020年4月2日，法国开发署批准了"COVID-19——共同健康"倡议（COVID-19-Santé en commun），将非洲、中东等地区的19个国家作为优先援助对象，该倡议同时也面向民间社会组织和私营部门。倡议内容包括加强区域流行病监测网络；帮助非洲国家制订应对新冠肺炎疫情的国家计划；支持主要参与主体（包括基金会、研究机构、非政府组织等）应对新冠肺炎疫情；为加强医疗系统提供预算支持。"COVID-19——共同健康"倡议短时间内动用多项医疗技术和资金帮助受援国家度过健康危机，表现了法国在帮助全球最脆弱国家应对新冠肺炎疫情方面所做出的重要贡献。除此之外，法国还拨款200万欧元支援在尼日尔、塞内加尔、几内亚、中非共和国和马达加斯加五国的巴斯德研究所（Institut Pasteur），通过为研究机构提供必要的试剂和用品，帮助这些国家进行新冠病毒检测和实验室研究。①

综上，法国对非的卫生援助围绕帮助非洲国家监测疫情发展，研发、生产和接种疫苗等实际工作展开，针对非洲国家进行资金帮扶和医疗用品投入，帮助受援国家应对疫情危机。

（三）法国对非科研援助

在经济援助与医疗援助之外，法国在此次疫情危机之中对非洲科研援助的表现也较为亮眼。

法国历来重视与非洲各国的科研合作。为加强法非高校间的伙伴关系，推动各科研机构共同发展，马克龙上台后法国政府计划到2022年将法非科

---

① AFD, COVID-19 - health in common initiative: Financing the first projects in Africa, 21 April 2020, https://www.afd.fr/en/actualites/COVID-19-health-common-initiative-financing-first-projects-africa.

研合作伙伴机构数量增加一倍。为实现这一目标，法国外交部在2019年为25个高等教育和研究项目提供了资金支持。此外，法国许多科研机构在非洲设立了分支机构，法国发展研究所（IRD）、法国农业国际合作发展中心（CIRAD）、法国国家科学研究中心（CNRS）、法国国家艾滋病研究署（ANRS）以及巴斯德研究所都与非洲各科研机构保持着长期合作关系，能够获取一线医疗经验和数据信息。2018年埃博拉疫情在刚果（金）暴发时，法国发展研究所与喀麦隆的新发和再发疾病及核医学研究中心（CREMER）以及刚果（金）的国家生物医学研究所（INRB）协同合作，就病毒研究、疾病诊断和医疗团队培训等方面展开了全方位合作，为帮助非洲当地应对流行疾病做出了贡献。法非科研合作加强了对年轻科研人员的专业技能培训，促进了南北和南南科研团队的互动交往，推动了各国科研机构的共同发展。

法国外交部表示，对非进行科研援助的目的主要有二：一是通过巩固现有的伙伴关系，支持法国与非洲机构之间的科学合作；二是为非洲大陆的研究提供更多资金。在此次新冠肺炎疫情期间，法国对非的科研合作也紧紧围绕这两大援助要点展开。

在资金提供方面，截至2020年10月中旬，法国外交部和法国开发署已为非洲防治新冠肺炎的科学研究合作捐助近1800万欧元。[①] 通过创新项目团结基金（FSPI），法国外交部为巴斯德研究所和法国国家艾滋病研究署在非洲的研究分部提供了资金援助。同时，法国驻非洲各使馆还通过该基金资助了非洲各国的医疗卫生培训和研究项目，2020年的资助金额达到了140万欧元。[②]

在科研合作方面，法国对非洲各国研究援助工作的实际开展主要由巴斯德研究所、法国发展研究所、梅里埃基金会（Fondation Mérieux）以及研究

---

① Ministère de l'Europe et des Affaires étrangères, COVID-19: l'aide à l'Afrique, 15 octobre 2020, https://www.diplomatie.gouv.fr/fr/dossiers-pays/afrique/evenements/article/COVID-19-1-aide-a-l-afrique.

② Ministère de l'Europe et des Affaires étrangères, COVID-19: l'aide à l'Afrique, 15 octobre 2020, https://www.diplomatie.gouv.fr/fr/dossiers-pays/afrique/evenements/article/COVID-19-1-aide-a-l-afrique.

团队和实验室联盟（REACTing）负责。2020年1月，巴斯德研究所成立了新冠肺炎病毒特别工作组，同时提供近200万欧元支持科研工作的开展。此外，法国发展研究所还获得法国开发署200万欧元的捐助，构建了援助非洲国家应对新冠肺炎计划（ARIACOV），帮助西非和中非国家应对疫情。法国国家艾滋病研究署还投入400多万欧元招募病毒学、临床研究、流行病学、社会科学和人文科学研究人员以加入非洲援助计划。全面的科研网络与非洲当地的医院和研究机构开展了密切合作，全力支持非洲开展新冠肺炎研究工作。

除适时调整双边援助措施之外，法国还积极参与了各个国际组织的多项援非活动，并在国际舞台上扮演着积极的援助主导者角色。法国在各个国际组织中展现的主导者姿态也体现出其希望通过对外援助来重塑法国国际领导力的意图。

三 多边合作框架中的法国作用

法国外交传统历来维护多边主义，马克龙政府自上台后也延续了这一传统，积极倡导多边主义的外交理念，坚定维护多边框架，在环境治理、国际贸易等方面发挥着重要的引导作用。在新冠肺炎疫情全球蔓延的背景下，马克龙在联合国成立75周年纪念峰会上再次呼吁加强国际合作，他表示："在疫情让人们对衰落感到恐惧与无能为力之时，面对卫生紧急情况、气候挑战与权利的下降，我们现在必须尽一切可能与愿意采取行动的人一同合作。"① 在发展援助领域，法国同样重视通过多边渠道提供援助，发挥多边援助的优势，倡导全球合作的外交理念。面对此次突发的疫情危机，法国通过调配资金与积极协调各国际组织和机构，与多方协同合作，倡导多个国际组织、欧盟及二十国集团（G20）共同为帮助非洲抗疫做出努力。

---

① 参见Déclaration de M. Emmanuel Macron, président de la République, sur l'ONU, à New York le 21 septembre 2020, https: //www.vie－publique.fr/discours/276350－emmanuel－macron－21092020－onu。

在国际组织层面，法国在各大国际组织中积极发声，提出倡议并出资。经济方面，法国呼吁国际货币基金组织（IMF）和世界银行资助最脆弱的经济体，特别是非洲国家。法国支持国际货币基金组织在其现有基础上增加其他援助项目并分配应急资金，通过快速融资工具（RFI）、快速信贷（RCF，针对最贫穷国家）和防灾救济基金（CCRT）减免对非债务。粮食方面，为防止新冠肺炎疫情导致的公共卫生危机对西非和萨赫勒地区造成严重后果，防止粮食危机加剧，法国将部分资金通过特殊紧急程序拨给世界粮食计划署（WFP），直接或间接（如通过非政府组织）资助非洲地区的粮食援助项目。医疗方面，法国加入了由世界卫生组织（WHO）主导的全球多边倡议"获得抗击新冠肺炎工具加速器"（ACT-A）。该倡议于2020年4月启动，是应对疫情的强有力的多边机制。该倡议还计划在研发疫苗的基础上，到2021年底，通过"新冠肺炎疫苗实施计划"（COVAX）向发达国家和中低等收入国家提供20亿剂新冠疫苗；为中低等收入国家提供2.45亿次治疗和5亿次检测。法国向这一倡议捐助了5.1亿欧元，是该倡议启动的直接支持者。① 除此之外，法国还承诺将在新冠疫苗问世后向全球疫苗免疫联盟（GAVI）额外捐助1亿欧元，以确保疫苗在最脆弱国家的生产和接种。法国的援助目标是：共享研究数据和结果；保证疫苗接种公平；保证疫苗生产速度和数量；以及保证疫苗价格合理。此外，法国还向抗击艾滋病、结核病和疟疾全球基金（Le Fonds mondial de lutte contre le sida, la tuberculose et le paludisme）和国际药品采购机制（UNITAID）等组织提供了重要的财政支持，帮助这些机构在发展中国家，特别是在撒哈拉以南非洲地区积极抗击新冠肺炎疫情。在法国等国家的呼吁下，世界银行2020年3月设立140亿美元的"COVID-19基金"，通过购买医疗设备、加强医疗基础设施建设、支持制定公共政策等一系列措施帮助对象国快速应对公共卫生危机。此外，新冠肺炎疫情下，法国也仍然重视非洲其他长期存在的传染病的应对工作。法

---

① Ministère de l'Europe et des Affaires étrangères, COVID-19: l'aide à l'Afrique, 15 octobre 2020, https://www.diplomatie.gouv.fr/fr/dossiers-pays/afrique/evenements/article/COVID-19-1-aide-a-l-afrique.

国是抗击艾滋病、结核病和疟疾全球基金会的第二大捐款国,共投入12.96亿欧元用于2020~2022年的发展所需①,旨在确保该基金会防治艾滋病、结核病和疟疾的行动不受新冠肺炎疫情影响,并根据情况向受援国提供资源以应对危机。

在欧盟层面,法国呼吁欧盟在援助发展中国家时应将非洲国家放于优先地位。在医疗援助中,法国支持欧盟委员会参与"新冠肺炎疫苗实施计划",并承诺向委员会提供4亿欧元以助力计划顺利实施。在欧盟通过架设空中航线为非洲地区运送医疗物资的情况下,法国为飞往中非、苏丹、刚果金和布基纳法索的航线提供了便利。科研援助方面,欧洲与发展中国家临床试验合作组织(EDCTP)呼吁支持非洲国家培养应对危机的科研能力,在这一预算为475万欧元的项目中,法国出资100万欧元。②

在二十国集团层面,法国曾积极推动二十国集团和巴黎俱乐部通过了"暂缓最贫穷国家债务偿付倡议"(ISSD,简称"缓债倡议")。2020年4月,二十国集团债权人做出前所未有的决定:同意73个受新冠肺炎疫情影响面临预算危机的脆弱国家推迟偿付2020年12月31日前的债务(包含利息和本金)。截至2020年9月25日,已有46个国家向二十国集团成员国提出缓债申请,其中包括30个撒哈拉以南非洲国家。2020年10月14日,二十国集团决定将"缓债倡议"延期6个月,并开始思考如何减轻负债最多国家的负担。此外,二十国集团通过了《缓债倡议后续债务处理共同框架》,该框架将根据每个国家的经济和财政状况在多边框架中进行有针对性的援助。在这一减债倡议达成和推行的过程中,法国作为积极倡导者的作用不可忽视。

在多边援助中,法国以积极主动的姿态参与对非援助的各个领域,在众

---

① Ministère de l'Europe et des Affaires étrangères, L'action des Fonds multilatéraux en santé, octobre 2020, https://www.diplomatie.gouv.fr/IMG/pdf/l_ action_ des_ fonds_ multilateraux_ en_ sante_ fonds_ mondial_ gavi_ unitaid_ _ cle813978.pdf.

② Ministère de l'Europe et des Affaires étrangères, COVID – 19: l'aide à l'Afrique, 15 octobre 2020, https://www.diplomatie.gouv.fr/fr/dossiers – pays/afrique/evenements/article/COVID – 19 – 1 – aide – a – l – afrique.

多国际组织与机构中充当对非援助主导者的形象，积极呼吁国际社会加大对非关注力度，在经济、卫生、粮食安全等多个方面为帮助非洲国家解决发展问题做出了贡献。同时，法国在国际多边事务中的引导者姿态也是其为扩大法国际影响力、获得更大话语权的直接表现，借由在多个国际组织、欧盟及二十国集团中的积极倡导，法国展现了积极应对全球发展问题、主动参与全球治理的大国形象。

但此次疫情中法国援非措施也存在明显不足，主要有两点：一是初期对疫情走向判断不力，本国应对失措，应急防疫物资组织较慢，影响了对非援助效率；二是新冠疫苗研发滞后，赛诺菲实验室2021年2月中旬宣布其疫苗在2021年无法问世，法国只能依赖辉瑞等外国技术，极大地制约了法国在新冠疫苗研发方面的影响力。

四　结语

法国在非洲深耕多年，尤其对非洲法语国家的国情了解深刻，合作网络盘根错节，深入非洲国家机器和社会各界，其援助具有相当强的系统性、针对性和灵活性。面对新冠肺炎疫情危机，法国在经济、医疗和科研等领域的援助以及在国际舞台上的主导者姿态，在客观上为非洲国家解决社会问题提供了助力，推动加大了国际社会对非洲的关注力度和援助力度。但同时，为维持法国在非洲的传统优势，法国的各项援助措施始终以其国家利益为导向，在本质上也是对法非特殊关系的延续。

B.11
新冠肺炎疫情下法国奢侈品产业的发展现状

苏 昉*

摘　要： 法国的奢侈品产业在2020年受新冠肺炎疫情影响而遭到巨大打击，全年出现了三种发展趋势。一是两极分化明显。大品牌的奢侈品制造商逆势上扬，甚至趁机兼并了一些陷入困境的独立品牌或小品牌奢侈品制造商；而那些财务状况无法长期持续的中小品牌却成为牺牲品。二是中国市场成为解救法国奢侈品产业的重要因素。从第二季度开始，中国抗疫措施得力而率先走出疫情的阴影，启动经济"内循环"。国内居民消费在"解封"后出现井喷，中国一跃成为全球最大的奢侈品消费国。在中国消费者强大购买力的推动之下，法国各大奢侈品牌纷纷将重心转向中国，希望在逆境中探索发展之路。三是奢侈品也借助网络发展，线上销售成为重点，数字化趋势不容小觑。

关键词： 奢侈品　新冠肺炎疫情　法国　线上销售

2020年初，突如其来的新冠肺炎疫情令全球经济遭受重挫，各大经济体陷入前所未有的困境。为了控制疫情，大多数国家和地区采取了封闭隔离

---

* 苏昉，武汉大学外国语言文学学院法文系讲师，研究方向为基于文化及社会学视角的奢侈品消费研究。

措施，这使得旅游、餐饮、航空、零售等行业全面瘫痪。其中，与这些消费性行业休戚相关的法国奢侈品产业深受其害，2019年累积的强劲发展势头戛然而止，中短期规划被无情地打乱。除中国以外，各国普遍采取较为宽松的防疫政策，致使疫情不断出现反复，欧洲各主要国家在第四季度再次进入封城状态，常客量的流失和外国游客的持续缺席，让法国奢侈品行业复苏的脚步放缓。具体来说，法国奢侈品产业的发展在这一年中呈现出三大特点。

一 产业资源加速向顶端汇聚，两极分化更加明显

从行业的整体发展来看，新冠肺炎疫情笼罩下的2020年，不确定性与颠覆性并存，各大奢侈品牌在应对危机的同时，也迎来了机遇。面对疫情，部分应对不力的中小品牌、独立品牌和设计师品牌在残酷的竞争中败下阵来，很快便销声匿迹；而大型奢侈品集团加快进行资源整合，剥离不良资产，低价并购优质品牌，进一步扩大了领先优势。奢侈品产业的组成结构从原有的"二八定律"进一步向"一九定律"迈进，产业资源加速向顶端汇聚，底端的中小品牌逐渐被淘汰，两极分化的趋势更加明显。

2020年，受新冠肺炎疫情影响，全球各大股市一片哀号。路威酩轩（LVMH）集团的股价却逆市上扬，累计上涨近29%，市值逼近2700亿欧元大关，霸主地位进一步得到巩固。独立品牌的领头羊爱马仕（Hermès）股价也一路飙升，累计涨幅超过31%，市值达到创纪录的973亿欧元。相比之下，开云（Kering）集团的表现稍有逊色，股价累计下滑2.4%，市值在680亿欧元上下徘徊，但在疫情之下，能保持这样稳定的业绩，已属难得。

作为世界第一大奢侈品集团，路威酩轩集团一直采取积极增长的商业模式，整体运营以分散型组织结构、有机增长、垂直整合、创造协同效应、传承精湛工艺、经营业务和地理分布平衡等六大支柱为基础。① 2020年，集团在继续巩固其头部品牌路易·威登（Louis Vuitton）和迪奥（Dior）优势地

---

① 《LVMH企业模式》，https://www.lvmh.cn/集团/关于lvmh/lvmh企业模式/。

位的同时,加强了对芬迪(Fendi)、纪梵希(Givenchy)、思琳(Celine)、罗意威(Loewe)等中部品牌的商业化运作。其2020财年年报显示:受疫情影响,集团全年实现营业收入446.51亿欧元,同比下降17%,净利润为47.02亿欧元,同比下降34%。但下半年下降趋势逐渐缓和,第四季度收入同比仅下降3%。路易·威登和迪奥所带领的时装皮具部门全年销售额仅下跌3%,第四季度同比大涨18%。① 当年度,该集团完成了一件具有划时代意义的大事,成功并购了美国顶级珠宝品牌蒂芙尼(Tiffany)。早在2019年底,双方就已经展开合作谈判。疫情期间,法方采取拖延战术,表现出摇摆不定的姿态,不断在谈判过程中压价,最终以158亿美元的价格达成交易。精明的法国人以疫情为筹码,完成了一笔相当划算的买卖,每股作价131.5美元,比最初的报价低3.5美元,最终节省了约4.2亿美元的并购费用。在此之前,以珠宝和手表为代表的硬奢侈品领域一直是路威酩轩集团的短板,而这次将蒂芙尼品牌收入囊中,不仅大大增强了集团的整体实力,还使其在相对薄弱的美国市场起点更高,站得更稳。此外,集团还在年末宣布暂停推出与歌手蕾哈娜联手打造的"实验性"奢侈品牌Fenty。该品牌创立于2019年,其产品主要通过快闪店和官网进行销售。疫情的发生让快闪店模式无法正常推进,缺少品牌根基仅依靠名人效应也无法在线上吸引真正有实力的消费者。面对糟糕的业绩和不佳的市场口碑,集团决策层果断停止该项目运营,及时止损,避免了无止境的人力和资金投入。

另一个法国奢侈品产业巨头开云集团,则坚持"关爱、合作与创新"的发展方向,"直面现代、大胆的奢侈品愿景,拥抱创意,聚焦增长"。② 以颠覆传统的产业体系为目标,继续强化可持续发展的宏观战略,积极探索新的商业运营模式。2020年,集团发布了《可持续发展进展报告》,提出了生物多样性发展战略。该战略分为四个阶段:避免、减少、恢复和再生及转变。目标是遏制生物多样性的丧失,恢复生态系统结构及物种,促进集团供

---

① Publications, https://www.lvmh.cn/investors/investors-and-analysts/publications/?publications=29.

② 《2017-2025年可持续发展蓝图》, https://www.kering.com/cn/sustainability/our-strategy/。

应链以外的系统性改革。① 疫情之下，为减少实体零售被迫关停所带来的冲击，集团旗下的主要品牌古驰（Gucci）、葆蝶（Bottega Veneta）、巴黎世家（Balenciaga）均采取了以线上展示为主的新品发布形式，打破了地域和场地限制，在稳固传统客户群体的基础上，吸引了更多年轻消费者。然而，相比于路威酩轩的激进作风，开云的一系列动作并没有明显的突破，效果自然不尽如人意。其2020财年年报显示：全年销售额下滑17.6%，跌至126.77亿欧元，净利润下降6.9%。核心品牌古驰销售下降22.7%，圣罗兰（Saint Laurent）下降14.9%，包括巴黎世家、亚历山大·麦昆（Alexandre McQueen）在内的中部品牌，整体销售下降10.1%。作为集团的火车头，古驰本年度的业绩可谓"惨淡"，即使在整个行业逐渐复苏的下半年，第三季度销售额仍同比下滑8.9%，第四季度降幅更是高达10.3%，全年营业利润大跌33.8%。唯一例外的是葆蝶，依靠第四季度的优秀表现，其最终取得全年3.7%的销售增长②，成为开云集团2020年唯一正向增长的品牌，大有取代古驰成为头部品牌之势。

而顶级独立品牌爱马仕则交出了一份令人羡慕的成绩单。作为家族企业，爱马仕始终坚持手工艺模式及人文价值观，推动创作的自由，追寻精美材质，传承精湛工艺，打造实用、优雅、经得起考验的物件。③ 疫情之下，深厚的品牌根基成为爱马仕立于不败之地的法宝。其2020财年年报显示：全年总销售额64亿欧元，仅同比下跌6%。虽然上半年受到疫情的冲击业绩大幅下跌，但下半年呈现明显好转的趋势，第四季度销售额同比增长高达16%。其中，皮具和马具销售额仅同比下跌5%，但在第四季度同比增长18%；成衣及配饰下跌9%，但在第四季度同比增长12%；手表下跌2%，但在第四季度同比大涨28%。值得一提的是，受益于疫情居家隔离产生的

---

① 《发展的轨迹 历史的见证》，https://www.kering.com/cn/sustainability/our-approach/historic-commitment/?page=6。
② 2021 first-half results, https://www.kering.com/cn/finance/。
③ 《爱马仕，始于1837年的当代工匠》，https://www.hermes.cn/cn/zh/story/272462-contemporary-artisans-since-1837/。

旺盛需求,珠宝首饰及生活家居产品全年销售总额逆势增长24%,第四季度更是暴涨56%。① 疫情期间线上业务的迅速发展和下半年亚洲市场奢侈品消费需求的强劲复苏,在很大程度上抵消了疫情封锁导致的国际旅游业停摆及传统零售市场萎缩所带来的损失。此外,本地客户极高的忠诚度也为疫情缓解之后销售额稳步回升提供了重要保障。

二 聚焦中国市场,得中国者得天下

持续一整年的新冠肺炎疫情大大阻碍了法国奢侈品产业自2015年起连续五年持续增长的发展势头。在2020的疫情影响下无论是实力强大的奢侈品集团还是独立的奢侈品牌,都遭受了巨大的损失。而从2020年4月开始,采取严格抗疫措施的中国率先从疫情中恢复,中国消费者惊人的消费需求和强大的购买力为市场重新注入了活力。在中国市场的推动下,各大奢侈品品牌逐渐走出困境,年底甚至迎来了销售额的大幅增长。路威酩轩集团的皮具时装销售全年仅下跌3%,其中第四季度同比大涨18%。② 开云集团的头部品牌古驰虽然全年销售额同比下滑22.7%,但第四季度在中国及亚太地区的销售额同比增长达8%,而葆蝶则凭借在中国市场的优异表现异军突起,全年销售额同比增长3.7%,第四季度同比涨幅达到15.7%。③ 得益于中国内地市场的强劲反弹,爱马仕下半年的业绩迅速回升,第四季度销售总额同比增长12.3%,在除日本以外的亚太市场全年收入增长14%,第四季度的涨幅高达47%。④

大量事实和数据表明,从疫情得到有效控制的第二季度开始,中国市场的奢侈品销售业绩便一骑绝尘,将欧洲、日本和北美等传统市场远远甩

---

① Key figures,https://finance.hermes.com/en/key-figures.
② Publications,https://www.lvmh.cn/investors/investors-and-analysts/publications/?publications=29.
③ 2021 first-half results,https://www.kering.com/cn/finance/。
④ Key figures,https://finance.hermes.com/en/key-figures.

在身后。据 CCTV 财经频道报道，2020 年全球个人奢侈品市场交易额同比大跌 23%，而中国市场却一枝独秀，个人奢侈品交易额大涨 48%，中国市场在全球奢侈品市场的整体份额也由 2019 年的 11% 增长到 20%。投行杰富瑞的研究报告显示，疫情发生以来，大批海外奢侈品消费者回流到中国国内，原本占据欧洲市场近一半的中国游客购买量几乎全数转移至国内市场，2020 年中国消费者在本土市场的奢侈品消费在全球奢侈品消费中的占比从 2019 年的 39% 激增到 80%，带动多个奢侈品牌的境内消费出现两位数甚至三位数的增长。贝恩咨询公司的研究报告则指出，2020 年，新冠肺炎疫情导致全球奢侈品市场萎缩，而在中国，消费回流、千禧一代①和 Z 世代②购物者、数字化发展以及海南离岛免税购物四大引擎推动了奢侈品市场迅速回暖并正向增长。③ 疫情之下，聚焦中国成为奢侈品产业走出逆境并恢复增长的唯一出路，中国市场是各大奢侈品牌的必争之地，得中国者得天下。

事实上，疫情发生之前，全球奢侈品产业发展的战略重心就已经向中国转移，法国主流奢侈品牌大多已经在中国市场完成了销售渠道的全方位布局，线下门店基本覆盖所有一线城市和大部分二线城市，线上则基本完成了官网建设，同时入驻了主要的社交媒体。2020 年第一季度，由于新冠肺炎疫情暴发，各大品牌大量关闭门店，开设新店的计划被迫搁置，虽很快将营销重心转移到线上，但销售成绩并不理想。然而，从疫情得到有效控制的第二季度开始，经济形势向好，市场迅速回暖，消费者的购买需求出现井喷。各大品牌的线下门店销售额直线上升，新店扩张的速度随之加快，有些品牌加大力度在二线城市布点，有些品牌则选择在一线城市开设第二家甚至第三家门店。仅 4 月，路易·威登传统门店的销售额就比上年同期增长近 50%，爱马仕在广州的旗舰店开业首日销售额达 1900 万元，

---

① 指出生于 1980~1995 年的一代人，在中国约有 3.2 亿人。
② 指出生于 1995 年以后的一代人。
③ 《贝恩和天猫奢品首次联合发布 2020 年中国奢侈品市场研究报告》，https://www.bain.cn/news_info.php?id=1253。

创品牌单日销售的最高纪录。在年轻一代消费者强大购买力的推动下，线上渠道的销售量也大幅上升，无论是品牌官网还是主要电商平台，销售额都比上年同期有较大幅度的增长。下半年，中国国内疫情基本结束，而国外疫情仍不断反复，"拉动内需，加强内循环"成为中国经济发展的重心。为扩大消费群体并最大限度地吸引潜在消费者，以路易·威登、香奈儿、爱马仕为代表的法国主要奢侈品牌都积极推进线上、线下联动的营销策略。线下举办珠宝展、时装秀、新品发布会，线上通过社交平台同步直播，并由官网、电商平台和线下门店同步发售。利用先进的数字化技术，线上进行多种形式的产品宣传，然后引流到实体，线下采用沉浸式门店、快闪店、生活方式门店等方式提升购物体验。多渠道联动式的营销策略为各大奢侈品牌带来了线上与线下销售收入双丰收，下半年尤其是第四季度的快速增长彻底扭转了年初疫情所导致的不利局面，为整个奢侈品产业加快恢复发展奠定了坚实的基础。

值得注意的是，各大奢侈品牌在中国市场的良好表现还应归功于其特有的涨价机制。以各大品牌的手袋定价为例，2020年，香奈儿Classic Flap手袋和经典2.55手袋定价均突破5万元，涨幅高达35%，路易·威登全年经过了四轮涨价，以热门款On the go为代表的万元级别手袋大多突破2万元。经过数轮调价之后，迪奥全线手袋定价都超过2万元，热门款小号马鞍包价格已接近3万元。价格不断上涨让中国消费者产生了"早买早享受，不买还会涨"的心理，缩短了从考虑到决定购买所需的时间，间接鼓励了"及时享乐"的消费行为。此外，产品在中国市场的定价越来越高，使得不同区域价格差距进一步缩小，不仅打击了海外代购的乱象，成功地将购买力留在国内，也减小了疫情过后客户流失的风险。

三　线上销售收入激增，数字化趋势不可逆转

2020年2月底，巴黎秋冬时装周如期举行。新冠肺炎疫情的暴发导致大量买手、记者等专业人士无法来到时装周现场，自主隔离政策更令来自中

国的参观者显著减少,各大奢侈品牌不得不将宣传活动转移到线上,借助数字化技术打破距离限制,疏通选品订货流程。路威酩轩集团通过微信小程序现场直播了旗下多个奢侈品牌的时装秀,仅中部品牌思琳的直播就吸引了近200万人观看,头部品牌路易·威登的品牌大使和迪奥的创意总监都在直播前通过视频表达对中国抗疫的支持。开云集团通过官网、Instagram、YouTube、Twitter和微博全程直播其头部品牌古驰的时装秀,同时还开发了数字展厅详细展示作品细节。香奈儿(Chanel)则首次与社交平台开展了合作——实况直播秋冬高级成衣系列大秀,同时以视频对话的形式与买手进行线上沟通,并发送大量产品细节图片供买手参考选货。

2020年7月,疫情的反复给巴黎高定时装周和巴黎男装周的举办带来重重困难。法国高级定制和时尚联合会与市场营销和数据分析平台Launchmetrics合作开发了两个全新的数字平台,为时装周提供全面的线上支持。所有参展品牌均可在数字平台上以创意短片的方式对系列作品进行展示,还可以在专属的"云空间"展示附加内容,时间安排与线下传统活动同步。独立品牌爱马仕和香奈儿,以及路威酩轩集团旗下的迪奥、纪梵希、芬迪等品牌均参与其中。爱马仕通过艺术电影《秀场之外》(*Hors Champs*)发布夏季男装系列,通过模特的视角,向观众展示时装秀台前幕后工作人员密切配合的忙碌场景。迪奥则在15分钟的电影短片《迪奥的传说》(*Le Mythe Dior*)中,用精美的高定服饰装扮栖息在童话森林中的精灵生物,打造出超现实主义的梦幻场景。

从销售方面来看,路威酩轩集团中以路易·威登和迪奥为代表的头部品牌在疫情发生前就已基本完成数字化渠道的布局,当传统零售渠道因疫情被迫关闭,其线上渠道迅速铺开,销售额直线上涨。疫情之初,集团就开始积极为中部品牌开拓线上渠道,以思琳和Marc Jacob为例,在全球多个国家建立官方购物平台,并不断在各大网络社交媒体增加曝光度。2020年,集团旗下几乎所有品牌的线上销售都呈现快速增长的态势。疫情期间,开云集团在进一步完善头部品牌古驰的线上布局的同时,积极拓展圣罗兰、葆蝶等中部品牌的线上销售渠道,运用多种推广手段扩大品牌的知名度,吸引不同年龄层的消费群体。虽然在疫情的影响下整体销售下滑，但集团在线上销售方面的投入得到了丰厚的回报，全年电子商务销售额同比增长67.5%，其核心品牌古驰全年在线销售额大涨近70%，圣罗兰甚至达到惊人的80%。爱马仕的表现更加可圈可点。作为家族运营的独立品牌，爱马仕凭借深厚的文化底蕴和良好的口碑获得了极高的客户忠诚度。疫情期间，品牌迅速在全世界多个国家和地区的官网开设在线购物服务，大批本地忠实客户转战线上，在很大程度上抵消了因传统门店停摆所导致的损失。2020年，品牌在几乎所有地区的电子商务销售额都增长了100%，甚至更高，官网的销售收入超过所有传统门店，成为名副其实的"旗舰店"。

而在中国市场，电子商务蓬勃发展，数字化技术日新月异，更习惯电子支付和线上购物的千禧一代和Z世代逐渐成为奢侈品消费的主力军。微信与微博仍然是各大奢侈品牌首选的数字化内容运营平台，通过公众号和企业认证号发布产品信息，进行直播与在线互动，利用小程序设置直接购买通道等是最主要的营销手段。为了吸引更大范围的潜在消费人群，许多品牌开始尝试布局其他的社交平台，路易·威登率先入驻小红书并通过直播发布春季新品，迪奥则成为入驻抖音和哔哩哔哩的首个高奢品牌。而在线上销售渠道方面，除了各个品牌的官网之外，阿里巴巴集团旗下的天猫国际成为最重要的销售平台。疫情期间，路威酩轩集团旗下的卡地亚（Cartier）、迪奥、高田贤三（Kenzo）等品牌纷纷入驻天猫国际，开设旗舰店，均取得了不俗的销售成绩。值得一提的是，2020年底，开云集团旗下的头部品牌古驰与阿里巴巴集团达成战略合作，以天猫国际为平台，发售包括皮具、鞋履、成衣、配饰、首饰、美妆在内的全品类商品。就连高高在上的爱马仕也向天猫伸出了橄榄枝，首次开设香水旗舰店试水官网以外的电商平台。在各大奢侈品牌全面实行数字化战略的2020年，数字化平台不再仅仅是展示渠道和销售渠道，而且成为提升品牌形象、增加产品辨识度、吸引潜在客户的互动平台。品牌借助数字化平台，打破了场地和距离的限制，以多样的互动方式，将追求精致、品质和细节的理念传达给消费者，使品牌文化深入人心，在提升销售量的同时，培养具有一定忠诚度的客户群体，最终实现中长期的持续增长。

结　语

2020年注定是不平凡的一年。年初暴发新冠肺炎疫情使法国奢侈品产业陷入始料未及的危机，处境极为艰难。在路威酩轩和开云两大奢侈品集团的带领之下，各大奢侈品牌迅速调整运营策略，积极探索全渠道营销模式，并充分利用率先走出疫情的中国市场，走出了一条逆风前行的发展之路。

社 会 篇
Society

B.12
新冠肺炎疫情下法国社会运动观察与分析*

张金岭**

摘　要： 2020年，深受新冠肺炎疫情影响的法国依然经历了多场社会运动，从年初反对退休制度改革的一系列罢工游行，到中学教师被害而引发的针对宗教极端主义的抗议运动，再到大规模抵制《全面安全法》，以及其他与疫情相关，或涉及民生及"国家复兴计划"等议题而开展的规模不等的抗议行动。一系列社会运动从不同层面呈现了法国社会内部所潜藏的诸多危机及其背后的民意诉求。社会运动深刻地折射出当代法国社会所面临的治理困境，包括民生困境与族群宗教冲突导

---

* 本文系2016年度国家社会科学基金一般项目"法国多元文化主义的当代困境及其治理研究"（项目编号：16BMZ096）的阶段性成果。
** 张金岭，中国社会科学院欧洲研究所研究员、社会文化研究室主任，马克思主义与欧洲文明研究中心秘书长，主要研究方向为法国社会文化研究、人类学西方社会研究。

致的挑战日益加剧，法国内在的制度危机及政府所面临的信任式微，以及社会内部严重的群体分化与民意分裂给社会团结带来的障碍，等等。

关键词： 社会运动　退休制度改革　《全面安全法》

2020年，新冠肺炎疫情对法国社会造成了严重的冲击，也揭露了其经济、社会等诸多领域所面临的困境，而其间或发生的诸多社会运动，则从不同层面进一步呈现了法国内部潜藏的各类危机及其背后的民意诉求。尽管"黄背心"运动早已在形式上日渐式微，但它所呈现的抗争精神，尤其是对当代法国社会发展所面对的诸多现实困境与制度危机的反思，则持续在法国社会中发酵，并附着于不同的新发事件，演变为新的社会运动。综观2020年法国社会，延续自2019年的反对退休制度改革、抗议宗教极端主义以及抵制《全面安全法》等三场社会运动尤其值得关注，而且常常多重主题交织，深刻地反映了法国社会内在的冲突与矛盾，以及民众对其社会境遇的不满与诉求。

一　反对退休制度改革运动

始自2019年底的反对退休制度改革的一系列罢工、抗议、示威与游行等，一直持续到2020年2月底。尽管这场声势浩大的运动由于新冠肺炎疫情的加剧自3月中旬起暂时搁置，但在退休制度改革这个向来"难啃"的改革动议上，法国民众与政府之间的分歧则依然存在。

在人口老龄化不断加剧的背景下，低迷的经济增长使法国的退休制度面临严重的财政赤字，法国政府也一直想将其碎片化的退休制度（42种不同体系）调整为"统一制度"，以积分的形式打破行业之间的差异，实现"无论任何人、任何时候缴纳养老保险金，其每一欧元保险均对应同样权益"

的目标，试图让每一个人都真正地享有同等的公平待遇。于此，改革的焦点是数量众多却所涉人口较少的特殊退休制度，其中包括那些可谓"特殊中的特殊"的退休体系，尤其涉及铁路工人、巴黎公共交通、公务员等十余个职业群体，其中法国国营铁路公司（SNCF）、巴黎公共交通公司（RATP）等机构的工会组织成为这场反对退休制度改革运动中最为活跃的群体。而鉴于这些职业群体身处影响国家经济、社会与政治等诸多关键领域的行业，他们对退休制度改革的抗议给法国社会的正常运转及其秩序带来的挑战甚大。①

2020年伊始，各大工会组织继续动员并组织跨行业的全国大罢工，由此也使得法国国营铁路公司、巴黎公共交通公司等机构刷新了各自史上最长罢工纪录。迫于工会压力，法国政府于1月11日宣布临时撤销"基准退休年龄"标准，待组织就财政问题会商并与社会伙伴对话之后再议。但是，随着罢工时间的延长，很多人迫于经济压力而于1月中旬前后开始回归工作岗位。1月17日，巴黎多数地铁司机投票决定从20日开始恢复工作。其工会组织随后在一份公告中宣布："重新调整无期限运动，采取另外一种行动方式。"② 到1月底，抗议退休制度改革的罢工运动有所缓解，但为了维系其反对改革的韧性，抗议者开始在社交媒体上强化行动。③

值得注意的是，尽管这场声势浩大的罢工与抗议运动广泛地涉及并动员了各行各业的雇员阶层，但其中既有作为特殊退休制度受益者对改革动议的反对，也有其他行业群体对前者反对之声的控诉。早在这场运动于2019年底发轫之初，Elabe的民调结果显示，近2/3（64%）的人支持建立基于积

---

① 张金岭：《法国人究竟将如何退休——法国退休制度改革与平等边界的重构》，《光明日报》2020年2月6日。
② Le Monde avec AFP, Réformes des retraites: la grève à la RATP suspendue à partir de lundi sur une majorité des lignes de métro, https://www.lemonde.fr/politique/article/2020/01/18/ratp-greve-suspendue-a-partir-de-lundi-sur-une-majorite-des-lignes-de-metro_6026444_823448.html.
③ Martin Fort, Samuel Hayat, spécialiste de l'histoire des mouvements sociaux: "On a plus de chance de faire parler en balançant sa robe d'avocat", https://www.cnews.fr/france/2020-01-20/samuel-hayat-specialiste-de-lhistoire-des-mouvements-sociaux-plus-de-chance-de.

分制的统一退休制度的原则，无论是公共部门的雇员，还是私有部门雇员，抑或自由职业者，但他们担心的是得工作更长时间，且其退休金额度会减少。① 但随着罢工抗议运动的持续，越来越多的人开始认识到，这种斗争形式非但不会给他们同政府之间的对话带来积极结果，反而会产生更为负面的影响。同时，民众对工会组织的信任度也开始下降。据 Elabe 于 2021 年 1 月中旬开展的民调结果，近六成（59%）民众认为，总体上看工会组织在这场改革中更像是一个阻碍因素，并不利于同政府开展对话，持此观点的民众比例较 2019 年 10 月间的调查结果提升了 8 个百分点，且在各个年龄段与职业群体内普遍存在。同一调查结果还显示，近一半（46%）民众在改善雇员待遇问题上，对任何一个工会组织都不抱有希望，其中法国民主工联（CFDT，26%）与法国总工会（CGT，21%）两大工会得到的批评最多。②

自 1 月 24 日法国确认首例新冠病毒感染病例后，疫情的潜在影响以及政府逐步加紧的限制性措施，在客观上开始削弱民众抗议示威的意愿和行动。不过，2 月 29 日当时任总理菲利普决定求助于法国宪法第 49-3 款赋予政府的权力，不经国民议会投票即通过该法案时③，再度引发了大量工会组织与民众的不满，在国民议会中也有左派和右派党团提出"不信任动议"。④

由于这一决定，政府被指利用新冠肺炎疫情危机强行推进改革。诸多工

---

① Elabe, Retraites: favorables au principe d'un système universel, les Français craignent en revanche de devoir travailler plus longtemps et de voir leur pension baisser, https://elabe.fr/wp-content/uploads/2019/11/20191202_les_echos_institut_montaigne_les-francais-et-la-reforme-des-retraites.pdf.

② Elabe, Les Français et les syndicats de salariés, https://elabe.fr/wp-content/uploads/2020/01/20200116_les_echos_institut_montaigne_les-francais-et-les-syndicats-de-salaries.pdf.

③ 法国宪法第 49-3 款规定，在经部理事会审议后，政府总理可以在国民议会就一项财政法案或社会保障资金法案的表决承担政府责任。在这种情况下，该法案被视为通过，除非有针对政府的"不信任动议"在规定的时间内由国民议会投票通过。这一规定提供了政府在国民议会通过退休制度改革法案的可能性。

④ 在 3 月 3 日的投票中，左右两派提出的"不信任动议"均未能得到国民议会的多数支持。

会组织在一份公告中表示,政府求助于宪法第49－3款,"表明政府没有能力回应国会议员就这份不完整的改革方案的严肃、合法的质疑,这份方案不但不完整,而且太模糊,很多内容不明朗、充满未知",政府明显是要"强行通过"这个具有"社会退步"性质的法案。[1] 众多工会组织与政治领袖也对此予以谴责[2]:法国总工会总干事马提内(Philippe Martinez)表示,政府这种做法是一种"十分不能容忍的态度";工人力量(Force ouvrière)总干事维利埃(Yves Veyrier)也认为,政府这么做,"难以理解、无法接受";法国民主工联总干事贝尔热(Laurent Berger)则认为,政府选择了宪法第49－3款,却没有选择"社会公平";团结工会联盟(Solidaires)则表示,政府这么做是"对社会对话的蔑视",是"对民主的否决"。在国民联盟主席玛丽娜·勒庞(Marine Le Pen)看来,法国民众不会原谅这种卑劣的操纵;共和党主席雅各布(Christian Jacob)说,政府求助于宪法第49－3款来通过这场不负责任的退休制度改革,再次证明总理的脆弱;社会党第一书记富尔(Olivier Faure)则指出,政府在旨在防控新冠肺炎疫情的部长理事会上做出使用宪法第49－3款的决定,没有人会赞赏这样的行为。

为抵制政府强行通过改革方案的意图,3月3日,在法国各地出现了规模不等的示威活动,但限于疫情,参与人员总体上并不多。在疫情面前,民众的不满与抗议逐渐冷却。工会组织原本还要在3月底组织大规模抗议示威,但进入3月中下旬,随着新冠肺炎疫情的逐步扩大,法国暂时停止了与退休制度改革有关的立法进程,尤其是受法国施行禁足政策的影响,抗议改革的示威运动也随之暂停。

---

[1] P. R. avec Jules Thomas, Retraites et 49.3: 6200 manifestants à Paris selon l'Intérieur, 20000 selon les syndicats, https://www.leparisien.fr/economie/retraites－suivez－la－mobilisation－contre－la－reforme－et－le－recours－au－49－3－en－direct－03－03－2020－8271441.php.

[2] V. R. B. avec AFP, Réforme des retraites: Edouard Philippe dégaine le 49－3, gauche et droite déposent des motions de censure, https://www.20minutes.fr/societe/2729515－20200229－reforme－retraites－edouard－philippe－annonce－assemblee－recours－article－49－3－constitution.

此次持续多时的社会抗议背后，是法国民意的严重分裂。据 Odoxa 民调①结果，到 2020 年 1 月底，近 56% 的民众（尤其是共和国前进党、共和党的支持者）要求停止罢工，同时也有 43% 的人（尤其是左翼政党与国民联盟的支持者）希望抗议运动能够继续。针对在抗议行动中工会组织提出的"靶向行动"等特别有针对性的举措，比如临时停电、封锁炼油厂等，有 60% 的受访者（主要来自共和国前进党与共和党阵营）认为不合法、充满暴力且不民主，但也有 40% 的人（主要来自社会党、"不屈法国"、国民联盟阵营）支持此类行为，认为"这是唯一使其声音被听到的方式"。

此外，还有一个议题进一步加剧了民众之间的分化，即对警察使用武力的看法。② 在抗议运动持续期间，一些显示警察殴打身上染有血迹的示威者的视频广泛传播，就此，54% 的受访者（以右翼政党及共和国前进党的支持者为主）认为警察并没有"过分"使用武力，其中有 43% 的人认为警察对武力的使用是"比例相称的"，甚至还有 11% 的人认为使用得还"不够"。由此可见，一部分民众认为很有必要通过公共力量来遏制这场运动所造成的诸多负面影响，尤其是示威游行期间出现的一些暴力行为。不过，还有 45% 的民众（以左翼政党的支持者为主）强烈谴责警察使用武力，尤其是左翼阵营的支持者。

综合来看，在这场改革背后，一方面是法国养老金体系面临日益巨大的财政压力，另一方面是民众对日益突出的不平等现象和持续加重的社会分化的控诉，以及其希望借改革实现行业间平等与团结的愿望，而重建社会平等与公正的边界，正是这场过去近三十年间规模最大的社会运动及其背后冲突的关键所在。

---

① Odoxa, Le mouvement de grève contre la réforme des retraites et les violences policières, http://www.odoxa.fr/sondage/francais-demandent-fin-de-greve-condamnent-actions-ciblees-sympathisants-de-gauche-rn-eux-se-radicalisent/.
② 发生警察与示威游行人员的对抗与冲突事件，早已成为法国社会运动中的常见现象。尽管 2019 年 3 月，法国两级议会就已通过了"反暴力示威法"，但在反对退休制度改革的抗议运动中，暴力示威现象依然不断。法律在限制示威者施行暴力行为的同时，却凸显了警察暴力执法的行为，并在法国民众中引发强烈反响。

法国蓝皮书

二 抗议宗教极端主义运动

2020年10月18日，尽管日趋严重的新冠肺炎疫情已将法国逼近第二次禁足的边缘，但法国多地民众依然冒着可能被感染的风险走上街头示威游行，声援因在课上讨论宗教漫画而于两天前被极端分子杀害的中学教师帕蒂（Samuel Paty）。因此事引发的示威游行虽然持续时间不长，但谴责宗教极端主义的舆论一直在法国社会持续发酵，影响甚大。

10月16日下午，47岁的中学历史地理教师帕蒂在其位于巴黎西北郊区Conflans Sainte-Honorine的学校门口，遭到一名18岁车臣裔持刀男子杀害，此事震惊法国上下。马克龙称该谋杀是"一起典型的恐怖袭击"，对这名历史老师的攻击，就是对法兰西共和国及其启蒙运动价值观的攻击，并呼吁法国人民团结起来，抵御极端主义。① 谋杀事件发生后，法国政府决定对其国内宗教极端势力进行一轮清理，驱逐监视名单上涉嫌极端宗教信仰的231名外国人，其中包括180名已被羁押人员，其余则将被逮捕。此后，还解散了包括法国反对仇视伊斯兰团体（CCIF）、巴拉卡协会（Baraka City）在内的几家穆斯林社团组织。

教师帕蒂被害的起因是，10月初他曾在课堂上提及伊斯兰教先知穆罕默德并向学生展示相关漫画。一名13岁的穆斯林女学生将此事告知其父亲，并表示她因反对帕蒂而被学校停课两天。② 这名学生父亲随后在社交媒体上谴责帕蒂，并公开其身份，号召穆斯林群体要求学校开除帕蒂。上述车臣裔极端分子得知此事后，将帕蒂谋杀。

在法国世俗主义运动史上，教育是最具象征意义的领域，是其培养共和

---

① 《法国巴黎一历史老师被"斩首"》，http://henan.china.com.cn/news/2020-10/17/content_41327819.htm。
② 2021年3月，相关调查结果显示，帕蒂当日在课堂上展示图片时，并没有要求穆斯林学生离开，而是体贴地告知穆斯林学生接下来的图片可能会有冒犯性，建议他们闭上眼睛。而且，那位13岁的穆斯林女学生当天并没有上课。

主义公民的基石,而中小学则被视为"共和国的熔炉",这次教师被害事件,对法国这一共和主义原则的冲击极具象征意义,因此也激发了各界民众置疫情风险于不顾而走上街头进行抗议。

于7月初上任的总理让·卡斯泰（Jean Castex）等政要参加了10月18日的示威游行,重申对恐怖主义暴行"绝不容忍"的态度,并表示将采取措施以保护教师免受类似威胁。同时,法国政府宣告在10月21日举行全国性悼念活动,并加大反恐力度,驱逐一批宗教极端分子。与此同时,警方拘捕了部分与帕蒂案有关的嫌疑人。在各地游行抗议中,来自各行各业的政治人物、普通民众,以及众多人权社团组织、教师工会等,明确表示反对恐怖主义,谴责批评宗教极端分子"以宗教信仰的名义进行仇杀",高呼"言论自由""教育自由"等口号。①

一些学生家长社团强烈要求捍卫言论自由与世俗主义原则,呼吁对社交网络进行更多监控,以避免出现像针对帕蒂那样的视频。诸多教师工会组织在全国范围内动员了多场向帕蒂致敬的集会活动,呼吁全体教师默哀,还要求教育部门要切实保护教师的安全。此后,法国民众还在各地组织"白衣游行"（marche blanche）作为对帕蒂的悼念,国民议会也曾组织一分钟默哀,向其致敬。10月18日,社会党第一书记福尔表示,必须要采取有力的反击,要"解散那些真正目的是散布和维系仇恨的社团组织,即使有时候它们身着慈善的伪装"②。共和党主席雅各布则认为,如今"若说激进伊斯兰主义与社群主义跟移民没有关系,那是自欺欺人"③。法国政府于10月21日晚在索邦大学为帕蒂举行国葬,马克龙在悼念仪式上表示,帕蒂代表着每

---

① 赵风英、胡浩:《教师遭斩首惨案在法掀起大游行,法国总理等政要参加游行》,https://world.huanqiu.com/article/40M7roZ8vVs。
② Hadrien Mathoux, Olivier Faure: "Nous sommes à un tournant, beaucoup trop de pyromanes se déguisent en pompiers", https://www.marianne.net/politique/gauche/olivier-faure-nous-sommes-a-un-tournant-beaucoup-trop-de-pyromanes-se-deguisent-en-pompiers.
③ Thomas Sotto et Marie-Pierre Haddad, Samuel Paty: selon Jacob, il existe un lien entre "l'islamisme radical" et "l'immigration", https://www.rtl.fr/actu/politique/samuel-paty-selon-jacob-il-existe-un-lien-entre-l-islamisme-radical-et-immigration-7800906988。

天在教室中重生的共和国，以及在学校中传承永存的自由。[1] 帕蒂遇害一事，极大地促进了法国民众的团结。

帕蒂被害也引发了法国部分穆斯林群体的强烈谴责。[2] 法国穆斯林敬拜委员会（Conseil français du culte musulman）主席穆萨维（Mohammed Moussaoui）表示，法国穆斯林被这种卑鄙的犯罪行为吓坏了，并谴责说："自称是伊斯兰的恐怖主义的爆发，是一场凶残的全球性'流行病'。"罗纳省清真寺理事会在一份公告中，也同样谴责这种"盲目的仇恨"与"凶恶的疯狂"。此外，还有30多名主祭伊玛目也强烈谴责"这种不能以任何理由予以辩解的可憎行为"，并呼吁"年轻穆斯林在其宗教探寻中，要与有资质的伊玛目和神学家接触，以免陷入愚昧之中"。

实际上，帕蒂被害及相关舆论的发酵并非孤立事件，既与近些年来法国社会内部族群与宗教冲突严重的大背景有关，也跟此前法国有关"反分裂主义"立法动议及打击宗教极端主义的行动计划相关。9月4日，在法兰西第三共和国建立150周年纪念典礼上，马克龙表示，那些以某个神灵之名强加某种戒律的人（他们偶尔会接受外国势力的帮助），在法国绝无任何立足之地，并宣称法国将为此就打击分裂主义立法。[3] 此外，巴黎特别重罪法庭于9月开始审理2015年《查理周刊》恐怖袭击案及其他相关案件，其中"言论自由"所指向的对伊斯兰先知的"亵渎"再次成为焦点。而且，9月25日在《查理周刊》总部旧址附近发生的持刀袭击事件，也在一定程度上呈现了某种预兆及其背后的舆论导向。

此外，10月2日马克龙在巴黎近郊伊夫林省以"共和国在行动"为题，

---

[1] Emmanuel Macron, Discours du Président de la République lors de l'hommage national à la mémoire de Samuel Paty, https：//www. elysee. fr/front/pdf/elysee – module – 16345 – fr. pdf.

[2] Louise Couvelaire, Après l'attentat de Conflans, de nombreux imams condamnent l'assassinat de Samuel Paty, https：//www. lemonde. fr/societe/article/2020/10/19/apres – l – attentat – de – conflans – de – nombreux – imams – condamnent – l – assassinat – de – samuel – paty_ 6056566_ 3224. html.

[3] Emmanuel Maron, Discours du Président de la République à l'occasion de la célébration du 150ème anniversaire de la proclamation de la République, au Panthéon, https：//www. elysee. fr/front/pdf/elysee – module – 15937 – fr. pdf.

就反分裂主义立法发表讲话时表示,"伊斯兰教是全世界范围内处于危机之中的宗教",这一危机跟诸多宗教极端主义、宗教与政治计划之间的紧张关系密切相关。① 马克龙表示,要坚定地督促人们遵守世俗主义原则,要打击各种分裂主义,主要是"激进伊斯兰主义",并提出五项将成为"反分裂主义"立法②主要内容的措施③。一是所有国家公职人员及国家委托机构雇员,在工作中必须要保持宗教中立。二是加强对社团组织的监管。在马克龙看来,有些社团组织假借结社之名,行"思想灌输"之实。为此,要落实"共和国价值宪章"制度,即要求社团组织"尊重共和国价值观,以及结社生活的最低要求"。所有向国家或地方政府申请津贴的社团组织必须签署这样的协议。若有严重违反的情况出现,社团组织有可能会面临解散的惩罚。三是严格规范家庭教育。法国有5万名儿童在家接受教育,其中有些孩子也由此接受宗教教义灌输。自2021年起,与共和国法律或课程基本原则不相符的教学活动将被取缔。四是在法国本土培训伊玛目,禁止外国资助。国家将努力使法国伊斯兰教摆脱外国影响,更好地监管宗教团体的经费,违反相关规定的伊玛目将被解雇。国家将鼓励诸多清真寺脱离"社团组织的形式",而确立与1905年政教分离法相一致的机制。五是确保共和国原则无处不在。为限制宗教极端主义的吸引力,马克龙希望"重推热爱共和国"行动,其中教育领域是重点,法国将再建40座教育城,以及300处法国服务之家,以"确保每座塔楼、每座建筑物下都有共和国的身影"。值得注意的是,马克龙的讲话被一部分舆论指责为加剧了法国社会对伊斯兰教的偏见,

---

① Emmanuel Macron,《Discours du Président de la République sur le thème de la lutte contre les séparatismes》, https://www.elysee.fr/front/pdf/elysee-module-16114-fr.pdf.
② 该立法动议后被定名为《强化尊重共和国原则法案》(Projet de loi confortant le respect des principes de la République),并于2020年12月9日正式提交至国民议会。帕蒂遇害事件进一步加速了相关立法进程。
③ Ouest-France, Imams formés en France, école dès 3 ans... Les points forts du discours de Macron sur le séparatisme, https://www.ouest-france.fr/politique/emmanuel-macron/formation-des-imams-ecole-des-3-ans-ce-qu-il-faut-retenir-du-discours-de-macron-sur-le-separatisme-6998274.

同时也广泛地引发了伊斯兰世界的不满。① 此后，针对帕蒂遇害一事，马克龙的诸多言论又进一步引发其他伊斯兰国家的谴责。

帕蒂被害事件再度反映出法国社会潜藏的深刻的族群与宗教矛盾，其群体裂痕之深，难以在短期内修复。谋杀事件激起了法国民众及众多公共机构的不安与愤怒。Ifop 就此开展了一项民意调查②，了解民众对恐怖主义威胁和打击"激进伊斯兰主义"的看法。结果显示，有 78% 的人认为，老师在有关言论自由的课堂上使用讽刺各种宗教的漫画是正当的；还有 24% 的民众表示，老师在课堂上遭遇像帕蒂这样的事故时，并没有得到足够的支持。另外，有 89% 的受访者认为，法国面临的恐怖主义威胁程度很高，其中有 38% 的人表示特别高。在这种可以被感知的威胁持续存在的情况下，87% 的受访者表示，世俗主义正处于危险之中，79% 的受访者认为"伊斯兰教向法国与法兰西共和国发起了战争"。尽管有 40% 的民众对政府打击恐怖主义的实践表示信任，但还有 60% 的人认为，法国政府并没有采取必要的措施来打击恐怖主义威胁。同时，76% 的民众表示支持政府取缔法国一个名为"反对仇视伊斯兰"（CCIF）的社团。从受访者的政治立场来看，共和国前进党（91%）、共和党（95%）与国民联盟（81%）的支持者中赞同比例较高，而社会党（74%）与"不屈法国"（62%）赞同比例则相对较低。

教师帕蒂被杀害，以及 10 月 29 日在尼斯再次发生的教堂恐怖袭击等与宗教极端主义有关的一系列事件，不但震惊了欧洲各国，也在世界范围内引发了广泛关注。系列恐怖主义事件间续在法国发生，既是长久以来法国社会内部滋生的种族主义、社会不平等现象加剧族群与宗教冲突的恶果，也与法国同伊斯兰国家交往的历史包袱及其在世界范围内参与相关武装冲突的影响有关，还跟法国正酝酿施行的涉及伊斯兰事务的法律与制度改革不无关联。

---

① Caroline Hayek, Le discours de Macron provoque l'émoi du monde musulman, https://www.lorientlejour.com/article/1235409/le-discours-de-macron-provoque-lemoi-du-monde-musulman.html.

② Ifop, Le regard des Français sur la menace terroriste et l'islamisme, https://www.ifop.com/wp-content/uploads/2020/10/117000-Rapport-CN-SR-N113-2.pdf.

在经济低迷且失序、思潮动荡的当下，法国将难以在短时间内妥善解决这一深刻的内在矛盾。鉴于诸多改革集中指向打击法国国内的宗教极端主义，而被部分舆论解读为"反伊斯兰革命"。这场变革将对法国乃至欧洲产生一系列深刻影响，同时也会引发法国和欧洲与伊斯兰世界关系的再调整，甚至也不能排除导致极为严重的民族与宗教冲突的可能，其后续影响不容忽视。

三 抵制《全面安全法》运动

11月28日，即便是法国依然处于严重的第二波新冠肺炎疫情期间，法国上百个城市依然爆发了大规模示威游行，抗议政府拟推进的《全面安全法》立法动议。其间，示威者中不乏"黄背心"的身影。

经过长达两年的准备，法国政府于10月10日正式向国民议会提交了《全面安全法》立法草案。① 这项立法动议原本是将一项有关"系列安全"的国会报告落实为法律，旨在更好地协调涉及安保问题的三大实体——警察与宪兵、市政警察、私人安全部门之间的工作。但在国民议会后来的讨论中，却又出现新的文本内容，涉及一系列后来引发争议的安全措施，其中包括如何规范有关警察与宪兵之影像传播的问题。②

近些年间，尤其自"黄背心"运动以来，法国民众对警察的信任度不断降低，同时警察暴力执法相关问题不断被提出，成为法国社会舆论的焦点之一。在各类示威游行中，反对暴力示威、反对警察暴力执法的声音一直存在。2019年3月，法国已就"反暴力示威"问题立法，尽管民众反对针对执法人员的任何伤害，但对于限制警察暴力执法的问题始终没有找到妥善解决的方式。在此背景下，政府以更好地保护警察为目的而提出的法律条款被

---

① 该法案由共和国前进党国民议员都罗（Alice Thourot）和富维尔克（Jean-Michel Fauvergue）于2020年初提出动议，尤其得到政府与诸多警察工会的支持。
② Le Monde avec AFP, Quelles sont les principales mesures de la loi de "sécurité globale" examinée à l'Assemblée？https：//www.lemonde.fr/police-justice/article/2020/11/17/quelles-sont-les-principales-mesures-de-la-loi-de-securite-globale-examinee-a-l-assemblee_6060063_1653578.html.

指将会因为缺乏对警察执法的监督手段而纵容、掩盖其暴力行为,由此,一些记者工会组织和捍卫人权的社团组织提出严重抗议,认定这是扼杀自由,是对公共自由的侵犯。同时,还有一些国际机构与组织,包括联合国人权委员会、欧盟委员会、欧洲委员会(Conseil de l'Europe)等,也对相关动议提出批评。

争议与不满主要集中于立法草案的第24条。在其最初文本中,该条款规定:"在警察与宪兵执法时,若以对其身心造成危害为目的,不管以任何方式或载体传播其头像或其他身份特征(其个人身份编码除外),均会面临一年监禁或4.5万欧元罚款。"这也就意味着,在警察或宪兵执法时,被执法对象与其他人基本上被禁止拍摄或传播执法场景。警察工会组织坚持这一条款,以保护他们免受与之相关的身心伤害。内政部部长达尔马南(Gérald Darmanin)则认为,相关条款是为了"保护那些保护我们的人"[1]。而民众反对这一条,除了记者认为妨碍其新闻自由之外,主要是认为这会纵容警察暴力执法。在社会各界广泛提出质疑后,政府对这一条款进行了修正,增加了"不损害知情权"(sans préjudice du droit d'informer)的相关表述,但并没有得到反对者的认可。修正后的草案条款尽管依然受到民众反对,却于11月24日在国民议会获得通过。

实际上,抗议活动早在第24条被媒体披露、国民议会投票通过法案之前就已出现。11月17日,在诸多记者工会与人权捍卫社团的倡议下,法国各地就已出现了示威游行运动,抗议者呼吁要维护自由与公正,其间,还发生了一些警民暴力冲突事件。11月21日,示威游行队伍再次出现在各大城市街头。立法草案于11月24日在国民议会通过后,进一步激发了28日街头抗议规模的壮大。12月5日,全法范围内再次迎来大规模示威抗议,游行队伍于12月12日再次出现。在前后诸多示威游行中,曾出现警察任意拘

---

[1] Europe 1, Loi sur la sécurité globale:"Filmer oui, traquer les policiers non", défend Darmanin, https://www.europe1.fr/politique/loi-sur-la-securite-globale-filmer-oui-traquer-les-policiers-non-defend-darmanin-4006388.

捕或无故殴打示威者的情况①，发生多起警民冲突，包括警察与普通民众在内的多人受伤，警察也拘捕了多名存在暴力嫌疑的示威者。种种状况进一步引发了民众对《全面安全法》中第 24 条内容的担忧。

另外，法国议会采取了快速立法程序，将法案在国民议会与参议院的审读过程各缩减为一次。采用这样的立法程序，遭到了法国人权咨询委员会（Commission nationale consultative des droits de l'homme）的批评，后者认为这是"民主辩论的削弱"，是对民主过程的扭曲。② 令该委员会尤其感到不安的是，一项实际上由政府提出的相关规章却诉诸立法动议，政府由此剥夺了议会与社会就此规章之影响进行讨论的权力，以及最高行政法院的法律职能，后者的先在职责是对立法草案进行审议，而不是立法动议。同时，该委员会认为，法国安全问题的偏离已达到新的阶段。③

值得注意的是，在国民议会于 11 月 24 日投票通过立法草案后，有媒体披露，民调机构 Ifop 受法国政府信息服务部门要求，就第 24 条立法内容开展了一项秘密民调。结果④显示，58% 的民众支持这一条款，认为"是好事，因为涉事警察或宪兵影像的传播会将他们置于危险之中"，但同时也有 40% 的民众认为"是坏事，因为公民与记者必须能够记录执法人员的执法过程"。从

---

① Sébastien Bourdon, Camille Polloni, Antton Rouget et Antoine Schirer, Comment les forces de l'ordre ont saboté la manifestation du 12 décembre 2020, https：//www.mediapart.fr/journal/france/030121/comment－les－forces－de－l－ordre－ont－sabote－la－manifestation－du－12－decembre－2020.

② Commission nationale consultative des droits de l'homme, Proposition de loi sur la sécurité globale：la CNCDH s'alarme du contournement des processus démocratiques, https：//www.cncdh.fr/fr/publications/proposition－de－loi－sur－la－securite－globale－la－cncdh－salarme－du－contournement－des.

③ Commission nationale consultative des droits de l'homme, Proposition de loi relative à la sécurité globale－Une nouvelle étape de la dérive sécuritaire en France, https：//www.cncdh.fr/fr/publications/proposition－de－loi－relative－la－securite－globale－une－nouvelle－etape－de－la－derive.

④ Alexandre Sutherland, Une majorité de Français soutient l'article 24 de la loi Sécurité globale selon un sondage demandé par le gouvernement, https：//fr.sputniknews.com/france/202011251044828178－une－majorite－de－francais－soutient－larticle－24－de－la－loi－securite－globale－selon－un－sondage－demande/.

受访民众的政治立场来看,"不屈法国"与社会党的支持者中有70%的人反对第24条,绿党支持者中也有54%的人表示反对,但共和国前进党支持者中赞同该条款者比例达76%,共和党、国民联盟及其他右翼政党中赞同者也达74%。由此可见,法国民意在此问题上同样呈现明显的撕裂状态。

在巨大的社会舆论压力之下,为避免可能因此出现的政治危机,马克龙要求相关部门进一步提出修正建议,重建警察与人民之间的信任关系。在民众的抗议声中,《全面安全法》草案于2021年初正式提交至参议院。2021年3月,参议院投票通过了这一法案,但完全重写了广受争议的第24条,并设立一项罪名"辨认挑衅罪"(provocation à l'identification),以保护警察及其家人。[1] 新条款意在既要保护警察,也要保护新闻自由,并对无人机、警察影像及其执法记录仪摄制内容的使用等做出了规定。

可以说,这场冒着新冠肺炎疫情风险而广泛动员的抵制《全面安全法》的社会运动,在持续数月后取得了一定的胜利,但是它所再次揭露的法国社会内在的严重分化与矛盾冲突却不容忽视。一方面是警察在执法过程中面临着遭受暴力伤害的危险,另一方面是警察内部存在的结构性暴力执法问题,同时在持续不断的社会运动中逐步升级的"暴力治理"问题却始终得不到妥善解决。这种状况将会进一步降低民众对政府及其机构与工作人员的信任,持续撕裂法国的内在团结。

四 分析与讨论

纵观2020年法国社会运动的总体态势,除上述三大事件外,还发生了其他一些规模不等、影响有别的社会运动。比如,自2020年初新冠肺炎疫情刚刚出现之际,法国社会出现了针对华人及其他亚裔的种族主义歧视与暴力行为,为此一些亚裔人士及社团组织通过社交网络发起"我不是病毒"

---

[1] Emmanuel Leclère, Le Sénat réécrit totalement l'article 24 de la loi "sécurité globale", https://www.franceinter.fr/le-senat-reecrit-totalement-l-article-24-de-la-loi-securite-globale.

新冠肺炎疫情下法国社会运动观察与分析

抗议运动。在整个疫情期间，此类种族歧视言论与行为持续存在，再次揭示出法国社会内在的某种道德危机。此外，在疫情发展的不同阶段，法国还先后发生过很多次针对政府防疫措施的抗议活动，反对这些措施包括限制集会与非必要性经济社会活动，要求必须戴口罩、施行"禁足"政策或限制活动范围等，其中有相当一部分抗议以网络为平台组织，由此也使法国民众在开展社会运动方面积累了新的经验。

在疫情期间，有一部分民众抗议政府的防疫举措"缺乏配合"[1]，批评很多措施多出自政府的单方面意愿，未能在诸多部门与相关主体之间进行磋商与协调。还有众多民众对其受新冠肺炎疫情影响陷入各种困顿及不稳定状态而表达不满，反对企业裁员及相关安置计划[2]，要求增加工资的抗议行动不断出现，甚至连2020年9月初法国政府颁布的"国家复兴计划"也遭受一部分民众的批评。9月17日，多家工会组织开展以"为另一种未来而行动"[3]为主题的大规模抗议活动[4]，批评政府提出的复兴举措过于倾向于大型企业[5]，并没有充分考虑雇员群体的利益，同时还希望政府能够最终放弃退休制度改

---

[1] Ouest-France Avec l'AFP, COVID‑19. À Nice et Marseille, des manifestations contre les mesures sanitaires "incohérentes", https：//www.ouest‑france.fr/sante/virus/coronavirus/COVID‑19‑a‑nice‑et‑marseille‑des‑manifestations‑contre‑les‑mesures‑sanitaires‑incoherentes‑7051797.

[2] 在新冠肺炎疫情期间，有大量企业宣布裁员安置与重组计划，到2020年8~9月，其数量明显增多，此举引发法国政府与民众的强烈不满。

[3] "另一种未来"的目标包括：每周工作32小时，将最低工资标准提升至1800欧元，最终放弃退休制度改革，以及加强社会保障制度等。在这次跨行业联合抗议中，不同职业群体各持自己的诉求与目标。参见 Cynthia Leblanc, Manifestation du 17 septembre：Paris, Lyon, Marseille... Mobilisation peu suivie, https：//www.linternaute.com/actualite/politique/1400354‑direct‑manifestation‑du‑jeudi‑17septembre‑du‑monde‑dans‑la‑rue‑les‑revendications/。

[4] Justine Weil, Mouvement social：quelles sont les revendications des manifestants jeudi 17 septembre? https：//www.francetvinfo.fr/economie/retraite/reforme‑des‑retraites/mouvement‑social‑quelles‑sont‑les‑revendications‑des‑manifestants‑ce‑jeudi‑17‑septembre_4109411.html.

[5] 有学者批评说，"国家复兴计划"遗忘了作为新冠肺炎疫情主要受害者的低收入家庭，而且其中对企业的诸多支持实际上是再次为资本提供了贵重的礼物。参见 Mathieu Castagnet et Mathieu Laurent, Le plan de relance favorise-t-il trop les entreprises？https：//www.la‑croix.com/Debats/Le‑plan‑relance‑favorise‑trop‑entreprises‑2020‑09‑03‑1201112111）。

革与失业保险政策改革，减少工作时间但"不降低工资"等。

综合来看，2020年新冠肺炎疫情虽然对法国社会运动产生了一些影响，但是民众针对相关议题的抗议与批评并没有减弱，诸多示威活动所折射的治理困境，可以从以下三个维度来考察和理解。首先，严重的民生困境与族群宗教冲突给法国社会治理带来的挑战日益加剧。近些年来，法国民众的批判与抗议基本上就是以日益恶化的民生境遇和各类族群与宗教冲突及与之相应的极端事件为中心的。无论是反对退休制度改革，还是因帕蒂遇害事件而引发的对宗教极端主义的抗议，均再次折射出诸多问题的严重性及其持续加剧的现实。其次，诸多社会运动深刻地呈现了法国内在的制度危机及政府所面临的信任式微。由"黄背心"运动所映射的制度危机持续存在，早已成为法国经济社会发展中的一大障碍，同时也给社会稳定带来了严重隐患。而面对如此境况，政府却无法找到有效的纾困机制与改革方案，并平衡各方诉求，民众对政府及其背后政党政治的信任度不断下滑。再次，法国社会内部存在严重的群体分化与民意分裂，这将使政府在聚合民意、深化改革方面面临极大阻力。若干民调结果显示，在引发大规模社会抗议的议题上，并不存在真正的所谓"多数一致意见"，而是基本上呈现双向分化的状态，如何整合严重分裂的民意，为国家发展、社会稳定凝聚民意基础，是摆在当代法国政府与诸多政党面前的一个重大难题。

B.13
疫情防控中的法国教育政策

张力玮 马燕生*

摘　要： 为应对新冠肺炎疫情给教育和社会发展带来的各方面挑战，法国政府在教育、科研和青年领域推出一系列应对措施，包括促进线上教学、取消集中考试、给予师生资助、增加教师招聘岗位、调整国际教育政策等。复课和校园防疫方面的政策受到了较多批评和质疑。2020年9月，政府推出了"国家复兴计划"，其中教育、科研和创新领域的九项举措和青年领域的三项举措是"国家复兴计划"的重点，目标是促进社会经济全面恢复，并借机重塑2030年的法国。

关键词： 新冠肺炎疫情　"国家复兴计划"　线上教学　一人一策

　　2020年新冠肺炎疫情席卷全球。联合国教科文组织数据显示，在疫情暴发一年后，约有8亿学生仍面临着严重的学业中断，31个国家全校停课，其他许多国家部分停课，全球平均损失了2/3个学年。联合国教科文组织教育助理总干事斯特凡尼娅·贾尼尼（Stefania Giannini）呼吁各国推出教育恢复计划，以应对因新冠肺炎疫情大流行而扩大的不平等和加剧的既存学习危机。[①] 虽然各国疫情防控力度和效果有差异，但一年多以来，很多国家在教

---

* 张力玮，教育部教育管理信息中心《世界教育信息》杂志主编；马燕生，中国驻法国大使馆原公使衔教育参赞。

① "Time to roll out education's recovery package", https：//en.unesco.org/news/time - roll - out - educations - recovery - package.

育财政、在线教学等方面推出了新政，以保障疫情下学生的学习和健康。

2020年3月16日，法国本土及海外省所有学校关闭，全法1300万名中小学生居家学习。由此，法国全国性应对新冠肺炎疫情的教育措施开始推出，并根据疫情发展情况不断调整。法国政府一方面在保持学习的持续性、给予师生资助、保障国际教育开展方面推出了一些政策；另一方面于2020年9月3日启动"国家复兴计划"，即全面的恢复计划，以期在两年内逐步消除新冠肺炎疫情对社会的冲击。教育相关举措是法国"国家复兴计划"中的重点，以全面服务和支撑推进"国家复兴计划"中生态转型、提高国家竞争力和增强社会凝聚力三大优先事项的落实。

一 应对性举措：推出全面性、差异化的教育领域防疫政策

（一）力促线上教学，以保障学生学习的持续性

为防止学生因学校关闭而产生学业中断情况，法国政府从平台和资源建设、为困难学生购买学习设备等工作入手，保证学生参与线上教学。

1.通过推荐线上教学平台、媒体平台等方面的教学资源来创造多样化的学习环境

法国国民教育、青年和体育部（以下简称国民教育部）号召教师和学生通过法国国家远程教育中心（CNED）和虚拟教学平台（ENT）系统开展教与学。CNED主要通过两种功能支持学生学习：一是提供作业和课后练习，内容覆盖从幼儿园大班到高三各年级所有学科；二是平台支持实时网课，教师可以自主发起课程，该平台可容纳600万用户同时登录。[1] ENT系统线上应用范围也较广泛，已经覆盖法国本土所有中学和部分小学。该系统

---

[1] COVID19 Ouverture des Ecoles：modalités pratiques et protocole sanitaire，https：//www.education.gouv.fr/ma-classe-la-maison-mise-en-oeuvre-de-la-continuite-pedagogique-289680.

具有选课、排课等教学管理功能，交流、批改作业等实时交互功能，以及教学资源分享功能。国民教育部还为学生推荐了很多非实时学习资源。从全法关闭学校的第二周（3月23日）起，法国电视2、4、5频道每日为小学至高中学段的学生播放直播和录播课程。一些广播和纸质媒体也开辟专栏提供学习内容。①

2. 为困难学生购买数字设备和学习资料

3月31日，国民教育部表示，鉴于全法有5%~8%的学生无法实现远程上课，政府将通过与法国邮政签署合作，为没有能力购买数字设备的家庭寄送纸质学习资料，并支持当地政府、协会组织等向上述家庭的学生提供数字设备。政府将投入1500万欧元用于帮助改善困难地区学生的学习条件。其中的900多万欧元将用于为这些地区的学生采购和发放数字化教学工具。

（二）调整校园防疫政策，以保证师生健康

第一波疫情缓解后，法国政府组织学校自5月11日起分批复课，全法部分中小学、幼儿园重新开放。学校复课的前提是遵守政府推出的相关规定：小学初中每班不超过15名学生，幼儿园每班不超过10人；缩短上课时间；严格执行生均面积4平方米的要求；教职员工和11岁以上的儿童在校园内必须戴口罩；严格遵守防疫行为规范，如勤洗手、勤消毒，咳嗽、打喷嚏捂住口鼻等；各班级错时接送学生，错时用餐，避免不同班级之间的聚集；校园场所和公用教具定期消杀；家长使用StopCOVID应用，与学校保持沟通。至5月18日，全法约4000所初中重新开学，约18.5万名初一、初二学生返校。

6月15日，法国国民教育部部长布朗盖（Jean-Michel Blanquer）为全面复课发布了新的校园疫情防控措施，放宽了现行防控要求。幼儿园及中小学

---

① La maison lumni france télévisions voici ce que proposent france 2 france 4 et france 5 à vos enfants pour remplacer l'école，https：//www.programme－tv.net/news/tv/251717－la－maison－lumni－france－televisions－voici－ce－que－proposent－france－2－france－4－et－france－5－a－vos－enfants－pour－remplacer－lecole/.

根据自身办学条件遵照执行。与第一版防疫措施相比，该版主要变化在于：调整了校内的社交距离，全面复课后原则上每个学生间应保持1米距离，但如果有些学校的校舍无法满足社交距离的要求，可不必严格遵守社交距离要求，但要避免不同班级的聚集；取消每班学生数量不得超过15人的限制；寄宿生可返回学校住宿，但床间距必须保持1米以上。① 6月22日，法国幼儿园、小学和初高中全面复课。

8月27日，法国国民教育部发布了新的防疫规定②，明确在社交距离方面，若在封闭的空间里，当不能容纳所有学生时，不再执行强制性社交距离的规定；在户外活动场所（如操场），社交距离的保持原则也不再适用；学生、教职员工发烧或出现新冠肺炎症状时不得入学；房间至少每3小时通风15分钟以上。

9月底，法国疫情形势开始恶化。随着疫情的反扑，多所学校再度关闭。面对第二波疫情，法国中小学收紧防疫规定。国民教育部部长布朗盖在11月12日举行的新闻发布会上介绍了与中小学有关的防疫新措施③，包括勤洗手；六岁以上学生在封闭空间和室外都必须佩戴口罩；尽可能频繁地开窗通风；地面和大面积物品（如桌子/书桌）每天必须至少清洁一次；日常课程和学校活动需要限制不同群体（班级、组或级别）的聚集；分组分批在食堂就餐等。

第二波疫情中，欧洲感染人数不断攀升。一些欧洲国家在12月中旬重新关闭了学校。2021年1月14日国民教育部部长布朗盖在记者会上明确表示，学校开放是一个"基本目标"，政府将在保护学生和教育者健康的同时

---

① Les règles sur la distanciation physique à l'école vont être allégées, annonce Jean-Michel Blanquer, https://www.lefigaro.fr/flash-actu/les-regles-sur-la-distanciation-physique-a-l-ecole-vont-etre-allegees-annonce-jean-michel-blanquer-20200615.

② Une nouvelle évolution du protocole sanitaire dans les écoles et les établissment scolaires, https://www.service-public.fr/particuliers/actualites/A14221.

③ École et COVID: tests salivaires, fermeture de classes... Où en est-on? https://www.linternaute.com/actualite/guide-vie-quotidienne/2514161-COVID-et-confinement-a-l-ecole-fermeture-presence-partielle-qu-est-il-prevu-dans-les-lycee.

保持学业持续性，同时将加强学校疫情防控工作：鉴于食堂可能是疫情防控的弱点，将通过分批就餐和限制堂食来避免食堂聚集；室内外的体育课和课外活动将全面取消；对6岁以上学生开展定期检测，计划每周检测约30万人；继续追踪密切接触者，检测队伍将进驻一些有3例及以上感染者的学校，进行学校全员检测；高校本科一年级学生将分批率先在春季学期返校，待卫生条件允许，其他大学生再返校。

（三）取消集中考试，将平时成绩作为评定依据

受到新冠肺炎疫情影响，法国2020年的多场毕业考试被取消。[1] 初中毕业生考试（Brevet）、高中会考（Bac）、专业技能考试（CAP）和高级技术文凭考试（BTS）只将平时成绩（平时考试和平时作业）作为评分依据。高校主要通过线上测试和家庭作业对学生学业进行评估。[2]

BAC综合评分委员会的评审官主要根据考生在高三前两个学期的平时考核成绩来确定各科成绩，第三学期受停课影响没有分数，但教师会根据学生远程教学的参与度提供参考意见，评审官可酌情评定。平时考试成绩不完整的考生则需参加2020年9月举行的缓考（为因健康和突发事故无法参考者设立）。综合评分委员会参考历年高中会考数据和校际差距等多种因素经过加权计算出分数。2020年7月7日，高中毕业会考成绩发布，学生通过率创新高：初步通过率达到91.5%，比2019年上升了13.7个百分点。[3] 国民教育部在相关文件中表示，BAC评审委员会在对分数进行最后的调整和核查时会遵守"善意"原则，这是通过率创新高的原因之一。

对于2021年的高中会考，国民教育部部长布朗盖在11月12日的新闻

---

[1] La génération COVID, première victime de la crise économique, https://jeunediplome.net/la-generation-COVID-premiere-victime-de-la-crise-economique/.

[2] Site Réforme lycée 2019, https://www.editions-foucher.fr/site-reforme-lycee-2019-accueil.

[3] Bac 2020: un pourcentage de réussite et un taux de mention exceptionnels, https://etudiant.lefigaro.fr/article/chiffres-bac-2020-taux-de-reussite-mention_84b29824-c50f-11ea-85e7-1f012c74e565/.

发布会上宣布,地理历史课、外语课、数学课(限于科技选修高中会考)和科学课(限于普通选修高中会考)课的高中会考成绩应用平常班级考试分数来代替。

(四)针对学习者及其家庭实施经济纾困政策

疫情对法国经济和就业造成消极影响,为减轻疫情对各级各类教育和学习者学业的冲击,法国政府陆续出台了提高开学津贴额度、提供特殊补助、上调助学金额度、减免费用、保持学费稳定等措施,为学习者及其家庭缓解经济压力。

法国家庭补助局(CAF)向6~18岁青少年的父母发放开学津贴(ARS),用于帮助家庭①支付其子女新学年开学的相关费用。2020年,CAF为每名学生发放的津贴平均增加约100欧元。2020年每个6~10岁的学生将获得469.97欧元,高于2019年的368.84欧元。对11~14岁学生的补助金额为490.34欧元(2019年为389.19欧元),15~18岁学生的补助金额为503.91欧元(2019年为402.67欧元)。2020年法国的返校津贴发放给近300万满足条件的家庭。②

5月,法国政府宣布,为疫情期间遇到学业和生活困难的大学生提供特殊补助,以支持面临经济危机的学生。③ 政府为疫情期间面临经济困难的大学生提供每人200欧元的一次性补助。除在读大学生外,18~25岁面临经济困难的非学生年轻人也可申请该补助。该政策受益人数量预计为80万人左右,其中40万人为大学生。该政策将由两个部门来具体实施:大学生补

---

① 领取返校津贴需要满足一定条件,家庭收入必须低于一定水平:一个受抚养子女为25093欧元,两个受抚养子女为30884欧元,三个受抚养子女为36675欧元。要获得补助的资格,年龄在6~18岁的受抚养子女必须是学生或者学徒身份。

② Date, montant, conditions... tout savoir sur l'allocation de rentrée scolaire 2020, https://www.lesechos.fr/politique-societe/societe/date-montant-conditions-tout-savoir-sur-lallocation-de-rentree-scolaire-2020-1232238.

③ COVID-19: l'enseignement supérieur français mobilisé, https://www.enseignementsup-recherche.gouv.fr/cid151601/epidemie-de-COVID-19-precisions-sur-l-aide-exceptionnelle-aux-etudiants.html.

助的援助由各学区的区域大学与学业事务中心（CROUS）组织，18~25岁的非学生年轻人补助则由CAF组织。

法国高等教育、创新与科研部（简称高等教育部）增加2020~2021年的助学金投入，大学生助学金金额整体上调1.2%，不同等级资助额度上涨12~76欧元。助学金申请者须满足家庭状况、个人学习水平、家庭负担、年龄等条件，才能向CROUS提出申请。助学金在2020年9月至2021年6月逐月发放。助学金金额上调的同时，大学生奖学金金额未上涨。[1]

除了各种形式的资助和费用减免政策，公立大学学费上涨受疫情影响而取消。每年年初，法国政府根据国家消费价格指数来调整新学年大学注册费，2020~2021学年公立大学注册费原计划将上涨1.2%，即本科生注册费调整为172欧元、硕士生调整为246欧元、博士生调整为385欧元。在疫情背景下，法国高等教育部5月宣布，公立大学2020~2021学年的注册费将维持不变。[2]

此外，高校和大学生事务管理中心提供资金，为有困难的大学生提供免费食物、发放食品购物券，或为缺乏必要设备参加远程课程和考试的学生提供计算机设备购买券；拨付1000万欧元用于紧急情况的救助；为因疫情离开大学宿舍的学生减免4月的房租。

2021年1月21日，法国总统马克龙访问巴黎萨克雷大学（Université Paris-Saclay）时宣布，所有大学生可以享受由学生食堂提供每餐1欧元（每天两餐）的福利，此前，只有获取助学金的学生可以享受1欧元优惠价。这一措施由CROUS执行，惠及所有学生。

一些地方政府也采取了相应措施。2020年4月27日，法兰西岛大区委员会表示，受疫情影响，法兰西岛大区很多家庭遭受失业困境，因此将对享

---

[1] Budget étudiant: le montant des bourses en hausse pour la rentrée 2020 – 2021, https://www.letudiant.fr/lifestyle/aides-financieres/budget-etudiant-le-montant-des-bourses-en-hausse-pour-la-rentree-2020-2021.html.

[2] Universités: les frais d'inscription n'augmenteront pas à la rentrée 2020, https://www.letudiant.fr/etudes/fac/universites-les-frais-d-inscription-n-augmenteront-pas-a-la-rentree-2020.html.

受助学金的高中生家庭以每位高中生60欧元的标准拨付补助,此政策涉及10.9万户家庭。

此外,政府还加强学生贷款担保基金管理。2021年和2022年学生贷款担保基金增加4倍,以提升银行面向学生的贷款额。基于此项政策,各银行业向学生提供低息或无息贷款。如法国巴黎银行(BNP Paribas)向学生发放5000欧元的无息贷款,而且无须支付手续费。当前那些已经贷款的人也可以免费暂停其付款6个月,可以在4~60个月内分期偿还,还可以将第一个月的还款期推迟至一年。这笔新贷款向所有学生和学徒开放,不需要担保或父母担保。该银行已经有40万名学生客户,其中7万人已经获得贷款。法国农业信贷银行则为学生和学徒提供每人5000欧元以下的低息(1%~2%)贷款。①

(五)增加教师招聘岗位,提高教师津贴额度

疫情暴发后,法国政府为教师提供特殊补助。教师成为疫情期间继医护人员之后第二个获法国政府特殊补助的职业群体。2020年5月19日,法国政府宣布拨款5000万欧元,为6.5万名教职员工发放人均330欧元至1000欧元不等的补助。特殊补助分发对象主要为:在法国实施"禁足令"期间,仍然自愿到岗为医护人员子女提供照看和教学服务的教师、校医、行政人员。其补助分为330欧元、660欧元以及1000欧元三档,根据疫情期间的工作量而具体决定。

4月8日,国民教育部表示,2020年9月新学年开学,全法中小学和幼儿园将在原计划新增440个教师岗位的基础上,再新增1248个教师岗位。政府希望通过增加教师人数提高师生比,加强对学生的教育和辅导,在一定程度上减轻因疫情产生的教育不平等现象。

国民教育部部长布朗盖于11月16日宣布增加教师招聘岗位和奖金。他

---

① Coronavirus:BNP Paribas lance un prêt à 0% pour les étudiants, https://www.leparisien.fr/economie/votre–argent/coronavirus–bnp–paribas–lance–un–pret–a–0–pour–les–etudiants–21–04–2020–8303064.php.

表示，从 2021 年起，将增加 1/3 的正式岗位。由于 5%～10% 的教师队伍即 4 万～8 万人属于新冠病毒易感人群，他们已经多次呼吁罢工，要求在学校内部实施更严格的防疫措施。在这种情况下，合同教师和代课教师的缺口很大。从 2021 年 5 月起，青年教师将获得"吸引力津贴"，预计每月 100 多欧元，在职业生涯的前 15 年里，这种"吸引力津贴"将随着工作年限递减，从最初的 100 多欧元降到 36 欧元，预计这项措施将惠及 31% 的教师；此外，所有教师每年将获得 150 欧元的"计算机设备购置金"。①

（六）多措并举，促进青年就业

据《费加罗报》报道，法国私营部门在经历了 2020 年第一季度 49.22 万个岗位流失之后，第二季度继续裁员 15.82 万人。此外，公共部门第一季度基本未受影响，但第二季度也裁员 5.71 万人。法国国家统计与经济研究所称，在公共部门，疫情危机影响了定期合同和临时合同员工的续签。总体来说，在一年内，法国受薪雇员总数减少了 57.29 万人，其中私营部门减少 51.38 万人，公共部门减少 5.91 万人。② 法国就业形势回到了欧债危机爆发后的严峻局面。

为了帮助 2020 年 9 月进入劳动力市场的 75 万名毕业生以及目前待业或正在接受培训的年轻人，政府筹集 67 亿欧元，将用于年轻人就业的经费增加了 3 倍。2020 年 7 月 23 日，政府启动"一人一策"青年帮扶计划（Un jeune, une solution）③，旨在为每个年轻人提供解决方案。该计划调动各方资源，为困难青年提供各方面援助和支持。

---

① Revalorisation du salaire des enseignants en 2021: les syndicats saluent un "premier pas" mais demandent un effort durable, https://theworldnews.net/fr-news/revalorisation-du-salaire-des-enseignants-en-2021-les-syndicats-saluent-un-premier-pas-mais-demandent-un-effort-durable.

② 《法国第二季度仍裁员不止，2020 年失业率将达 9.5%》，https://m.gmw.cn/2020-09/09/content_1301542391.htm?source=sohu。

③ Accompagner les jeunes, Plan 1 jeune 1 solution, https://travail-emploi.gouv.fr/le-ministere-en-action/relance-activite/plan-1jeune-1solution/.

"一人一策"青年帮扶计划主要内容如下。一是增设年轻人的社会公益岗位并设立其他公民服务岗位,使年轻人能够参与社团活动。法国总理让·卡斯泰11月12日宣布,将新设1600个学生临时岗位,以缓解远程教育造成的部分大学生孤立无援的困境;法国800所大学每所大学都将增设两名学生顾问,加强CROUS服务,特别是为大学低年级学生提供支持。① 二是为雇用26岁以下青年并签署3个月以上合同的企业提供资助,该措施已被纳入"国家复兴计划"。三是利用技能投资计划(PIC),为没有资格或未接受高等教育的年轻人进入未来的职业提供10万项新的资格或资格预备培训课程,该措施也被纳入"国家复兴计划"。四是在未来5年内,对护理人员进行新一轮培训。五是为16~18岁辍学者提供个性化课程。

(七)积极调整政策,保障国际学生赴法学习

疫情在很大程度上影响了教育的国际合作交流,特别是师生国际流动。作为世界第三大留学目的国的法国在疫情防控的同时积极推出涉及国际学生的措施:延长居留证有效期,及时发布入境指导信息,以保障外国学生在法国的学习,并组织留学生在2020年9月新学年开学前抵达法国。②

1. 简化赴法留学签证程序

根据与2007年12月10日法国教育服务中心(CEF)协议补充条例规定,法国高等教育署每年有权免除一些课程或一些交换项目的法语考试或预签证面试。针对中国留学生,法国高等教育部实施部分学生的免面试及免法语考试简化流程。法国留学预签证程序中现仅需要"法国高等院校的专业注册证明'或'法语培训机构的语言注册证明"。原来绝大部分申请者需要法国学校的语言通知书和专业预录取通知书,先强化语言水平,再

---

① Reconfinement-Université:1600 emplois étudiants créés pour accompagner les premières années (Castex),https://www.laprovence.com/actu/en-direct/6177484/reconfinement-universite-1600-emplois-etudiants-crees-pour-accompagner-les-premieres-annees-castex.html.

② Rentrée 2020:FAQ visas et titres de séjour, https://www.campusfrance.org/fr/rentree-2020-faq-visas-et-titres-de-sejour.

进入某高校继续专业学习；而现在，语言过关的同学可以直接申请法国大学的专业。

2. 更新居留政策

2020年3月16日至6月15日到期的居留证（titre de séjour）、延期许可（récépissé）、临时居留证（autorisation provisoire de séjour）或长期居留签证（visa long séjour）的持有人，居留证到期后还可以在法国境内再合法居住6个月。在2020年9月之前，不需要对现在的居留证采取任何的措施。

3. 发布入境指南

法国政府发布入境指南，将不同国家分为"绿色区域"和"红色区域"。学生和研究人员如从一个"绿色区域"国家到法国，则可以不受限制地进入法国。"绿色区域"国家名单定期更新。法国与"红色区域"国家的边境是关闭的，只有某些类别的旅行者（包括国际学生和研究人员）才能在一定条件下进入法国长期或短期停留。

2021年1月18日后入境的非欧盟区（英国除外）国际学生，需要提供以下证明文件：出发前3天内新冠核酸检测阴性证明；《无症状证明》（即旅客本人无新冠病毒感染症状且在14天内并未密切接触新冠病毒感染者），该证明同时承诺旅客接受在入境法国后遵守隔离观察七天，隔离期满后再接受新冠核酸检测；填写《国际破例出行证明》等证明出行目的的相关证明文件。抵达法国后，应遵循法国防疫措施：遵守宵禁；室外须佩戴口罩，室内社交距离小于1米时也要求佩戴口罩；下载并使用App"TousAntiCOVID"；若被要求7天居家隔离，非生活必需不得离开住所范围；联系院校并开展远程教育；如有不适，及时就医。

（八）推进教育管理信息化，减少人际接触

法国加大开发力度，计划在2021年为学生提供包含学生身份信息、学业信息和能力情况的电子书包，及其行政手续电子化等在线服务。

法国高等教育部于7月28日和29日发布两则通知，公布了秋季开学的卫生和防疫要求，提出网上支付注册费；为学生更好地获得线上数字服务提

供资金支持；开发远程教育课程等有关教育信息化的举措。在访问学校设施方面，学生需要提前在学校官网进行预约才可以现场访问高校的行政部门；大学图书馆在疫情封城期间仍然保持开放，可以通过预约借阅书籍。如果学生因为家中网络问题或者计算机无法正常运作等无法正常进行线上学习，学校允许该校的学生在征得校方同意的情况下去校内机房或者大学图书馆进行线上的学习。①

二 对教育领域应对性抗疫政策的评价

参议院文化、教育和传播委员会于2020年4月成立了学校教育工作组，该小组听取了医学专家、科学家、地方政府代表、学校管理者及家长的意见后，形成了针对学校抗疫的意见文件。

关于复课问题，医学和教育界代表普遍认为，马克龙总统4月13日宣布学校重新开放10天后，对学生返校的准备仍然是不足的。他们认为，学校重新开放的时间至少应在6月。受访者指出，开放学校的政策没有足够的科学建议作为依据：政府强调其决策都是基于科学建议的，但对病毒在儿童群体中的传播研究极少开展，而相关研究应是制定学校防疫措施的依据。

马克龙在谈到5月11日复课的原因时说，人口密集的社区、农村等地方的孩子没有数字设备，父母也无法给予相应支持，因此应当复课。支持者们认为该政策有助于促进社会平等和复工。然而各界一直对复课表示质疑与反对。法国小学教师工会（SNUIpp-FSU）表达了对其他公共场所关闭却唯独复课的担忧。该工会总干事波比尼亚（Francette Popinea）称，教师们表达了强烈的不解，认为政府为了经济而牺牲了教师。② 中学教师工会（SE-

---

① FAQ ｜ Dossier social étudiant, bourse, crise sanitaire, https：//www.etudiant.gouv.fr/cid151944/faq-%7C-dossier-social-etudiant-COVID-questions-reponses.html.

② 为了推进复工，从6月1日起，父母只有在出示学校出具的无法让学生复学的证明才能居家照顾孩子。

Unsa）总干事克罗谢（Stéphane Crochet）认为，复课的政策具有很大的"模糊性"，教师们不愿意成为"牺牲者"。极左翼政党"不屈法国"党魁梅朗雄（Jean-Luc Mélencho）认为，在没有对解封情况进行详细规划的前提下宣布逐步复课是极度危险的。右翼政党"法兰西站起来"主席都彭-艾尼安（Nicolas Dupont-Aignan）同样严斥5月11日复课的决定。法国左翼政党社会党（PS）第一书记富尔（Olivier Faure）对于马克龙将经济考量置于法国人的健康之上表达了担忧。①

欧洲第二波疫情中，德国、英国等多个欧洲国家决定重新关闭学校，其中荷兰、丹麦等国家在12月中旬重新关闭了学校。然而，即使在多项研究表明关闭学校对于疫情防控有积极影响②的背景下，第二波疫情中的法国并未再关闭学校。2021年1月14日法国政府记者会上，法国卫生部部长韦朗（Olivier Véran）介绍，相较之前的病毒，儿童更易感染英国变异病毒。国民教育部部长布朗盖也证实，由于假期和家庭间感染，出现了更多的病毒检测阳性的儿童（每日2000～3000人）③。他认为，儿童在学校更为安全。同时，法国政府也没有否定对于学校开放的担心：2021年1月3日，法国卫生部部长向《星期日报》说，年轻人对英国和南非变异病毒更易感，因此要特别注意学校。1月4日，布朗盖称教师群体将尽快接种疫苗，最晚到3月份。法国中学教师工会总干事罗雷（Frédérique Rolet）认为，教师是一个面临多样化群体的职业，其中一些人就可能是感染者，这样3月接种就

---

① Rouvrir les écoles à partir du 11 mai? Syndicats et oppositions sont inquiets, https：//www. huffingtonpost. fr/entry/rouvrir－les－ecoles－a－partir－du－11－mai－cest－tout－sauf－serieux_ fr_ 5e94c635c5b6a50d4ae6fb4e.
② 苏黎世理工学院科研团队在瑞士的研究表明，关闭学校是排在禁止聚集和关闭餐厅、酒吧和商场之后控制疫情传播最有效的途径之一。《科学》杂志上发表的一篇文章也指出，关闭学校是减少病毒传播最有效的方法之一，开放学校则会促进病毒传播。《柳叶刀》的一项比较分析表明，2020年10月，学校关闭在4周内使病毒传播速度降低15%，而开放学校则使病毒传播速度提升24%。
③ 根据法国卫生部2021年1月10日公布的数据，10岁以下儿童阳性检出率为10%，10～19岁青少年阳性检出率为8.5%，而法国人口整体阳性检出率为6.4%（感染率为病毒阳性人员/被检测人员总数）。2020年1月1日，法国人口整体阳性检出率还不到3%。

"太迟了";在学校被感染的可能性被教育领域人士低估了。①

在参议院文化、教育和传播委员会的意见文件中,地方代表认为,法国市长协会等地方行政部门代表没有充分参与教育部政策制定过程,而地方行政部门是返校政策实施中的关键一方,特别是在环境消毒、学生就餐、学生分批就学等政策的具体实施中。

基于对各利益相关方的调查,学校教育工作组认为,对于返校政策和抗疫工作,教育部在制定政策时还有一系列需要明确的问题,包括复课的目标;每班到校最多15名学生的政策未能考虑到各地各校的具体情况;对教师人数和防疫物资未进行统计;缺乏对避免校内聚集的管理,特别是考虑到每所学校具体情况的解决方案;防疫政策在幼儿园实施的有效性等。②

三 规划性举措:教育和青年工作是"国家复兴计划"的重点

2020年9月3日,法国总理卡斯泰公布了法国"国家复兴计划",旨在通过公共投资、提供补贴和减税等70项措施,以及生态转型、提高国家竞争力和增强社会凝聚力三大优先事项的推进,加快推进供给侧改革,争取在两年内逐步消除新冠肺炎疫情对国家经济的冲击,提升法国国际竞争力,使法国经济到2022年恢复至疫情前水平。"国家复兴计划"的投资总额为1000亿欧元,相当于法国年度预算的1/3,其中40%来自欧盟的恢复计划,是2008年全球金融危机后法国经济振兴计划投资规模(260亿欧元)的约4倍。在资金分配方面,推进生态转型、提高国家竞争力和增强社会凝聚力的三大优先事项将获得的资金分别是300亿欧元、350亿欧元和350亿欧元。

---

① Vaccination des enseignants "au mois de mars au plus tard":"C'est tard",juge le SNES-FSU,https://www.francetvinfo.fr/sante/maladie/coronavirus/vaccin/vaccination-des-enseignants-au-mois-de-mars-au-plus-tard-c-est-tard-juge-le-snes-fsu_4245715.html.

② Sur les notes de synthèse des groupes de travail sectoriels sur les conséquences de l'épidémie de COVID-19,http://www.senat.fr/rap/r19-667/r19-6675.html.

教育相关举措是法国"国家复兴计划"中的重点,是全面服务和支撑三大优先事项的落实。

(一)高等教育、研究和创新领域具体措施

高等教育、研究和创新领域共获得超过 78 亿欧元投资,投资期为 3 年,包括涉及三大优先事项的九项措施。

1. 在生态转型方面

推进生态转型的目标是使法国成为欧洲第一个低碳经济体,四个优先领域分别是建筑物能源改造、交通运输业、绿色农业和能源转型研发是公共投资这一措施的主要方向。为促进生态转型,高教与科研领域主要实施两大举措。

一是实施高等教育机构和科研院所公共建筑的能源改造工程,其目标是降低校园的能源消耗。2020 年 12 月 14 日,在法国国家战略性公共房地产会议上,总理卡斯泰宣布将投资 27 亿欧元支持包括位于海外省的 4214 个公共建筑物能源项目翻新工作。这项工作将为法国在 2021~2023 年创造 2 万个就业机会。公共财务事务部长级代表奥利维耶·杜索普(Olivier Dussopt)表示,该计划通过支持关键建筑部门来促进经济发展,将对未来整个国家更多方面产生积极影响。[①]

公共建筑的能源改造工程中,有 1054 个项目涉及高等教育、研究机构和学生生活,总投资约 13 亿欧元。高等教育、研究与创新部部长弗里德里克·维达尔(Frédérique Vidal)表示,项目中的能源翻新部分为学生研究及生活提供了许多机会。这意味着法国在宏观政策方面重视年轻人群体在学术和科学界的发展。这部分支持能源转型的特殊款项将有效助力校园、学生生活和培训场所的转型。

二是实施"投资未来"第四阶段(PIA4)的"加速计划",3 年内投资

---

① 4214 projets de rénovation énergétique des bâtiments publics de l'État, https://lexcity.fr/2020/12/16/4214-projets-de-renovation-energetique-des-batiments-publics-de-letat-cpe/.

24亿欧元。该项目致力于加速涉及生态和能源转型发展的研究成果转化，主要领域包括氢能源、回收物利用、生物资源产品和工业生物技术等。

2. 在提高国家竞争力方面

提高国家竞争力的目标是增强经济独立性，重获国家竞争力和增长力。新冠肺炎疫情的暴发，让法国政府意识到战略性行业自主性的重要性，以及提高科研能力、掌握技术主权和增强社会复原力的迫切性。为提高国家竞争力，高教与科研领域主要实施两大举措。

一是自2021年起3年内投资3亿欧元增设科研岗位。该措施旨在促进青年研究者进入企业从事研发工作，提升企业研发能力，密切公共研究机构与企业之间的合作和联系。私企与公共实验室之间签订科研协议，在不违反劳动合同的前提下，允许1400名私企员工在公共实验室工作，这部分科研人员工资的80%将由国家承担。为了促进医学生的专业实践，将在公共实验室聘用600名学历相当于研究生二年级的学生；国家还将资助500名博士后到公共研究机构和企业进行产学研合作。所有开展研发活动的企业都有资格参与合作。

二是为提升国家经济独立性，优先投资240万欧元促进人工智能、云技术、网络安全、量子力学、数字健康、传染病防治等方面的科研与教育。

3. 在增强社会凝聚力方面

增强社会凝聚力的目标是团结法国人民，消融社会矛盾，避免不平等现象加剧。为增强社会凝聚力，高教与科研领域主要实施五大举措。

一是加大对法国国家科研署（ANR）的支持力度，3年内投资4.28亿欧元（资金来源为欧盟资助），其目标是将国家科研署的项目成功率从16%提高到25%。从2021年起，法国国家科研署预算从5.18亿欧元增加到9.53亿欧元，到2027年达到15.18亿欧元。

二是在"投资未来"第四阶段（PIA4）框架内，3年内投资31.5亿欧元推进高等教育和科研领域生态转型研究和创新。其中促进高校发展、示范校园建设方面的投资为25.5亿欧元；尖端技术创业方面为6亿欧元。

三是开发混合式教学技术和设备，总投资3500万欧元。2020年6月，高等教育、科研与创新部长维达尔启动了"高等教育混合式教学"（hybridation des formations d'enseignement supérieur），计划最终资助35个涉及教学资源开发的计划。

四是增加大学招生名额（总投资1.8亿欧元）。2020年教育部增加大学招生名额共1万名，2021年增加大学招生名额2万名，该名额主要集中在本科阶段。同时也侧重增设培养社会所需要的护士或者护理人员的学校名额。维达尔表示："开放多少额外录取名额主要由外省政府和大学来决定。"地方和高校希望"根据从实地考察得到的更精确的需求来设置课程"①。

五是投资3200万欧元以加强对学生贷款担保基金的管理。2021年对学生贷款担保基金的年拨款额度从2020年的400万欧元增加到2000万欧元。由于这一调整的杠杆效应，合作银行提供的贷款额将从2020年的1.35亿欧元（惠及11500人）增加到2021年的6.75亿欧元（有望惠及67500人）。给予每名学生的贷款年限和额度在最短2年、1.5万欧元之内，具体年限和额度由各银行决定。

（二）青年领域具体措施

为避免大规模失业，法国将"稳就业"作为经济复苏重点之一，积极推出包括促进青年就业、进一步加强培训、促进企业内外人员流动、推动长期失业群体融入等系列措施，提升就业对经济复苏的支撑作用。"国家复兴计划"在青年帮扶方面主要有三大措施。②

一是投资5亿欧元，使得大学生生均补助金提高100欧元，以帮助困难家庭学生支付学年费用。

---

① Plan de relance 4000 places creées dans les universites en cette rentrée, https：//www.lesechos.fr/politique－societe/societe/plan－de－relance－4000－places－creees－dans－les－universites－en－cette－rentree－1240151.
② Le Plan de Relance pour l'enseignement supérieur, la recherche et l'innovation, https：//www.enseignementsup－recherche.gouv.fr/pid39961/le－plan－de－relance－pour－l－enseignement－superieur－la－recherche－et－l－innovation.html.

二是投资38亿欧元，实施"青年就业计划"。具体为企业每雇用1名26岁以下青年并签署3个月以上合同，政府将向企业提供4000欧元补助。自2020年7月至2021年2月，企业每雇用1名18岁以下的学徒员工将获得5000欧元补助，每雇用1名18岁以上学徒工将获得8000欧元补助。通过招聘半工半读青年、签订临时就业安置合同、增设公民服务岗位等方式扩大青年就业。

三资16亿欧元，加强岗前培训。向所有即将进入劳动力市场的年轻人增加岗前培训课程数量，预计将有22.3万名年轻人参加相关技能培训。

四 对"国家复兴计划"的评价

"国家复兴计划"的目标不仅在于促进经济和社会的恢复，而且希望"化危机为时机"，锚定通过投资未来的行业（如交通、农业和能源的转型发展）来形塑2030年的法国，突破作为老牌资本主义国家数字化发展、建筑物能源改造方面的困局，建设碳中和社会和数字化的生活工作环境。总理卡斯泰认为，"国家复兴计划"雄心勃勃，但又是力所能及的。

法国政府提出的发展路线图与欧盟和一些欧洲国家相似。法国智库可持续发展和国际事务研究中心（IDDRI）主任特赖尔（Sébastien Treyer）认为，巴黎与欧盟的路线保持了一致。① 2018年5月，欧盟委员会提出欧盟长期预算建议框架之后一直与欧洲议会、欧盟理事会共同推进协商；最终于2020年12月17日通过的欧盟长期（2021~2027）预算方案中，超过50%的资金将用于支持现代化建设，重点内容有：支持科研和创新、实现数字转型、

---

① 欧盟委员会、欧洲议会和欧盟各国领导人于2020年12月17日通过了欧盟长期（2021~2027）预算。加上"下一代欧盟"临时性恢复计划的预算，共1.8万亿欧元的预算成为欧盟有史以来最大的经济刺激计划，目标是让欧洲更加绿色、数字化和有韧性。为了应对危机，欧盟委员会在2020年5月27日提出了临时性恢复计划——"下一代欧盟"（Next Generation EU），涉及7500亿欧元。

应对气候变化(与气候变化相关的预算占 30%,占比最大)等。特赖尔还指出,"国家复兴计划"与德国的恢复计划①相似。他还提出,难点在于计划的实施,建议成立监测委员会以跟进计划的实施,提升政策实施效果的透明度。②

---

① 德国政府于 2020 年 6 月通过了规模达 1300 亿欧元的一揽子经济复苏计划,涉及儿童补贴、降税、扶持企业等方面。具体措施有:每个家庭可获得每个孩子 300 欧元的一次性补贴;推动电动汽车发展以及设立更多充电桩;对覆盖全德的 5G 网络、国家铁路公司等进行投资。
② French economic recovery plan "resonates strongly" with German and EU plan, https://www.euractiv.com/section/economy-jobs/news/french-economic-recovery-plan-resonates-strongly-with-german-and-eu-plan/.

B.14
法国新冠肺炎疫情应对策略和成效分析
——以疫情第一波为例

赵晓琳*

摘　要： 自新冠肺炎疫情暴发以来，法国社会各界存在对其政府治理能力的质疑声音。作为欧洲大陆首次确诊新冠肺炎病例、亚洲以外首次出现死亡病例的国家，面对一种新型病毒，法国政府在应对第一波疫情时，力图同时追求最大限度讨民众的好感和最好的抗疫效果，抗疫举措在民主与法治之间摇摆不定、在道德理性和工具理性之间犹豫不决，接连错失抗疫良机，导致某种程度上的抗疫不力。独立科学评估组针对法国政府在第一波疫情中的管理表现提出了改进建议，国民议会和参议院成立的疫情危机调查委员会指责政府抗疫不力，共和国法院已对卫生危机管理相关政府官员启动司法调查。在未来的疫情危机管理中，或许法国政府可以从现实出发，执行更加科学有效的政策，更好地权衡道德理性和工具理性，从而迎来疫情拐点。

关键词： 法国　新冠肺炎疫情　应对策略与成效

---

* 赵晓琳，广西民族大学外国语言文学专业博士生，研究方向为法国文化。

引 言

2020年，新冠肺炎疫情在全球暴发。法国是欧洲大陆最早发现感染者的国家：1月24日，法国确认3例新型冠状病毒感染者，这是欧洲大陆首次确诊新冠肺炎病例；2月14日，法国出现首例新冠肺炎死亡病例，系欧洲首例和亚洲以外首例；在3月12日关于新冠肺炎疫情的首次电视讲话中，法国总统马克龙把这次疫情称为"法国百年来遭遇的最严重公共卫生危机"。法国于2020年10月30日正式开启了第二次全境封国。本文将疫情第一波的时间界定为2020年1月24日至8月17日。①

19~20世纪德国法兰克福学派的社会科学家马克斯·韦伯提出，人类有以追求目的为准的工具理性。换句话说，人类有一种倾向——追求事物的最大功效。② 工具理性的核心是以最小的代价追求利益最大化。德国哲学家康德最早提出了道德理性，也叫道德理智，是指人们用理智来对自己的道德感情和道德行为所做的支配和调节③，其内核为道德判断。"在复杂的国际关系中，恰到好处地、适时地交替运用道德理性和工具理性，才能使其国家利益最大化。"④ 我们认为在处理国家内部事务时，也应遵循同样的道理。那么法国政府在应对新冠肺炎疫情过程中，是如何使用道德理性和工具理性的呢？

---

① 其实第一波和第二波并没有明确的界限，以上限定系为了研究方便：1月24日，法国首次确诊新型冠状病毒感染者；8月17日则是疫情的重要转折点，原因有二。其一，禁足令正式执行（3月17日）前一周，即3月10日至3月16日，法国新增确诊病例共5221例。8月17日前一周，即8月10日至8月16日，法国新增确诊病例共20615例，是前者的约4倍。其二，8月15日是自6月29日起的7周以来，法国卫生部首次在周末公布疫情数据。之前没有在周末更新数据，是因为政府认为法国疫情稳定，没有必要周末继续上班。为便于比较，并保证两组数据均为连续7天新增病例数之和，在8月8日和9日数据暂缺的情况下，将8月15日后推两天。
② 董彦：《幻方解构：解开方法迷雾的钥匙》，中国商业出版社，2016，第222页。
③ 高民杰、李金华主编《政工师手册》，中国经济出版社，1993，第176页。
④ 罗国祥：《义利并重：全球新秩序下的中法关系50年》，《人民论坛·学术前沿》2014年第16期。

一 法国政府的抗疫政策在民主与法治之间犹豫不决

（一）法国政府根据宪法获得应对疫情的合法性，并出台一系列相关法律法规

2020年3月23日，法国政府公布了第2020-290号关于《紧急处理新冠肺炎疫情法》（*Loi n° 2020-290 du 23 mars 2020 d'urgence pour faire face à l'épidémie de COVID-19*），其中第3条规定："按照宪法第38条规定的情况，政府通过法令途径被授权，在现行法律公布的两个月期限内，采取适应性措施以适应卫生紧急状态机制，在宪法第74条规定的领地以及新喀里多尼亚，遵守这些领地的管辖权。法案要在法令公布的3个月期限内经议会批准。"此项条款引用了宪法第38条，从法律上给政府以处理突发状况的权力，使政府在处理危机时的举措具备合法性。政府获得的这种应对疫情的特殊权力有两个特点：其一，这是在紧急状况下的权力，具有临时性，一旦疫情解除，政府的此项权力即失效；其二，政府的纲领要经过议会的授权，其修改则以法律形式进行。

自疫情发生以来，法国紧急制定并颁布了一系列法律法规，并严格履行法律程序。面对口罩资源严重紧张的情况，法国政府于3月3日首次出台《抗击新冠病毒感染的必要征用》法令（*Décret n°2020-190 du 3 mars 2020 relatif aux réquisitions nécessaires dans le cadre de la lutte contre le virus COVID-19*，俗称"口罩征收令"），并相继出台了几次征收令和修改令，扩大口罩的征收类型和征收范围，细化征收标准。在第三阶段初期颁布了第2020-260号关于《抗击新冠病毒蔓延情况下的外出走动》政令（*Décret n°2020-260 du 16 mars 2020 portant réglementation des déplacements dans le cadre de la lutte contre la propagation du virus COVID-19*，俗称"禁足令"）以控制疫情更大范围的传播。法国议会两院于3月22日通过决议宣布国家进入卫生紧急状态，赋予了政府应对疫情的特殊权力，并出台了第

2020-290号关于《紧急处理新冠肺炎疫情法》，为政府处理疫情危机提供了法律依据。

（二）科学委员会成立时间滞后，不顾科学专家建议，抗疫举措无序

马克龙在2020年3月12日首次针对新冠肺炎疫情的电视讲话中，提出要用科学指导行动，听从科学委员会、病毒学家、传染病学家以及医学专家和临床医生的建议。3月下旬，总统府成立了两个抗疫顾问性质的独立机构[①]：一个是由11名包括免疫学家、人类学家、社会学家、急救医生、建模师、社区医生、流行病学家、病毒学家和传染病学家组成的"法国新冠肺炎科学委员会"（Le Conseil scientifique COVID-19），另一个是由12位研究员和医务工作者组成的"分析研究评估委员会"（Le Comité analyse, recherche et expertise, CARE）。同时，法国政府宣称，总统马克龙在电视讲话中宣布的所有措施等相关决定均事先经过法国新冠肺炎科学委员会的评估和认可。

但实际上，在第一波疫情阶段，面对不断恶化的疫情，法国政府没有采纳该科学委员会提出的更强硬的防疫措施，而是打了折扣，这一选择造成的直接后果就是疫情第二波的持续恶化。2020年9月，在接受《巴黎人报》采访时，里尔医学院附属医院的急诊科主任帕特里克·戈尔茨坦（Patrick Goldstein）表示，如果情况不能尽早转好，就要采取更严格的措施，家庭聚会和大型婚礼暂时取消，还要加强针对年轻人和大学生的宣传教育。[②] 与此同时，在9月11日的卫生国防委员会议（Conseil de défense sanitaire）上，马克龙表现出了与2020年春天截然相反的态度：拒绝对民众采用过多限制

[①] Médecins, chercheurs et scientifiques mobilisés contre le COVID-19, https://cn.ambafrance.org/Medecins-chercheurs-et-scientifiques-mobilises-contre-le-40817.

[②] Lutte contre le COVID: Allemagne, Espagne, Italie… doit-on prendre exemple sur nos voisins? https://www.leparisien.fr/societe/lutte-contre-le-COVID-allemagne-espagne-italie-doit-on-prendre-exemple-sur-nos-voisins-13-09-2020-8383641.php.

性的措施，尽管疫情已经再次暴发。他担心继续施行限制性措施将对核酸检测造成更大压力，而政府在这方面"并不在行"。

9月12日，法国新冠肺炎确诊病例单日新增首次破万例，10月9日单日新增首次突破2万例，10月15日单日新增首次突破3万例，10月22日单日新增首次突破4万例，10月25日单日新增首次突破5万例。截至10月29日，法国累计确诊病例数1282769例，累计死亡36020例。① 在欧洲范围内（不含俄罗斯），确诊人数排名高居榜首。

（三）神化"自由"理念，无视民众生命安全，错失抗疫良机

2020年3月12日，法国总统马克龙首次发表关于新冠肺炎疫情的电视讲话，在短短20余分钟时长、不到3000字的内容里，他多次强调集体与团结。同时政府官员在疫情发生以来的多次讲话和采访中，也屡次强调要法国民众承担起公民责任。相较于对个人主义的推崇，法国人的集体主义观念较淡薄。然而政府强大的组织能力需要依靠民众的理解、支持和配合。对违反"禁足令"罚金额度的多次大幅度提升，从事实上印证了马克龙的讲话并非信口开河，而恰恰是基于对自己国民的深刻了解。

同时，正是因为将"自由"权利奉为圭臬，面对此次重大卫生危机，法国政府一方面表现为尊重公民权利，制定施行一系列人性化措施；另一方面则表现为对民众的自由散漫过度放任，缺乏有效监督和管理。

法国政府担心触碰道德标准的边界。3月1日，法国卫生部部长求助于法国国家伦理咨询委员会（Comité Consultatif National d'Ethique），就针对个人的治疗和救助过程中如何保护和尊重人权、如何在保障公民自由的基础上最大限度保障公共卫生安全、如何尽量削减限制性措施对经济发展造成的消极影响等问题进行征询。该委员会的咨询建议注重抗疫、防疫、救护措施与人文关怀的最佳结合，并不具有强制性。

与此同时，法国政府寄希望于民众承担公民责任，对民众的自由散漫过

---

① https：//dashboard. COVID19. data. gouv. fr/vue－d－ensemble？ location＝FRA.

度放任，抗疫规定执行情况的监管工作不到位。

1. 过于灵活的"禁足令"给了民众追求"自由"的可乘之机

法国政府在2020年3月颁布了"禁足令"，虽然相关戒严措施被前法国内政部部长卡斯塔内（Christophe Castaner）称为"全欧洲最严格"，但是并非完全杜绝出门，许可出门的情况覆盖了包括工作、生活采购、就医、照顾老幼、就近运动等在内的日常生活基本方面。① 然而看似非常人性化实则过于灵活的"禁足令"给部分自由散漫的民众提供了可乘之机："出行证明"打印或是手写皆可；民众在出门前临时填写一张即可，无须任何佐证材料。自"禁足令"实施以来，有很多法国人未能严格遵守，法国政府多次严格细化"禁足令"的具体要求，并进一步加大对违法者的处罚力度。尽管罚金一涨再涨，"禁足令"期限一延再延，可是随意出行的现象屡禁不止，感染和死亡病例节节攀升。对此，仍有部分居民怨声载道，认为不论是戴口罩还是居家隔离，或被迫采取的其他防护措施，都严重侵害了个人自由等公民权益。

2. 顾此失彼，抵抗力较强的年轻人感染率骤增

老年人是新冠病毒的易感群体，5月18日到5月24日，法国老年人每10万人中有20.7人感染。政府开始将70岁以上老年人列为易感人群，加强隔离管制措施：3月11日卫生部下令暂停所有养老院的探视接待服务；5月11日解封第一阶段开始，失能老人养老院（Ehpad）实行无接触式探视，每次最多2名访客；在2021年新冠疫苗接种计划的第一阶段优先给失能老人养老院（Ehpad）老人接种等。随着防疫措施的严格执行，老年人感染比例逐步下降，到了8月3日至8月9日这一周，老年人感染人数下降到每10万人中仅有9.1人。

与此同时，免疫力比老年人强的年轻人的感染率却大幅上升。由于政府在传染源的控制和病毒传播的阻断方面举措严重不足，特别是在对年轻人的

---

① https://www.interieur.gouv.fr/Actualites/L-actu-du-Ministere/Attestation-de-deplacement-derogatoire.

管理方面采取了睁一只眼闭一只眼的放纵态度，再加上部分年轻人本身怀抱侥幸心理，在执行防疫措施上没有老年人那么严格和小心翼翼，热衷聚会等聚集性活动，感染人数飙升，8月3日到9日每10万人中就有44.7人感染。2020年9月，在接受《巴黎人报》采访时，里尔医学院附属医院的急诊科主任帕特里克·戈尔茨坦强调，必须加强针对年轻人和大学生的防疫宣传教育。①

3. 大规模游行使病毒扩散失去控制

自疫情发生至第一波疫情结束，法国大规模游行此起彼伏，主要集中在两个阶段。

第一个阶段为1月24日到3月16日。法国政府对于游行的态度与疫情发生前基本没有太大变化，游行照常：除了每周六例行的"黄背心"游行抗议，随着法国议会审议退休制度改革法案的不断推进，1月24日和30日、2月6日和17日及20日先后举行了巴黎民众抗议政府退休制度改革的跨行业游行；2月29日，总理菲利普援引现行宪法第49条第3款，不经投票强行通过退休法案，3月2日、3日和7日，反对政府强行通过退休制度改革法案的游行在巴黎、里昂、图卢兹等地举行。除此之外，还有涉及其他各方面的游行，比如1月28日，除巴黎消防员以外的法国消防员齐聚巴黎示威游行，要求解决编制和待遇问题；2月15日，上百名环保示威者在尚贝里游行，呼吁保护尚贝里盆地环境；3月7日，巴黎爆发反对高考改革游行；3月8日，巴黎举行妇女节游行……人群聚集导致了疫情的大规模扩散，3月3日法国确诊病例逼近200例，4人死亡，仅仅一周不到的时间，3月9日，确诊病例激增至近1300例，死亡21例。

第二个阶段为6月2日到8月17日。6月2日法国进入第一次解封的第二阶段，依然禁止公共场所10人以上集会，直到6月13日，最高行政法院

---

① Lutte contre le COVID: Allemagne, Espagne, Italie… doit-on prendre exemple sur nos voisins? https://www.leparisien.fr/societe/lutte-contre-le-COVID-allemagne-espagne-italie-doit-on-prendre-exemple-sur-nos-voisins-13-09-2020-8383641.php.

方才宣布，暂停卫生紧急状态期间的10人以上集会的禁令。

6月2日晚，全法爆发大规模"反警察暴力"与"反种族主义"示威游行。这场游行源自2016年法国黑人青年阿达玛·特拉奥雷（Adama Traoré）疑因警察暴力执法致死，2020年6月2日公布的鉴定报告将其死因矛头直指警方过度执法，与5月25日美国"弗洛伊德事件"遥相呼应。这就使6月2日一场原本只是死者家属组织的示威，得到了法国民众一呼百应的支持，近2万人包围巴黎法院讨要公道，当天法国其他地区也出现千人规模的集会。随后6月6日和6月13日，全法再次爆发"反警察暴力"示威大游行，仅巴黎就有上千人聚集。其间，时任内政部部长卡斯塔内宣布严禁警察执行逮捕时使用"锁喉"动作。因不满此项禁令，6月11日和12日，全法警察举行罢工和游行。

在法国，示威游行要提前报备，政府（警察局）可以授权，也可以驳回申请。由于这场"反种族主义"与"反警察暴力"游行本就暗含着反体制的意味，组织反对退休制度改革游行的法国各大工会就曾表达过对政府以疫情为借口反对游行的担心，① 结果本次巴黎市警察局恰恰出于疫情考虑驳回了6月2日和6月6日的"反警察暴力"游行申请，这种"巧合"似乎从某种程度上印证了民众的担心，再加之政府在抗疫期间某些方面的不作为，更加重了民众对精英政府的反感，这场游行就是在这种逆反心理的催化下发生的。

从6月13日到8月17日，法国举行了若干场游行：6月16日，全法1.8万名医护人员示威游行，要求提高待遇和给予公立医院更多医疗资源；6月20日，全法各地爆发示威声援无证移民，要求将其合法化，共计近2000人参加；同天，巴黎近千人参加示威游行，为13年前同样因警察暴力执法致死的黑人青年拉米讷·迪恩（Lamine Dieng）讨公道；7月4日，巴黎400名无证者游行要求身份合法化。

---

① Romain Herreros, Retraites：y aura-t-il un "effet coronavirus" sur la mobilisation? https：//www.huffingtonpost.fr/entry/retraites-effet-coronavirus-sur-la-mobilisation_fr_5e5e2695c5b63aaf8f5cc055.

1000余名感染病学和公共卫生专家联名发表公开信,提醒游行人群注意病毒感染的危险,建议人与人之间保持间隔2米,佩戴口罩,不要从一个队伍中窜到另一个队伍。① 但是从游行现场的视频和图片来看,游行者似乎全然不顾专家的"苦口婆心"。

经过了8周的"禁足"(3月17日至5月10日),法国的感染人数明显下降,说明政府的干预有效。然而从6月2日那一周开始至第一波疫情结束,感染人数一路走高。这说明游行导致的群聚感染与疫情恶化不无关系。

二 法国政府在应对第一波新冠肺炎疫情中暴露的若干问题

自新冠肺炎疫情在法国发生以来,对于政府对新冠肺炎疫情危机的应对,民众、媒体甚至政界都有不满的声音,认为法国政府在口罩问题上"戏耍"民众;政府介入时间过晚,造成疫情持续扩散;在疫情发展愈演愈烈的情况下,政府坚持举行第一轮市政选举,加快了疫情扩散速度;政府态度前后矛盾,让人对其公信力产生怀疑,在一定程度上导致了疫情期间"阴谋论"的大行其道;解封问题方面不够谨慎,结果疫情第二波早早来临;检测—追踪—隔离措施过于宽松,远远达不到控制疫情的效果……在这场与病毒赛跑的疫情管理中,法国政府最本初最为致命的问题在于,其对华偏见影响了理性判断,延误了最佳管控时机。

(一)对戴口罩的态度前后矛盾,"强制口罩令"姗姗来迟

在法国疫情暴发后的短短几个月里,政府对于口罩的态度经历了从"口罩无用论"到全国"口罩征收令",再到"全民强制戴口罩",政府采取措施的几番波折和对口罩前后态度的巨大反差,使民众对政府的信任感明

---

① https://www.huffingtonpost.fr/entry/coronavirus-propagation-manifestations_fr_5eddfdd7c5b659e41a835842.

显降低。

疫情暴发初期,从卫生部部长到政府发言人反复强调"口罩无用""健康人没必要戴口罩"。前卫生部部长布赞(Agnès Buzyn)的"口罩无用论"最广为流传:"只有生病时,外科口罩才有用,可以避免传染其他人……对于抵抗病毒来说,蓝色(外科)口罩没有保护作用。"① 政府前发言人恩迪亚耶(Sibeth Ndiaye)在3月20日接受BFM电视台采访时,媒体提问法国政府为何不推荐大家戴口罩,她回应:"我戴口罩,但事实上我不知道怎么用。因为使用口罩是个精细的技术活。"②

9月16日,在接受参议院疫情危机调查委员会调查时,法国公共卫生署署长萨洛蒙(Jérôme Salomon)承认其3月关于口罩佩戴言论存在不当表述——3月17日,在每日疫情例行发布会上,萨洛蒙清清楚楚地说:"不要佩戴口罩,口罩是专给病人、医疗运输人员、救护和护理人员使用的。"他事后承认,当初之所以向大众宣布"口罩无用论",是因为法国当时的口罩库存严重不足,他担心大众抢购口罩会使最应该受保护的医护人员没有口罩用。③

无论如何,不论是新闻发言人,还是卫生部官员,这些职位本身都要求代表国家的官员应在第一时间召开的新闻发布会上就疫情发布权威、准确、全面的信息,以安抚民众,避免小道消息影响社会公众正确判断力,保证民众对政府的信任感。然而这些技术官员的行为给民众留下了不负责、不专业的印象,也让民众对政府的公信力产生怀疑。

传统上,法国国家储备口罩确实有限,医院、诊所、家庭医生等下级单

---

① D´inutile à obligatoire, comment le gouvernement a changé de discours sur le masque, https://www.france24.com/fr/20200807-COVID-19-variation-du-discours-politique-sur-le-port-du-masque-en-france.
② Jean Chichizola, Christophe Cornevin et Jean-Marc Leclerc, Les élèves des écoles de police et de gendarmerie en renfort de leurs aînés, *Le Figaro*, 30 mars 2020, p. 10.
③ Port du masque: Jérôme Salomon reconnaît "une expression très maladroite" en mars, https://www.publicsenat.fr/article/parlementaire/port-du-masque-jerome-salomon-reconnait-une-expression-tres-maladroite-en-mars.

位自行负责医疗物资。2011~2016年,法国FFP2口罩战略储备由先前的7亿只减少至70万只;2014年法国出台了口罩质量标准,按这一标准超6亿只国家储备外科口罩不合格,但之后没有及时补充相当数量的合规外科口罩。① 这导致法国整体的口罩库存非常紧张。

2020年2月29日,政府宣布禁止药店向无处方的民众出售口罩。3月3日,政府发表"口罩征收令",决定征收全国生产和经销的防喷溅口罩以及公、私法人的FFP2型号口罩库存,并强调所有的口罩资源都优先供应给医护人员和患者。3月14日起征收口罩的类型范围扩大到FFP2、FFP3、N95、N99、N100、P95、P99、P100、R95、R99、R100。

自4月27日起,法国口罩库存缓解,民众无须凭处方就可以直接购买口罩。5月11日解封日开始,政府规定乘坐公交必须戴口罩。7月中旬,政府颁发了"强制口罩令",规定从7月20日起,在所有室内公共场所必须佩戴口罩。之后又不断扩大执行"强制口罩令"的城市范围。自8月10日开始,巴黎大区及多省规定,在户外人口稠密的地方也必须佩戴口罩。

法国政府在民众戴口罩问题上的立场犹豫不决的根本原因有三。一是文化理念的原因。传统观念上,大众普遍认为只有生病的人才需要戴口罩。二是出于法国世俗主义传统,倡导世俗主义的法国于2010年9月14日通过了"禁止蒙面法案"(*Loi interdisant la dissimulation du visage dans l'espace public*),禁止在公共场所佩戴面罩,禁止穿戴将面部遮住的伊斯兰罩袍等,这一方面易于辨识身份,有助公共安保;另一方面是为避免造成公众恐慌。三是口罩等医疗物资产能严重不足。法国的医疗物资生产基本靠企业自发组织,机器设备短缺,无法在短时间内增加口罩生产线,同时还面临原材料短缺、物流成本较高、员工难以招募等问题,不能满足从医护人员到全体法国人爆发式的口罩需求。

---

① Santé publique: pour un nouveau départ-Leçons de l'épidémie de COVID-19(rapport), http://www.senat.fr/notice-rapport/2020/r20-199-1-notice.html.

（二）政府介入时间过晚，疫情持续扩散

法国早在 2020 年 1 月 24 日就确认了 3 例新型冠状病毒感染者，这是在欧洲大陆首次确诊新冠肺炎病例。但在这个阶段，病毒尚未引起政府足够重视，宣传动员工作比较有限，只是通过呼吁民众遵守防疫卫生规则，并未实行更加强有力的措施。民众并未感到新冠病毒的危险性，未采取充分的防护措施，导致疫情持续恶化：在核酸检测等尚未普及的情况下，新增确诊病例数和死亡人数呈爆发式增长。在已确诊病例中，中老年患者比例极高，45 岁以上人群占比 68%；法国医疗系统崩溃，医护人员和资源短缺，全法 5000 张重症病床一床难求；新型病毒信息未知，政府防疫经验不足。至 2020 年 3 月 15 日，法国新冠肺炎确诊人数 5423 例，死亡人数 127 例。①

3 月 16 日，法国政府颁布了"禁足令"，正式采取强制的手段。根据法国卫生部门的说明，第一波新冠肺炎疫情从发生之初至 2 月 27 日为第一阶段，其主要目标是防止病毒进入国内；自 2 月 28 日进入减缓疫情扩散的第二阶段；3 月 14 日开始第三阶段，进入该阶段标志着新冠病毒已经在人群中触发大范围传播，政府开始调动全国医疗资源抗击疫情。显而易见，直到进入第三阶段政府才颁布了"禁足令"。

"禁足令"颁布后，其实施的情况也不容乐观。2020 年 3 月 17 日宣布戒严令，于正午 12 时生效，随后全法当天进行了 7 万次检查，开出了 4095 份罚单。仅在巴黎的 3.18 万次检查中，就有 2280 个人因未按规定携带"出行证明"而被罚款。3 月 22 日，仅仅 5.5 天的时间就开出了 91824 张罚单。随着疫情的进一步恶化，罚金和法国人民的不配合与日俱增：18 日罚金提高至 35 欧元，19 日罚金提高至 135 欧元，最高可达 375 欧元；29 日提升至 200 欧元，对屡教不改者的罚金由原来的 375 欧元提升至 450 欧元。

法国政府选择在第三阶段才强势干预，正是因为它考虑到法国民众对新冠病毒的严重性没有充分认识，会以捍卫"自由"的名义激烈抗争。法国

---

① https：//dashboard.COVID19.data.gouv.fr/vue-d-ensemble? location=FRA.

政府先是召开新闻发布会进行解释和教育,给民众以充分的时间适应消化,本想避免使用强硬的行政手段,以免民众产生逆反情绪,造成疫情传播的进一步加剧。然而,病毒已经在人群中大范围传播,政府的反应迟钝,白白浪费掉了从1月2日卫生部就开始预警而争取到的宝贵时间。

(三)选举投票造成民众聚集,加速疫情扩散

疫情期间,法国政府坚持按期举行市镇选举,担心被扣上"压制民主"的帽子。但是,投票期间民众的聚集又为病毒扩散创造了"绝佳"机会。

法国卫生部前部长布赞早在1月30日就曾提醒时任总理菲利普(Edouard Philippe),当时疫情已在法国蔓延,按期举行市镇选举恐不合适。然而,总理菲利普却认为:"当时很多医生都不同意她的看法。"①

3月12日电视讲话中,马克龙声称,已就市政选举第一轮投票问题咨询科学家,决定在充分相信民众遵守防疫措施的前提下如期进行。3月14日晚,法国政府宣布全方位升级新冠肺炎疫情防控措施,生活必需以外的公共场所一律关闭,但市政选举第一轮投票仍将如期举行。马克龙在3月16日的电视讲话中再次强调,2020年市政选举第一轮是法国政府在参考了科学界人士的意见后,顶住压力如期举行的。政府利用医学专家给坚持"投票选举"这一决策背书,看起来非常权威,有说服力。然而曾有法国医学专家呼吁大家不要前往投票,保持社交距离。例如巴黎医疗机构医学委员会(Commission Médicale d'Etablissement de l'APHP)主席雷米·萨洛蒙(Rémi Salomon)在投票日当天的推文中呼吁大家:"即刻起,最大限度保持禁足,别去投票,避免距离少于2米的接触,勤洗手。"②

在这场各执一词、相互推诿的论战中,法国市镇选举如期举行了。但是,当我们对比选举当天和14天后的情况时可以看到:3月15日,法国累计确诊病例数5423例,每日确诊新增923例,累计死亡127例,每日死亡

---

① https://www.lemonde.fr/politique/article/2020/03/18/coronavirus-la-confession-d-agnes-buzyn-suscite-une-double-polemique_6033469_823448.html.

② https://twitter.com/remisalomon/status/1239041290207100928?s=21.

新增36例;3月29日,法国累计确诊病例数40174例,每日确诊新增2599例、累计死亡2606例,每日死亡新增292例。也就是说,选举后14天内,确诊新冠感染病例数增长了6倍多,累计死亡人数增长19倍多。从这一点上来看,投票选举时的民众聚集与感染人数倍增之间有一定的相关性。

布赞事后被指为应对新冠肺炎疫情不力的"罪魁祸首"。布赞在疫情当中虽然不乏表现不佳的举动,如发表著名的"口罩无用论";也曾许诺口罩库存充足,然而在口罩强制令颁布前,"口罩荒"问题严峻;在任卫生部部长期间,疫情已然蔓延行将暴发之际,她却全身心投入竞选巴黎市市长……但是,她在按期举行选举会导致疫情扩散问题上的担忧表达了相当一部分人的意见,如今看来不无道理。

(四)解封不够谨慎

2020年5月11日起,法国正式"解封",分三个节点:5月11日,6月2日,6月22日。

尽管这个解封计划看起来是"谨慎的、逐步的、坚定的",但是实际上,法国政府希望通过解封恢复经济活动,快速提振经济,弥补疫情带来的经济下滑。一方面加速解封,另一方面期待旅游业发挥法国经济龙头产业优势。前任总理菲利普于5月14日推出一个大规模复兴计划,斥资180亿欧元扶持旅游业,7~8月可在国内旅游度假。解封第二阶段就在为夏季度假做准备了:允许大部分解封第一阶段停业的经营场所重新营业,咖啡馆、酒吧和餐馆恢复营业,逐步恢复文化、体育活动,出行不再受100公里限制。6月15日后,法国面向欧盟开放边境,境外人员入境后无须隔离。英国伦敦在7月下旬出台了对西班牙游客强制隔离2周的规定,而法国不设防的解封措施,让原本计划赴英的游客将法国作为度假地。

自法国解封后至7月23日,已发生570起聚集感染事件。家庭聚会和婚礼等成为造成聚集感染的最大隐患。另外8月以来办公场所的聚集性感染猛增。其间还经历了各种大规模游行集会、夏至音乐节、欧冠比赛游街集会、环法自行车赛、9月复学……第二波疫情就在这样的情况

下悄然来临。

11月18日,总理让·卡斯泰(Jean Castex)承认第一次解封太早,第二次解封将会和第一次完全不同,这次一切都要慢慢来。疫情第二波的解封也分三个阶段:11月28日,12月15日,2021年1月20日。与第一次解封相比,这一次显得更加谨慎,各阶段相隔的时间更久,同时每一阶段的开启都要参考单日新增感染新冠肺炎病毒人数和重症监护患者数两项指标。

(五)检测—追踪—隔离措施达不到控制疫情的效果

1. 新冠病毒检测能力低于实际需求

法国的新冠病毒检测方式有核酸检测、抗原检测、抗体检测等,在大面积推广筛查病毒方面主要以前两者为主。

2020年7月,法国各大机场设立免费且自愿的新冠病毒检测服务,7月11日至10月30日,法国各大药店提供新冠病毒血清检测服务,但自疫情出现以来承担检测的主要还是全法各大公共的和私人的医学实验室,随着第一次解封的逐步放开,实验室的检测接待量达到了极限。8月31日开始,巴黎市政厅门口安装了临时监测点,以分流人群。根据卫生部的说明,取样检测后24~48小时才能拿到报告。

7月25日,法国流行病学家卡特琳娜·希尔(Catherine Hill)接受Europe 1电台采访时认为,法国病毒筛查策略中存在"巨大错误",应该进行普遍筛查,而非限于已经确定的感染源。"如果想控制这种流行病,就必须找到该病毒的携带者。""病毒继续传播"就是因为没能有效地寻找到所有的病例。①

2. 新冠病毒追踪软件StopCOVID的使用不足

欧洲各主要国家为追踪新冠病毒感染路径,推出手机版的StopCOVID应用。法国在推广这个手机应用时,政府特地反复强调:"我不是非得使用

---

① Dépistage du coronavirus:"Se concentrer sur les foyers identifiés est une grave erreur",https://www.europe1.fr/sante/depistage-du-coronavirus-se-concentrer-sur-les-foyers-identifies-est-une-grave-erreur-3982723.amp.

StopCOVID。如果我不使用 StopCOVID，我的权利也不会改变。"① 法国政府承诺这款软件通过蓝牙技术而非 GPS 进行追踪，不保存地理位置信息，匿名定位其他用户，使用加密技术，不涉及个人隐私信息，其下载和使用并非强制性的而是完全基于自愿。

法国的病毒追踪软件之所以"遇冷"，是因为法国政府不仅在疫情管理方面遭遇公共信任危机，而且在宣传动员方面所做的努力远远不够，法国民众担心个人隐私不能得到有效保护。②

据报道，法国的 StopCOVID 自 6 月推出以来下载量仅 220 万次，而英国的 NHS COVID – 19 推出仅 4 天下载量就超过 1240 万次，德国的 Corona Warn App 下载量更是高达 2000 万次。③

3. 隔离措施"形同虚设"

疫情初期，除了医护人员外，法国政府只为和确诊病例有接触史的人进行检测；疫情逐渐严重后，也只检测重症患者、老年人和脆弱人群。剩下的轻症患者和无症状者可自行回家隔离或是去指定地点隔离。确诊病例接触者由法国医保局和各地卫生署发短信或打电话建议其隔离。由于法国医疗资源受到新冠肺炎疫情的严重挤占，医院只接收重症患者。轻症和无症状患者除了可以选择在家等待自愈以外，政府还曾征用一批酒店专供新冠肺炎患者隔离使用，但是无人光临。④

可以说，法国政府的隔离措施基本形同虚设。政府除了不断强调"要承担起公民责任"，基本没有其他更为行之有效的应对措施。

---

① Application StopCOVID，http：//saint – pierre – eglise. fr/wp – content/uploads/2020/07/StopCOVIDguide. pdf.
② https：//www. infoprotection. fr/applications – gouvernementales – de – tracage – COVID – 19 – les – francais – peu – convaincus/.
③ https：//www. theguardian. com/world/2020/oct/05/french – minister – colleagues – who – didnt – download – COVID – app – being – very – french.
④ https：//www. lemonde. fr/planete/article/2020/05/26/les – hotels – attendent – toujours – leurs – clients – COVID_ 6040729_ 3244. html.

（六）对华偏见影响理性判断，延误管控时机

2020年1月29日，法航（Air France）宣布暂停所有来往中国武汉的航班。1月30日，世卫组织宣布将新冠肺炎疫情列为国际关注的突发公共卫生事件。同日，法航宣布暂停来往中国航班。与此同时，在中方协助下，法国政府先后通过4架包机从武汉撤离上百名法国及欧洲其他国家侨民，法国政府向中方提供了一些医疗物资，包括医用防护服、口罩、手套和消毒产品等。

虽说法国政府确实对中国施以人道主义援助，但其主要是为了接在华的法国人返法，切断与中国航线之后，就抱着"幸灾乐祸"的态度"隔岸观火"。2020年1～2月，法国媒体批评中国政府的抗疫措施。① 《费加罗报》认为，"中国的治理模式不值得效仿"。② 而后在法国国内病毒逐渐蔓延开来，疫情渐渐失控时，同其他许多欧洲国家一样，法国不得已于3月17日才开始实行一度饱受"不够民主"诟病的封城措施。然而，"禁足令"使对政府抗疫效果本就不满的民众的情绪更加激化。

2020年下半年，科学研究陆续发现，新冠肺炎病毒实则早已登陆欧洲大陆，当时对被新冠病毒感染的患者按照流感进行诊治，直到中国发出警报后人们才开始真正注意到新冠病毒的危害。2020年6月26日，西班牙巴塞罗那大学公布，该校病毒学家在2019年3月采集的巴塞罗那废水样本中检测出新冠病毒。③ 同月早些时候，意大利国家卫生研究院（ISS）在米兰和都灵的废水样本中发现新冠病毒。④ 5个月之后，在意大利米兰国家癌症研究

---

① Coronavirus: la démocratie, plus efficace que les régimes autoritaires, https://www.lefigaro.fr/vox/monde/coronavirus-la-democratie-plus-efficace-que-les-regimes-autoritaires-20200302.

② Antoine Bondaz, Face à l'épidémie, le modèle de gouvernance chinois n'est pas un modèle à suivre, *Le Monde*, 17 mars 2020, p. 28.

③ https://www.reuters.com/article/us-health-coronavirus-spain-science/coronavirus-traces-found-in-march-2019-sewage-sample-spanish-study-shows-idUSKBN23X2HQ.

④ Italie: le coronavirus présent dès décembre 2019 dans les eaux usées, selon une étude, https://www.bfmtv.com/amp/sante/italie-le-coronavirus-present-des-decembre-2019-dans-les-eaux-usees-selon-une-etude_AD-202006190106.html.

所（INT）的一项研究的库存血液样本中发现了新冠病毒抗体,也就是说新冠病毒早在2019年9月就已在意大利传播,而2020年2月21日意大利才报告首例感染病例。2021年2月6日,《欧洲流行病学杂志》(*European Journal of Epidemiology*)发表了法国研究人员的最新发现:新冠肺炎病毒可能自2019年11月起就在法国传播。研究人员分析了从由法国监测的最大的流行病队列"Constances"的参与者中采集的9144份血液样本,发现2019年11月至2020年1月采集的13个样品均呈阳性,其中10个分别在11月或12月采集。这些结果表明,新冠肺炎病毒已于2019年11月在法国流行,并且彼时法国人口的感染率已经达到千分之一。① 然而直到2020年2月法国政府对此都没有重视。

三 独立科学评估组和国家监察机关针对法国政府新冠肺炎疫情危机管理的反馈

(一)独立科学评估组指责政府对新冠肺炎疫情防控不力

法国总统马克龙在2020年6月下旬发起了一项独立评估项目,委托瑞士传染病学家和流行病学家迪迪埃·皮戴(Didier Pittet)主持,针对法国政府新冠肺炎疫情危机管理进行评估,分别在2020年10月13日和2020年末提交报告。

独立科学评估组的报告从总体上对法国政府应对新冠肺炎疫情的管理进行了肯定:在疫情的严重程度和政府应对策略的有效性方面,通过每百万感染新冠肺炎病人死亡数超过1人的持续天数这一指标来看,法国的连续天数达到68天,相比于几个欧美大国,排在中等位置;在经济和社会方面,法国政府提供给企业的财政支持和避免失业的"部分营业"机制②,

---

① https://www.lemonde.fr/planete/article/2021/02/10/le-sars-cov-2-circulait-sans-doute-en-france-des-novembre-2019_6069431_3244.html.
② "部分营业"机制亦可被称为"部分失业"(chômage partiel)机制,出自《劳工法》第R5122-1条,在特殊情况下,可由企业申请。在此机制下,与雇主签订用工合同的雇员,或因企业整个或部分暂时性关闭,或因工时减少到低于法定标准,而收入减少。以上两种情况,最高行政法院以法令明文规定,由国家提供特殊津贴予以补助。

与其他欧美国家相比具有比较优势。但是法国2020年上半年的经济比2019年下半年下滑13.8%，比德国严重得多。这种表现与经济政策无关，与"禁足令"的持续时间、波及范围和严格程度有关。法国经济受到国内全境长达8周"禁足令"的遏制，其影响要比某些邻国经济受到本国政策的影响更大。

独立科学评估组认为，法国政府在应对新冠危机第一波的整体管理中存在以下两方面可以改善的问题。一方面是参与、准备和管理上的不足。主要表现为：关于"口罩言论"的前后矛盾导致了政府公信力的丧失，相比于意大利和德国，法国公民对政府的信任度低得多；"禁足令"的实施方式欠妥，特别是出行证明可以随意填写，导致了民众态度不够负责；政府与民众的沟通方式有待改进，愚民言论给法国民众以不信任的感觉。另一方面是"检测—追踪—隔离"措施的执行存在问题：大规模筛查开始时间的延迟，导致检测工作没有达到预期；检测的优先次序、检验结果的等待时长、有效控制病毒传播的"追踪和隔离"手段等，在许多方面都需要反思。评估组成员之一的波尔多医学院附属医院（CHU de Bordeaux）公共卫生专家皮埃尔·帕尔耐科斯（Pierre Parneix）认为："最缺乏的是对群聚感染更细致的分析研究。"迪迪埃·皮戴进一步强调："应该就新冠肺炎病毒的治疗做临床调查和研究，以打破（病毒）传播链。"

（二）共和国法院就法国疫情危机管理中相关政府官员抗疫不力启动司法调查

自3月23日开始，以来自医生组织中参加抗击新冠肺炎的医护人员为代表，再加上包括来自新冠受害者协会的患者在内的各方人士，陆续对前总理菲利普和现任总理卡斯泰、卫生部前部长布赞和卫生部现任部长韦朗（Olivier Véran）、政府前发言人恩迪亚耶、卫生部下属卫生总署署长萨洛蒙和公共卫生局局长谢纳（Geneviève Chêne）等法国政府官员提出指控，投诉他们在指挥防疫及抗疫时公然欺骗民众，采取"前后矛盾"等不当措施，并且"忽视"世卫组织的建议，延误管控疫情时机，对一发不可收拾的局面负有不可推卸的责任。指控的罪名包括"消极防疫""危害他人生命""过失伤害和杀人""妨碍援助措施""未向处于危险境地的人提供援助"等。截至11月10日，法国共和国法院收到了共计328项投诉。6月7日，巴黎检察院开启广泛的初步调查，试图查找出法国政府新冠肺炎疫情危机管理中可能存在的刑事犯罪行为。7月初，法国共和国法院以"应对公共危机不作为"为由，对前述法国政府决策者启动预审调查。自10月15日开始，警察陆续开展针对前述除卡斯泰以外6位前任和现任部长的住所和办公室的搜查工作。① 11月10日，法国巴黎检察院宣布，就疫情管理问题，针对328项控诉中的253项展开司法调查。

（三）法国议会两院新冠肺炎疫情危机调查委员会指责政府抗疫不力、领导无方

2020年3月17日和7月2日，法国国民议会和参议院先后成立了新冠肺炎疫情危机调查委员会，调查政府在疫情初期应对新冠肺炎病毒的管理工作是否存在不足甚至犯下错误以及带来的相关影响。

其一，国民议会的新冠肺炎疫情危机调查委员会举办了50余场听证会，并邀请包括现任总理卡斯泰、前任总理菲利普、卫生部现任部长韦朗和前三任卫生部部长、内政部前部长卡斯塔内（Christophe Castaner）、新冠肺炎科学委员会主席德尔福莱西（Jean-François Delfraissy）、公共卫生局局长谢纳、卫生总署署长萨洛蒙、马赛教授拉乌尔特（Didier Raoult）在内的诸多法国抗疫关键人物出席听证会。调查时间范围从疫情开始到9月，调查内容包括针对疫情初期三个阶段的响应时间和措施（影响后续的最初应对措施、行政动员、依靠科学的领导措施），卫生紧急状态的启动和议会的制约（禁足方式的采用和时间以及给公众自由带来的影响），卫生响应工作（医疗系统的应对能力、科研动员情况以及逐步解封和针对感染者的隔离和接触识别）

---

① Gestion de la crise du COVID－19：perquisitions chez Véran，Philippe，Ndiaye et Buzyn，https：//www.leparisien.fr/faits－divers/gestion－de－la－crise－du－COVID－19－perquisitions－chez－olivier－veran－et－jerome－salomon－15－10－2020－8403249.php.

以及相应经济社会措施等多方面问题。①

经过为期7个月的多轮听证会，调查委员会于12月2日提交了报告。报告认为：第一，政府应对疫情准备不足，削减战略物资储备，个人防护装备供给不足，对亚洲供应商依赖性过高，卫生机构管理无序，针对公众的口罩佩戴言论混乱矛盾；第二，政府的疫情危机管理缺乏统一领导和针对复杂局势全国范围的政策调整，地区卫生局存在固有局限性，卫生政策方面权力下放不足，地方作为第一道防线没有发挥应有的作用，缺乏有效的病毒诊断和追踪战略部署，检测延误导致解封逐渐陷入危险，边境管理不足，低估疫情第二波风险；第三，医学治疗系统脆弱，奉行医院中心主义加重了负担，第一波疫情时针对失能老人养老院和家庭的帮助反应迟缓，失能老人养老院的医疗设施不足。②

来自执政党的议员拒绝就此报告进行投票，共和国前进党议员、调查委员会主席于连·博罗夫奇克（Julien Borowczyk）认为："不能就一份不完全的、不公正的报告进行投票。我们很遗憾，报告没能充分反映我们发起的听证会和辩论的质量。"③

其二，参议院的新冠肺炎疫情危机调查委员会举办了47场听证会，邀请了差不多相同的当事人出席。经过为期4个月的调查，调查委员会于12月10日提交了报告。报告指责政府三项主要过失：准备不足，没有根据形势及时进行调整策略，缺乏有效沟通协调。具体表现为：预警虽早但决策延迟，首次"禁足"时间过晚，缺乏部门间的协同合作，幻想中央集中领导，无视地区特性从而导致大东区沦陷，对脆弱群体缺乏足够关注导致老年人占据死亡人数的绝大多数；有关口罩问题失策，相关决策充满争议；卫生治疗

---

① Rapport d'information fait au nom de la mission d'information sur l'impact, la gestion et les conséquences dans toutes ses dimensions de l'épidémie de Coronavirus – COVID – 19, n°3053.

② Rapport d'information fait au nom de la mission d'information sur l'impact, la gestion et les conséquences dans toutes ses dimensions de l'épidémie de Coronavirus – COVID – 19, n°3633.

③ COVID – 19：la commission d'enquête de l'Assemblée dénonce "un pilotage défaillant de la crise", https：//www.leparisien.fr/politique/COVID – 19 – la – commission – d – enquete – de – l – assemblee – denonce – un – pilotage – defaillant – de – la – crise – 02 – 12 – 2020 – 8411811.php.

系统超负荷，对医院的依赖使得初期治疗作用被忽视；社会医疗不受重视的同时受到双重监督，内部管理混乱；缺乏协同合作对医学研究项目和共同治疗战略的部署产生不利影响；检测—追踪—隔离措施方面，检测效率待提升，而追踪和隔离措施基本失败；政府应对和治理能力不足。①

综上可以看出，在疫情席卷法国之时，为了应对此次重大公共卫生问题，法国政府试图在尊重民意和人权的基础上，兼顾伦理问题，依法律、依科学抗疫，将民主与法治并用，探索出一条独具法式特色的抗疫之路。经历了抗疫实践的检验，事实证明法国政府的这套做法后果并不理想。而且，法国政府的当事人对"抗疫不力"的结果无须负太大责任。尽管共和国法院介入调查，但是专门针对内阁成员刑事审判的检察机关的约束力实在有限，这场审判大概率会不了了之；虽然法国议会两院成立了新冠肺炎疫情危机调查委员会并呈交了报告，但是这场针对政府疫情危机管理调查的初衷并非进行"负责任的审判"，而是要"找出众多的过失、缺点、不足和机能不良之处"②。

结　语

法国政府在处理新冠肺炎疫情问题时，既想避免因民众对病毒认识不足而导致对抗疫政策的情绪抵触和反弹，又想避免因政府的控制力不强而导致疫情扩散到无可挽回的地步，这就直接考验了当政者的决策智慧和执政能力。关于这门平衡的艺术，说到底是对道德理性与工具理性的权衡。

在第一波疫情期间，法国政府在道德理性与工具理性之间摇摆不定，错失了若干最佳抗疫时机，最终导致某种程度上的抗疫举措落实严重不到位。2020年9月中旬，法国急诊医学会主席阿涅丝·理查尔－希邦（Agnès

---

① Santé publique：pour un nouveau départ-Leçons de l'épidémie de COVID－19（rapport），http：//www.senat.fr/notice－rapport/2020/r20－199－1－notice.html.

② Rapport d'information fait au nom de la mission d'information sur l'impact, la gestion et les conséquences dans toutes ses dimensions de l'épidémie de Coronavirus－COVID－19, n°3053, p.156.

Richard-Hibon）曾指出，以公共健康名义下的强制措施和"达成共识"之间的这种平衡很微妙："目前我们在努力。只是我们会根据大家可以接受的情况慢慢施行新措施。没有人有能力说应该做什么，不该做什么。"①

2020年下半年，法国确诊病例数一度爆发式增长，成为确诊病例最多的欧盟国家之一，且2020年法国的GDP萎缩9.4%②，法国政府的抗疫方法已经难以为继。法国政府也许需要转变观念，放弃禁足、隔离等措施被评价为"不够人道""不够自由""不够民主"的执念，毕竟生命权才是人类最大的人权。大难当前，一个真正民主的政府应该有担当，把人民的生命安危放在首位。法国政府若能放弃不切实际的幻想和所谓的"政治正确"，坚持从现实出发，不再徘徊于道德理性和工具理性之间，法国取得抗疫斗争的胜利可能会容易一些。

---

① Lutte contre le COVID：Allemagne, Espagne, Italie… doit – on prendre exemple sur nos voisins？https：//www.leparisien.fr/societe/lutte – contre – le – COVID – allemagne – espagne – italie – doit – on – prendre – exemple – sur – nos – voisins – 13 – 09 – 2020 – 8383641.php.
② Economic forecast for France, https：//ec.europa.eu/info/business – economy – euro/economic – performance – and – forecasts/economic – performance – country/france/economic – forecast – france_en.

外 交 篇
Diplomacy

B.15
法国的黎巴嫩情结

母耕源*

摘　要： 法国与黎巴嫩关系具有很深的历史渊源。法国是黎巴嫩曾经的委任统治国，也是现代黎巴嫩国家的缔造者。黎巴嫩独立后，法国仍通过政治、军事、经济等多种方式介入黎内政外交，发挥独特影响力。在当前的国际形势下，黎巴嫩对法国具有比以往更为重要的战略意义。法黎关系的特点是军事、政治以及人文关系紧密，经贸关系相对较弱。法国在对黎发展援助方面表现突出。目前法国以爆炸事件为契机再次介入黎巴嫩政治，促其组建新政府、制定改革路线图。尽管法国在对黎事务中具有优势，但黎内外阻力较大，其政策效果恐受到限制。

关键词： 法国　黎巴嫩　法黎关系　法国对黎政策

---

* 母耕源，中国国际问题研究院欧洲所助理研究员，研究方向为法国内政外交。

法国蓝皮书

2020年8月4日，黎巴嫩首都贝鲁特港口发生大爆炸，半个城市几乎被夷平，超过180人死亡、6000余人受伤。爆炸引发了黎国内新一轮反政府抗议，致使黎政府集体辞职。事发后，法国总统马克龙立即前往黎巴嫩，成为大爆炸后首位到访的外国元首，并在不到一个月的时间内对其二度访问，为黎巴嫩积极提供帮助并推动其改革，显示出法黎关系的特殊性以及法国在黎巴嫩稳定与发展中所扮演的角色。

一 法黎关系的历史渊源

法黎关系源远流长，法国被黎巴嫩人看作母国或第二故乡不无一定的道理。法黎两国在宗教、商贸和文化等领域已有几百年的交往史，最早可追溯到法国与黎巴嫩山的基督教少数族群马龙派建立联系。历史上，在第七次"十字军东征"中，法王路易九世曾对马龙派许下保护承诺。拿破仑三世也曾在穆斯林德鲁兹教派对马龙派展开大屠杀时派远征军协助奥斯曼帝国恢复秩序。一战后，英法瓜分奥斯曼帝国，黎巴嫩成为法国的委任统治地，在经济发展、国内政治、对外政策以及语言文化等方面深受法国影响。而事实上法国对黎巴嫩的影响从委任统治前就已经渗透黎社会的方方面面了。其中，法国对马龙派的扶植更是对黎日后国内政治产生了深远影响。

法国对现代黎巴嫩有重要影响。1920年，法国将奥斯曼帝国时期属于叙利亚地区的部分疆域划给了黎巴嫩，宣布成立"大黎巴嫩"。的黎波里、赛达和提尔等重要沿海城市以及利塔尼河和贝卡地区被划入黎巴嫩。黎疆域面积几乎增加一倍，人口由40多万扩至62万。增加的人口主要是什叶派及其他文化水平较低的穆斯林，这就使原来基督徒占多数的状况改变成基督徒和穆斯林人数大体平衡的状况。[①] 法国重新划分叙黎的做法为日后两国关系的不和埋下了种子。由于在奥斯曼时期黎叙两国常被视为一个属地，因此部分叙利亚人指责法国的措施是非法的，并坚持把黎巴嫩看作叙利亚的一部

---

① 王新刚：《中东国家通史：叙利亚和黎巴嫩卷》，商务印书馆，2003，第350页。

分；还有一些叙利亚人虽承认黎的独立，但认为是法国将一部分叙领土割让给了黎巴嫩。① 在助黎扩大领土的基础上，法国着手塑造黎巴嫩的政治制度。法国将黎巴嫩视为一个由多个宗教社群组成的脆弱混合体，并根据这一观念来设计其政治架构，建立起黎巴嫩的教派主义政治制度。1926 年，由法国委任当局公布的《黎巴嫩宪法》主张"不同社群享有公平的代表权"，选举依据"社群所占比例"，兼顾民主选举和教派比例，这就发展为以教派人数分派权力的方式。当时还规定，总统由马龙派担任，总理由逊尼派担任，议长由什叶派担任。② 该宪法确立了分权制的黎巴嫩政权统治形式并沿袭至今。1943 年，以马龙派社群为核心的基督徒社群，同以逊尼派建制派为核心的穆斯林社群达成《民族宪章》，确立了黎巴嫩现代国家的框架和教派分权体系。宪章实际上将法国为实行殖民统治所推行的"社群主义"原则神圣化，进而僵化地在各宗教社群之间分配权力职位，导致国家难以实现真正的政治融合。③ 也就是说，法国委任统治客观上开启了黎巴嫩现代政治，但也巩固和深化了其教派政治。④

法国将黎巴嫩看作自己的势力范围，曾极力阻挠其独立。二战爆发后，黎巴嫩先是被维希政权控制，后由戴高乐领导的"自由法国"以及英国军队占领。尽管"自由法国"声称同意黎巴嫩独立，但仍不放弃对黎的控制。1943 年，黎议会进行选举，阿拉伯民族主义者里亚德·索勒赫被选为总理。黎议会于当年 11 月 8 日通过宪法修正案，宣布废除法国在黎巴嫩享有特权的条款。为此，法国逮捕了当时刚任命的黎政府成员，后在英美压力下予以释放，被迫同意黎独立。1944 年初，法国同意向黎政府移交政权，军队于 1946 年底撤离。

黎巴嫩独立后，法国仍通过政治、军事、经济等多种方式介入黎内政外

---

① 潘光：《浅析黎巴嫩内乱的历史根源》，《阿拉伯世界研究》2007 年第 3 期。
② Jean-Pierre Filiu, Le défi pour Macron du centenaire du Liban, *Le Monde*, 30 août 2020, https://www.lemonde.fr/blog/filiu/2020/08/30/le-defi-pour-macron-du-centenaire-du-liban/；王新刚：《中东国家通史：叙利亚和黎巴嫩卷》，商务印书馆，2003，第 351 页。
③ 熊亮：《1975 年黎巴嫩内战爆发的国内根源析论》，《阿拉伯世界研究》2020 年第 1 期。
④ 赵娜：《法国在中东的委任统治研究》，西北大学 2019 年博士学位论文，第 179 页。

交,发挥影响力。冷战开始后,中东地区成为美苏两大国争霸的重要场所,法在黎影响力下降,但仍利用各种机会维系法黎特殊关系。戴高乐将军对黎感情深厚,与黎总统福阿德·谢哈布和夏尔·赫卢的关系都很密切。[1] 从密特朗开始的法国历任总统也都会在任期内访问黎巴嫩。1975年,黎巴嫩内战爆发。1982年9月,得到以色列支持的部分黎巴嫩基督教民兵对巴勒斯坦难民营进行大屠杀,法、美、意组成多国部队进驻。1983年,密特朗前往黎巴嫩,原因是58名法国伞兵在一次贝鲁特爆炸中丧生。1989年黎两大教派炮战期间,法国支持基督教派,引起穆斯林各派不满。1990年10月,黎巴嫩政府军在叙利亚军队支持下,进攻马龙派首领奥恩占据的总理府和国防部,奥恩投降后进入法国驻黎领事馆避难长达4个月,致使法黎关系一度紧张。[2]

希拉克当政时期,法国在对黎事务上的影响力增大,法黎关系升温。这既与黎巴嫩在希拉克中东政策中占据的重要位置有关,又离不开国际形势的有利变化。如果说希拉克时期(新)阿拉伯政策是法国对外政策的"硬核",那么与黎巴嫩的关系则是其中的一条主轴。[3] 2003年,由于法国反对美国攻打伊拉克,重塑了其在阿拉伯世界的形象;也由于美国深陷伊战,在中东事务上力不从心,法国在中东以及黎巴嫩获得了发挥影响力的新机遇。21世纪初叙黎关系的恶化也为法黎关系升温提供了机会。在1996年的黎以冲突中,法国表现出积极的调停者形象,反应迅速并提出了和平方案,最终获任停火监督委员会轮值主席,提高了法国在中东的地位。2004年,叙利亚企图通过修宪保证其在黎巴嫩的代理人总统拉胡德(Emile Lahoud)连任,为法国的好友前总理哈里里重新上台制造障碍。而法国希望自由选举,

---

[1] Anne Fauquembergue, La Méditerranée intime et historique des Présidents français, *France Culture*, 24 juin 2019, https://www.franceculture.fr/politique/la-mediterranee-intime-et-historique-des-presidents-francais。

[2] 王新刚:《中东国家通史:叙利亚和黎巴嫩卷》,商务印书馆,2003,第393页。

[3] Gérard Claude, Les relations franco-libanaises sous la présidence de Jacques Chirac, *Politique Etrangère*, 2008/4 (Hiver), https://www.cairn.info/revue-politique-etrangere-2008-4-page-885.htm。

为哈里里当选总理创造机会。法国遂说服美国等国家，促成了由其起草的联合国第 1559 号决议，将通过定时选举维护黎主权确立为中心原则，并要求所有外国军队撤离黎巴嫩。2005 年 2 月，哈里里遇害，希拉克专程前往黎巴嫩吊唁。哈里里遇害客观上为法国再次介入黎事务并发挥作用提供了机会。法国欲借此使驻黎长达 25 年的 14000 名叙利亚军人撤离，并希望国际委员会调查该事件，最终促成了联合国安理会第 1595 号决议。① 2006 年夏季，以色列对黎巴嫩发起武装行动，法国将"立即停火"作为政治解决冲突的前提条件，要求执行联合国安理会第 1595 号决议，即真主党从南黎撤离以及部署一支国际干预力量。法国还主张在黎内部以及黎巴嫩和塞浦路斯之间建立人道主义通道供难民通过。联合国安理会第 1701 号决议考虑了法国的这些提议。法国的积极行动和由此带来的结果凸显了其在黎巴嫩事务上不可替代的作用。

希拉克之后的法国总统也都根据形势的变化，为维护法国在黎影响力做出了各自的贡献。萨科齐承诺向黎巴嫩提供援助，并曾试图对黎巴嫩政治危机进行和解。2016 年，奥朗德许诺向黎提供军事援助并在三年内向黎提供 1 亿欧元的经济援助，以帮助其应对叙利亚难民潮。②

二 法黎关系的重要性与特点

法黎关系的历史渊源深厚，但法黎关系的特殊性在当前国际形势下更具有重要的地缘政治上的意义。黎巴嫩身处中东地区大国博弈的中心地带，一边是美国、沙特和以色列，另一边是叙利亚、伊朗和黎巴嫩真主党。随着美国从中东逐渐"退出"，法国若想填补美国离开中东后留下的权力真空，在

---

① Gérard Claude, Les relations franco-libanaises sous la présidence de Jacques Chirac, *Politique Etrangère*, 2008/4 (Hiver), https：//www.cairn.info/revue – politique – etrangere – 2008 – 4 – page – 885.htm.

② La France va donner 100 millions d'euros au Liban pour les réfugiés syriens, *L'Express*, 16 avril 2016, https：//www.lexpress.fr/actualite/monde/proche – moyen – orient/la – france – va – donner – 100 – millions – d – euros – au – liban – pour – les – refugies – syriens_ 1783455.html.

中东有所作为，需要借助黎巴嫩。目前，东地中海在中东地缘政治中的重要性上升，各方博弈加剧，黎巴嫩也是法国在该地区维护其利益的重要基点。有观点认为，从叙利亚内战爆发开始，黎巴嫩就成为法国在中东不可多得的瞭望台和实施中东政策的杠杆地带。① 此外，黎巴嫩难民问题严重，一旦国家发生动乱将给欧洲造成难民危机。法国有理由帮助黎巴嫩维持其政局稳定和促进正常的经济发展。

当前法黎关系总的特点是军事、政治以及人文关系紧密，而经贸关系相对较弱。从上面的分析中可以看出，历史上法国就对黎巴嫩负有保护责任。而在当代法黎关系中，法国对黎巴嫩的保护仍不可或缺。从1982年起，法军就在联合国维和框架下驻留黎巴嫩。目前有大约有700名法国军人在黎执行"达曼行动"，与黎巴嫩军队在黎以边界进行联合巡逻。②

法国是黎巴嫩的重要政治伙伴之一，法黎双边高层交往频繁。2019年，黎总统事务部部长、信息技术部部长、文化部部长、农业部部长以及部长会议主席先后访法。2020年在贝鲁特港口爆炸事件的影响下，仅7～8月，法外长、法总统、法国防部部长以及主管旅游、海外法国人和法语国家的国务秘书先后访黎。③

法国总统马克龙积极介入黎内政外交，为其排忧解难。马克龙早在竞选时就已前往黎巴嫩访问。他当选总统不久就以调停者姿态邀请滞留沙特并宣布辞职的黎巴嫩总理哈里里访法，劝说后者回到黎巴嫩，阻止了一场政治危机。贝鲁特爆炸事件发生当月，马克龙就为黎巴嫩勾画出了政治经济改革纲要，试图帮助黎尽快推进改革以获得外部援助、摆脱多重危机。改革措施包

---

① Elise Lambert, L'article à lire pour comprendre pourquoi la France joue un rôle si important au Liban, *franceinfo*, 23 août 2020, https：//www. francetvinfo. fr/monde/proche－orient/liban/explosions－a－beyrouth/l－article－a－lire－pour－comprendre－pourquoi－la－france－joue－un－role－si－important－au－liban_ 4078885. html。

② Florian Maussion, France-Liban, les raisons d'une relation spéciale en 5 points, *Les Echos*, 12 août 2020, https：//www. lesechos. fr/monde/afrique－moyen－orient/france－liban－les－raisons－dune－relation－speciale－en－5－points－1231977.

③ Ministère de l'Europe et des Affaires étrangères de la France, Relations bilatérales-France diplomatie, https：//www. diplomatie. gouv. fr/fr/dossiers－pays/liban/relations－bilaterales/.

括央行审计、任命一个有能力实施紧急改革的过渡政府以及在一年内提前举行立法会选举等。该纲要还指出法国和欧盟会在重建贝鲁特港口、医疗、财政审计甚至议会选举等方面向黎提供重要协助。①

两国人文交流方面，尽管黎巴嫩独立使法语丧失了在黎的官方语言地位，但法语仍占据相当重要的地位。黎巴嫩是法语国家地区国际组织成员，近40%的黎巴嫩人说法语。对法国而言，"在黎巴嫩推广法语具有战略意义"②。两国文化科研合作紧密，近东法兰西学院就设在贝鲁特。尽管面临英语的竞争，法语在黎教育体系中的重要性仍不可低估。另外，法国内拥有一个较为庞大的黎巴嫩侨民群，被称作"塞纳河上的贝鲁特"，据统计有12万～20万人。③ 这些侨民的意见和诉求直接影响法国对黎巴嫩的政策。

法黎经贸关系相对较弱。法国是黎巴嫩第七大进口国，在欧洲国家里排在希腊、意大利和德国之后；黎巴嫩对法出口规模也不大，在其出口国中排在第18位，2018年为5400万欧元。④ 2019年法黎贸易往来再创新低。2020年前8个月与前一年同期相比又下降不少：法国对黎出口下降49%，从黎进口下降43%。原因既包括自2012～2013年开始的结构性下降趋势，也包括黎经济金融危机等宏观经济因素。⑤ 从2019年的情况看，黎巴嫩在法国的贸易伙伴中排名第81位，在法国的进口国和出口国中分别列第107位和

---

① Laila Bassam, Exclusive: France outlines reforms for crisis-ridden Lebanon, *Reuters*, August 27, 2020, https://www.reuters.com/article/us-lebanon-security-blast-france-exclusi-idUSKBN25M2KN.

② Ministère de l'Europe et des Affaires étrangères de la France, Relations bilatérales-France diplomatie, https://www.diplomatie.gouv.fr/fr/dossiers-pays/liban/relations-bilaterales/.

③ Expositions an Liban: la diaspora libanaise en France sous le choc, *TV5 monde*, 6 août 2020, https://information.tv5monde.com/info/explosions-au-liban-la-diaspora-libanaise-en-france-sous-le-choc-369987.

④ Fabrice Nodé-Langlois, France-Liban: une relation forte mais un lien commercial limité, *Le Figaro*, 6 août 2020.

⑤ La relation économique bilatérale entre la France et le Liban en 2019, Direction générale du Trésor du Ministère de l'économie, des finances et de la relance de la France, https://www.tresor.economie.gouv.fr/Pays/LB/la-relation-economica-bilaterale-entre-la-france-et-le-liban.

第66位。相比而言，两国的相互投资发展趋势向好。从投资看，2019年法国在黎巴嫩的投资存量比2014年增长了49%，同年黎巴嫩在法国的投资存量比2014年增长23%。法国是黎巴嫩第二大投资国（2018年FMI数据），黎巴嫩是法国第十七大投资国（2019年法兰西银行数据）。①

但值得注意的是，除了贸易和投资外，法国对黎经济的影响还体现在其数额不小的发展援助行动以及动员国际社会、参与组织协调对黎的捐赠援助上。法国发展署从1999年对黎巴嫩开展工作以来，已与之签署了30多个总额近12亿欧元的融资协议，其中包括8.75亿欧元的财政援助和3.2亿欧元的项目援助。② 2007年，法国为黎巴嫩战后重建组织捐赠会，并提供5亿欧元贷款。2018年，总统马克龙在巴黎召开帮助黎巴嫩融资的国际会议。2020年8月9日，由法国和联合国共同倡议的国际援助黎巴嫩视频会议召开，近30个国家和地区以及欧盟、阿盟等国际组织的代表出席，与会各方承诺尽快聚合资源援助黎巴嫩民众。2020年末，法国和联合国就黎爆炸事件联合主持第二次会议，宣布创建一个由世界银行、联合国和欧盟提供资助的基金，向黎巴嫩提供食品、医疗、教育和贝鲁特港口重建援助。③

三 法国对黎巴嫩政策面临诸多挑战

2020年夏季的贝鲁特港口大爆炸是潜在已久的黎巴嫩国内政治危机的一次大爆发，与黎巴嫩政府一贯的不作为和腐败有关。这为法国加强与黎巴嫩关系提供了契机。当前法国对黎政策的首要目标是促其尽快组建新政府、

---

① Fiche Repères économiques Pays-Liban, Direction de la Diplomatie économique du Ministère de l'Europe et des Affaires étrangèresde la France, https：//www.diplomatie.gouv.fr/IMG/pdf/fichepays_liban_20200911_1057_cle888597.pdf.
② Relations bilatérales-France diplomatie, Ministère de l'Europe et des Affaires étrangères de la France, https：//www.diplomatie.gouv.fr/fr/dossiers-pays/liban/relations-bilaterales/.
③ UN, France urge Lebanon to form new government amid pledges of aid, *France 24*, December 2, 2020, https：//www.france24.com/en/middle-east/20201202-un-france-urge-lebanon-to-form-new-government-amid-pledges-of-aid.

制定改革路线图，以获得国际援助，早日走出危机。若目标达成，法国对黎影响力将大幅度上升，在中东事务中的地位也会随之提高；反之，法国在伊核等问题中暴露出的政策局限性将会再次放大。从目前看，法国对黎政策面临诸多挑战。

首先，法国政策行动的合法性受到质疑。不可否认，法国在解决黎巴嫩问题上具有其他西方国家不具备的优势：与黎三大教派都有一定联系。黎现任总统奥恩（马龙派）曾在法国避难；2017年底马克龙在解救被困沙特的黎总理哈里里（逊尼派）中发挥了关键作用；马克龙也是唯一与真主党在议会的首领有接触的西方领导人。但面对法国的积极介入，黎国内存在争议。一部分人尤其是基督徒认为法国显示了传统的保护国形象；而另一部分人却认为这是法国对黎内政的干涉，是"新殖民主义"的表现。客观地讲，黎巴嫩国内目前存在的各种经济、社会问题从根源上讲与法国有直接关系。教派政治使黎巴嫩成为一系列以家族为代表的社群组合，而非真正意义上的主权国家。大众利益遭到忽视，每个社群都极力维护自己的利益，进而导致政府任人唯亲、腐败以及治理无能的现象。

其次，难以高估黎统治阶层的改革意愿。改革会触动统治者的既得利益，自然会遭到抵制。此外，对这些统治者来说，法国希望黎进行的改革实际是要改变他们内战后几十年来的政治运作方式，而这种方式至少使黎在很长一段时间内免遭大规模内战侵扰。黎任命阿迪卜（Mustapha Adib）为总理就被视为黎统治阶层拒绝改变的表现，显示了在缺乏有选举合法性的、有组织的反对派的情况下法国政策的局限性。[①] 之后，阿迪卜以无法与各派达成共识为由宣布放弃组建新一届政府。前总理哈里里再次受命组阁，但到目前为止组阁还没有实质性进展。

再次，黎教派、社群利益关系错综复杂，各方达成妥协组成新政府面临很多困难。"阿迈勒"运动（Amal）和真主党支持由萨阿德·哈里里（Saad

---

① Rym Momtaz, Emmanuel Macron's big Beirut challenge, *Politico*, August 31, 2020, https://www.politico.eu/article/emmanuel-macron-lebanon-challenge/.

Hariri）领导的民族团结政府。真主党有加入新政府的意愿，也愿意同法国讨论新的政治协约以打开谈判局面。未来阵线（le courant du Futur）、黎巴嫩力量（les Forces libanaises）和社会进步党（le Parti socialiste progressiste）希望建立一个独立政府。但对他们而言，尤其是对其中的"黎巴嫩力量"来说，真主党入阁是条红线。自由爱国运动（le Courant patriotique libre）主张建立一个没有哈里里参与的技术政治型政府。总统奥恩所在的马龙派也在努力防止被排挤在权力体系之外。①

最后，域内外势力的干扰。近年来，出于势力扩张和稳固政权的需要，土耳其致力于扩大其在黎巴嫩的影响力。目前，土耳其在黎逊尼派中的影响力不断上升。由于法国和土耳其在利比亚和东地中海油气资源开发问题上存在矛盾，法国对黎事务的积极介入极有可能被土耳其解读为法国阻碍其势力进入地中海地区的又一表现。事实上，土总统埃尔多安称法国总统在爆炸事件后访问黎巴嫩是在作秀，目的是要重建对黎的殖民统治。

法国同美国以及欧洲盟友在真主党问题上存在分歧，也是阻碍黎组建新政府的重要因素。真主党受伊朗支持，是伊朗地区影响力的重要支柱之一。美国将真主党整体看作恐怖组织，并对支持它的人和机构实施制裁。但法国认为真主党在议会和政府的代表具有合法的政治地位，应与之保持接触对话，希望美国在这一问题上显示出更多的"现实主义"精神。此外，除了美国，法国的欧洲盟友英国和德国也将真主党认定为恐怖组织。从目前看，哈里里组建黎新政府考虑将真主党纳入其中，但美国可能因此对黎出台更多制裁措施。没有美国的支持，黎巴嫩从国际社会得到的援助将会大打折扣。在法国的努力下，美新任总统拜登能否就此做出一些让步，还有待观察。

---

① Anthony Samrani, Au Liban, la mission（quasi）impossible d'Emmanuel Macron, *L'Orient-Le Jour*, 31 août 2020, https://www.lorientlejour.com/article/1230934/au-liban-la-mission-quasi-impossible-demmanuel-macron.html.

B.16
2019年《法国印太防务战略》报告评析

张林初*

摘　要： 在全球战略重心逐步东移和美国推出"印太战略"的新形势下，2019年5月，法国发表了《法国印太防务战略》报告。该报告全面论述了印太地区的安全形势、法国的印太防务战略和法国将采取的措施。法国推出印太防务战略，目的是在印太新的地缘战略中，彰显法国的存在，提高自己的话语权，充当欧洲国家介入印太的先锋，建立多层次的战略伙伴关系网，兜售法国的武器装备，维护其在印太的利益，重塑大国地位。然而，法国的战略重点仍在欧洲，加之其国力有限，特别是军力不足，有效实现该报告提出的目标仍存在诸多困难。

关键词： 法国　印太　防务措施　战略目标

在全球战略重心、权力中心和经济中心东移，亚太战略局势剧烈变化以及美国推出"印太战略"的新形势下，法国为在新的地缘战略中拥有自己的话语权、维护其在印太的战略利益和重塑大国地位，于2019年5月由国防部发表了《法国印太防务战略》报告（以下简称《报告》）。《报告》全面论述了印太地区的安全形势、法国的印太防务战略和法国将采取的措施。

《报告》认为，"法国是印太主权大国，如今在印太仍有7个海外省和

---

* 张林初，中国国际问题研究基金会研究员，主要研究方向为法国安全政策、法国军事、欧洲安全政策、中欧关系和北约。

海外领地,国土面积46万平方公里,专属经济区900万平方公里,还居住着160万法国公民",因此,"法国是与印太安全形势发展变化息息相关的印太大国"。①

一 印太地区的安全形势

《报告》认为,印太地区形势如今十分紧张,中美战略竞争加剧,全球化严重倒退,各种新旧矛盾叠加。"印太战略形势的发展变化直接影响法国及其欧洲伙伴的利益。"

(一)中美战略竞争加剧

《报告》认为,通过几十年的发展,中国已成为全球经济发展的主要动力之一和一流的军事大国。中国影响力的提升极大地改变了整个印太地区的平衡。中国向公共战略空间的挺进,直接影响了美国的利益,促使美国向亚洲地区战略转移。美军的部署也将逐步向太平洋和南中国海转移,以便更好地适应新的战略变化。当前,中美之间全球性战略竞争的主战场在印太。除在经贸领域对抗外,中美竞争还将逐步扩展到军事领域,从而影响地区、印太和全球的战略安全形势。

(二)多边协商严重后退

《报告》认为,近年来,单边主义抬头,严重影响二战后形成的国际秩序和联合国的权威。这将导致回到双边力量对抗,影响多边协商努力,其结果是利益碎片化和推行替代模式。这是一种不稳定的因素,将影响印太的稳定和安全。虽然在印太地区有海湾合作委员会、东盟地区论坛、东盟国防部长会议等多边安全机制,但在整个印太地区还没有一个多边管控和协商的机制。

---

① La Stratégie de défense française en Indopacifique, p. 7, https://www.defense.gouv.fr/.../La + France + et + la + sécurité + en + Indopacifique + − + 2019. pdf.

(三)地缘战略空间缩小

《报告》认为,今天,印太地缘政治已被地区强国意志所左右。印太公共海域和海上通道安全又成了问题。通过"一带一路"倡议,中国已经成为管控印太公共海域和海上通道的主要力量之一。因为该区域是战略交叉口,世界贸易的1/3通过该区域。[①] 中国行动的总体影响,虽不是构成改变局势的唯一因素,但极大地改变了印太的总体平衡形势。整个印太地区的对立和竞争将深刻改变安全环境。

(四)军事环境更加复杂

《报告》认为,为应对力量对抗的重现和海洋空间的特殊问题,许多印太国家加强作战能力。大部分国家发展领海或近海防御能力,一些地区大国则大力发展远洋作战能力。此次重新武装的共同趋势:一是不仅在数量上而且在质量上大力发展潜艇;二是发展反舰能力和对地巡航导弹;三是组建更加完善的C4ISR监测系统;四是研发远距空中打击力量。重新武装将极大地改变印太安全形势和地区力量平衡,并将重新确定相关国家的活动余地。

(五)面临核多极化与核扩散的危险

《报告》认为,首先,朝鲜的战略性挑战不仅将改变地区的平衡,而且将面临向中东核扩散的危险。这对欧洲是一种直接威胁。其次,巴基斯坦持续发展核力量则是第二大危险。再次,中国通过增加弹头(多弹头)和加大射程以及重整海空核力量,对其核能力进行大规模现代化。最后,美国退出伊核协议,极大地影响了限制伊朗发展核能力的多边努力,并给地区和欧洲的安全带来巨大风险。

---

① La France et la sécurité en Indopacifique,https://www.defense.gouv.fr/.../La+France+et+la+sécurité+en+Indopacifique+-+2019.pdf.

法国蓝皮书

二 法国的印太防务战略

《报告》明确指出，在此复杂多变的地缘战略背景下，法国不得不重新确定战略优先事项。法国的目标是："维持其在印太的影响力和行动自由，维护有利于法国及其伙伴经济和政治活动的安全环境。"

（一）维护主权完整，确保领土和专属经济区安全

《报告》宣称，保护国家领土完整、法国公民安全和保证国家主要机器正常运转，是法国国防和安全战略的核心。在印太地区，法国保护海外省和海外领地的完整目前主要面临两大威胁：一是恐怖活动和有组织犯罪，特别是在印度洋西部地区，恐怖和海盗活动十分猖獗；二是在印太的战略演变中，对法国主权和专属经济区的侵蚀和争议。

（二）以海外省和海外领地为中心，为地区安全做出贡献

《报告》指出，法国要维护在印太地区的主权利益，必须参加地区安全保障。除为海外省和海外领地以及专属经济区的安全做出贡献外，法军还要在危险地区进行军事行动，在互利原则的基础上为法国的伙伴提供安全保障。法军将加强与美国、澳大利亚等主要伙伴的合作，密切跟踪地区战略形势和防务环境的发展变化。

（三）与伙伴国家一起，保持公共空间的自由航行

《报告》认为，保持印太海空航道和陆上连接点的完整，对法国和欧洲来说是一个特殊的防御问题。保持国际通道的自由航行，对欧洲经济贸易的繁荣和战略物资的供应具有重要意义："面对南中国海的紧张局势，作为一流的民事和军事海上大国，法国重申航行自由的原则，并将继续为该海域的安全和推动《联合国海洋法公约》的实施做出贡献。"

(四)以基于多边的行动,参与维护"印太战略"稳定

《报告》指出,面对印太地区威胁的变化,法国维持其对伙伴国家的承诺,以保持大国之间的平衡和确保地区的安全。但是,法国选择参与多边行动的政治原则是:保护自由和人权的民主价值,主张对话解决冲突,保障货物自由流动。法国将继续支持和参与经联合国和欧盟授权的在印太的行动。

三 法国实施印太防务战略的措施

为在新的地缘战略中拥有自己的话语权,维护海外省和海外领地的领土完整,保护专属经济区和法国公民的安全,保证印太防务战略的落实,重塑大国地位,法国将采取以下措施。

(一)提升法驻印太地区部队的作战能力

目前,法国在印太地区驻扎约7000人的部队,其中法军驻吉布提司令部有1450人,装备4架"幻影"-2000型战斗机、8架直升机和1架运输机;法军驻阿联酋司令部有650人,装备6架"阵风"型战斗机和1架运输机;法军驻南印度洋海军司令部有2000人,装备5艘各型舰艇、2架直升机和1架运输机。法军驻新喀里多尼亚司令部有1660人,装备4艘各型舰艇、4架直升机和4架运输机;法军驻法属波利尼西亚司令部有1180人,装备3艘各型舰艇、3架直升机和5架运输机。[①] 为应对印太地区复杂多变的安全形势,法将强化驻印太部队的作战能力,重点加强侦察与预测、保护和预防等三种能力。与此同时,法将加强本土的远距海空战略投送能力。

---

① La Stratégie de défense française en Indopacifique, p. 17, https://www.defense.gouv.fr/.../la-strategie-de-defense-francaise-en-indopacifique+-+2019.pdf.

（二）努力维护印太地区战略稳定

法国坚定支持一切旨在维护"印太战略"稳定的努力。首先，法国将继续捍卫国际法。这是保障国际海峡和公共海域自由航行的基本条件。同时，法国支持有关各方进行对话，达成行为准则。其次，法国将积极参与防核扩散斗争，执行联合国安理会相关决议。法国将参加防核扩散安全倡议，通过双边和多边合作，防止朝鲜违反联合国的有关决议。最后，法国将推动多边对话与协商进程。法国将积极参加香格里拉对话会、北京香山论坛等各种国际安全论坛，并与欧盟和印度、澳大利亚一起加强诸如印度洋海军讨论会等区域机构。

（三）将与伙伴国家合作一起维护印太地区的和平与安全

美国是法国的历史盟友，是其印太地区的主要伙伴。法美将优先在有着共同安全利益的南太平洋和印度洋进行安全与防务双边对话，法支持美国提出的攸关共同安全的多边倡议。印度、澳大利亚和日本是法国在印太地区的主要合作伙伴。一方面，法国将加强与印、澳、日双边军事合作，提高联合作战能力；另一方面，法国将推动多边合作模式。法国将与印度保持特殊的防务关系，并不断加强战略上的合作。法国将与澳大利亚深化在南太平洋的共同承诺，加强亚洲战略稳定行动的协调，共同加强公共空间的管理。法国希望加强与日本的交流与合作，增加联合军事演习的次数。

（四）推动有法国驻军地区的稳定与发展

法国将在有法国驻军的地区继续履行各种防务合作，以确保其主权和利益，并为这些地区的稳定和发展做出贡献。在从吉布提到阿联酋的印度洋北部地区，法国将努力确保航行自由，支持调解阿拉伯湾国家间紧张局势的地区倡议，并帮助吉布提加强军队现代化。在西南印度洋，法国将努力建立地区协商框架，支持地区伙伴加强武装力量和海上作战能力。在南太平洋，法国将支持地区稳定,并尊重岛屿国家的主权,继续与岛屿国家进行双边防务合作。加强法国与澳大利亚和新西兰的三方合作,特别是加强自然灾害救助和海上安全行动的合作。

(五)支持东南亚伙伴国家加强战略自主

法国支持东南亚伙伴国家加强战略自主,将在现有区域安全架构内,制定区域协调方法,寻求多边合作机会。法国认同新加坡对东南亚面临的挑战所做的分析,将尽可能参与新加坡的地区合作倡议,深化战略交流和军事合作。法国将通过培训军官、举行定期军事演习和提供军事装备等举措,加强与马来西亚的防务合作。法国希望参与印度尼西亚武装力量的发展,并为其提供武器装备。法国与越南在印太形势上有许多相似的看法,都希望推动多边主义和遵守国际法。这将有助于推动两国在军工、海空安全和培训部队等方面的合作。

四 对法国印太防务战略的几点看法

本文认为,法国推出印太防务战略,目的是在印太新的地缘战略中彰显自身的存在感,提高自己的话语权,充当欧洲国家介入印太的先锋,建立多层次的战略伙伴关系网,制衡中国的崛起,兜售法国的武器装备,维护其在印太的利益,重塑大国地位。法国推出印太防务战略说明,法国已从过去以经济为主的东亚战略转向政治、经济和军事全面增强、多点开花且军事和意识形态色彩更浓的"印太战略"。然而,法国的战略重心在欧洲,加之其国力有限,特别是军力不足,实现印太防务战略目标将面临诸多困难。

(一)彰显法国在印太的存在

法国对印太地区有着很深的历史情结。殖民时期的法国在印度洋西南部、印度和中南半岛曾拥有殖民地,与印太地区有着深厚的政治、经济、历史和文化关系的积淀。近几年来,随着国际战略重心的东移,中国、印度等

法国蓝皮书

新兴大国的迅速崛起,印太地区在国际地缘战略中的地位日趋重要,特别是美国特朗普政府提出"印太战略"后,法国积极调整"印太战略",推出印太防务战略,以彰显法国在印太地区的存在,从而在新的地缘战略中拥有自己的话语权,重塑大国地位。近年来,法国一再宣称,法国不仅是"印太国家",而且是"印太大国"。2020年2月,法国总统马克龙在巴黎军校发表演讲时宣称:"我们是印太大国,我们在印太有居民,有(军事)基地,有利益。"①与此同时,印太地区也是法国的重要贸易伙伴。2018年,法国向印太地区的出口额达664.3亿欧元,占其欧盟以外出口总额的34%;法国自印太地区的进口额为959.3亿欧元,占其欧盟以外进口总额的40%。因此,马克龙再三强调,法国要确保印太的航行自由,维护法国在印太的利益。

(二)制衡中国不断增强的实力和影响力

法国此次推出印太防务战略,明显加大对中国的防范和制衡力度,把矛头直接指向中国。《报告》将中国国力和军力的发展看作印太不稳定的因素。宣称中国通过"一带一路"倡议,已经成为管控印太公共海域和海上通道的主要力量之一。中国在吉布提建立"军事保障基地",改变了该地区的安全形势。2019年6月,法国国防部部长帕利在香格里拉对话会上曾风趣地说:"在非洲之角的吉布提,现在可以听到法国、中国、美国、日本、德国,甚至意大利的口音。"法国不仅对中国的"一带一路"倡议疑虑重重,而且还不时就南海问题发声,公开指责中国"在南海将岛礁军事化""严重威胁南海航行自由",强调应以国际法为依托解决南海争端。法国还经常参加印太地区的多国联合军事演习,派军舰在南海进行所谓的"航行

---

① Discours du Président Emmanuel Macron sur la stratégie de défense et de dissuasion devant les stragiaires de la 27èm promotion de l'Ecole de Guerre, le 8 février 2020, https://www.elysee.fr/emmanuel-macron/2020/02/07/discours-du-president-emmanuel-macron-sur-la-strategie-de-defense-et-de-dissuasion-devant-les-stagiaires-de-la-27eme-promotion-de-lecole-de-guerre.

自由行动",甚至还试图派军舰穿越台湾海峡。2019年3月欧盟委员会发布的文件《欧中关系战略展望》将中国定位为"谈判伙伴,经济竞争者,制度性对手",法国的言行与此一脉相承。

(三)充当欧洲国家介入印太的先锋

雄心勃勃的马克龙,不仅在欧洲建设问题上频频发声,而且在印太问题上先声夺人,抛出印太防务战略,字里行间代表欧洲伙伴,充当欧盟的"领头羊"。法国是唯一在印太地区拥有海外省和海外领地的欧洲国家,而且还有约7000人的驻军。因此,法国试图充当欧洲国家介入印太的先锋,引领欧盟在印太地区发挥政治、经济和军事作用。近年来,在法国的积极推动下,欧盟不仅与日本和越南等国签订了贸易协定,而且还加快了与东盟的经贸合作关系。与此同时,法国军舰到南海巡航时,常常邀请英国、德国、西班牙、葡萄牙、丹麦等国军事人员参加,以彰显欧洲的团结。

(四)建立多层次的战略伙伴关系网

法国远离印太地区,国力和军力又有限,要有效实现其印太防务战略,必须建立庞大的战略伙伴关系网。首先,除美国外,法国在印太地区优先发展与印度和澳大利亚的关系。印、澳是法国印太防务战略的支柱,它们有着共同的价值观和共同的安全关切,法国与印度甚至签署了《武装部队相互提供后勤支持协议》和《机密或受保护信息交流和相互保护协议》,并授权印法军舰互用对方的海军基地。2018年5月,马克龙总统访问澳大利亚时公开宣称:"要打造'巴黎—德里—堪培拉轴心',这对三国在印太地区的共同目标非常关键。"其次,法国还积极发展与日本、马来西亚、新加坡、新西兰、印度尼西亚和越南的关系。这些国家在印太有一定影响力,是法国实现其印太防务战略可资利用的伙伴。这些国家也需要法国平衡地区的力量。最后,法国将利用印太地区的海湾合作委员会、东盟地区论坛、香格里拉对话会等各种平台扩展其影响,为实施其印太防务战略造势和争取伙伴。

（五）推销法国的武器装备

法国国防工业发达，从业人员达20万人，约占法工业从业人员的13%。[1]除满足法军装备外，法军工企业还向国外出口武器装备。法国是世界五大军火出口国之一。2018年，法军火出口总额达91.18亿欧元。法国夸大印太地区的安全局势，加强与地区国家的合作，在很大程度上是为了兜售法国的武器装备。在印太地区，印度和澳大利亚是法国的最大军品客户。2019年6月法国国防部《给议会的法国武器装备出口报告》称，2009~2018年，法国共向印度出口军品133.86亿欧元，印度成为法国在印太的第一大军品客户，其中包括2016年9月法印签订的法向印度出口36架"阵风"型战斗机（77.5亿欧元）的合同和2013年10月签订的为印度升级改造48架"幻影"-2000战斗机（24亿美元）的合同。2019年2月，法国与澳大利亚签署了合作建造12艘"攻击"级（法国称其为"短鳍梭鱼"级）常规潜艇的"世纪合同"，交易额达340亿欧元。[2]沙特阿拉伯则是法国在印太的另一重要军品客户。2009~2018年，法国共向沙特阿拉伯出口了113.35亿欧元的武器装备，其中包括2018年签订的向沙特出售39艘HS132型巡逻艇的合同（4.8亿美元）。2009~2018年，法国向新加坡、马来西亚、印度尼西亚出口了约50亿欧元的军火，其中包括向马来西亚出口4架"A-400M"型军事运输机（见表1）。

（六）通过联合军事演习提高协同作战能力

为增进相互了解，熟悉印太海域情况，提高联合作战能力，近几年来，法国积极参加在印太地区举行的各种联合军事演习。除参加"环太平洋"

---

[1] Rapport au Parlement sur les exportations d'armement de la France, p.3, https://www.defense.gouv.fr/.../RAP%202019-Parties%201-2-3%2BAnnexes.pdf.
[2] 《澳大利亚正式订购法国潜艇加强军备》，https://baijiahao.baidu.com/s?id=1625218295416434725&wfr=spider&for=pc。

表1 2009~2018年法国向印太主要国家出口军火统计

单位：百万欧元

年份	2009	2010	2011	2012	2013	2014	2015	2016	2017	2018	合计
沙特	811.4	938.3	854.8	636.1	1928.0	3633.0	193.5	764.4	626.3	949.3	11335.1
印度	207.6	662.2	1696.5	1205.7	180.0	224.7	412.8	7998.9	388.2	409.7	13386.4
马来西亚	70.6	360.4	268.9	461.0	108.9	80.3	209.9	115.2	55.2	52.8	1783.3
新加坡	296.6	31.8	29.1	101.5	651.3	116.5	109.4	646.6	44.1	25.2	2052.1
印度尼西亚	2.9	5.9	96.3	151.7	480.1	258.9	84.5	47.6	117.1	114.0	1359.1
日本	63.0	17.3	22.4	26.4	28.0	13.0	206.2	138.9	120.7	64.7	700.6
韩国	34.3	42.5	97.3	81.5	78.3	67.8	804.9	72.3	211.0	88.5	1578.4
澳大利亚	31.7	45.5	19.4	96.6	38.7	32.5	40.2	351.9	29.5	93.8	779.8

资料来源：Rapport au Parlement sur les exportations d'armement de la France，pp. 64-67，https://www.defense.gouv.fr/.../RAP%202019-Parties%201-2-3%2BAnnexes.pdf。

联合军事演习外，法国还频繁与印度、日本和澳大利亚举行联合军事演习。2018年3月，法国和印度在阿拉伯海域举行代号为"伐楼拿-2018"的第一阶段海上联合军演，重点演练联合反潜、联合防空和非对称作战等课目，随后在印度金奈海域和法属留尼汪海域进行该演习第二阶段和第三阶段的演练。2019年5月，法国"戴高乐号"航母特混编队和印度海军在印度果阿附近海域举办代号为"水神"的海上联合演习。这是法印两国海军举行的规模最大的演习，双方均首次派出航母参演。2019年5月，"戴高乐号"航母特混编队参加了美国、法国、日本和澳大利亚四国舰艇在孟加拉湾举行的代号为"拉彼鲁兹"的大型联合军演。其间，法日两国航母进行了舰载直升机互降。随后，在香格里拉对话会期间，"戴高乐号"航母特混编队停靠新加坡樟宜军港，对新加坡进行友好访问，并与新加坡的空海军举行了联合军演。2021年4月16~19日和5月23~24日，法国"雷电号"两栖攻击舰和"絮库夫号"护卫舰两度与澳大利亚军舰在南海共同进行所谓"自由航行"和军事演练。4月25~27日，法国和印度海军在阿拉伯海开始了为期三天的"瓦卢纳-2021"双边军事演习。2021年5月11~16日，法国与日本、美国和澳大利亚在日本举行代号为"弧线-21"的联合军事演习。

这是法国历史上法军首度在日本境内与日本武装力量举行首次联合军演。与此同时，法国"雷电号"两栖攻击舰和"絮库夫号"护卫舰还与日本、美国和澳大利亚的9艘军舰在东海举行联合演习。

（七）法国印太防务战略说易行难

法国的印太防务战略虽然雄心勃勃，但是真要实施起来并非易事，而是困难重重。第一，法国的战略重心在欧洲，推动欧洲一体化建设，特别是推动欧洲防务联合，维持欧洲及其周边地区的安全和稳定，发展本国的经济，是法国的当务之急。第二，能力和资源无法匹配战略目标。法国本土与印太地区距离遥远，财政上很难支撑其"印太战略"，一支只有26万人的军队，无力向印太地区投入更多的兵力，且无强大的战略投送能力。在广袤的印太地区，部署区区7000人的兵力，只是蜻蜓点水，装备也多系服役几十年的老装备，在一些问题的处理上捉襟见肘。第三，欧盟成员国利益诉求不同。除法国、德国和荷兰外，欧盟其他成员国在印太几乎没有战略利益，这将会妨碍法国推动欧盟在印太采取一致行动。德国和荷兰虽于2020年先后发布印太政策指导方针和"印太战略"，但更多的是强调寻求经济伙伴多元化。2021年4月19日，欧盟外长理事会通过《欧盟印太合作战略》。欧盟的战略有迎合美国的一面，但与美国排除中国的"印太战略"不同，促进合作是欧盟印太合作战略的核心。全文除提到中欧投资协定外，一次也没有提到中国。当然，报告提及的地缘政治竞争、供应链紧张、人权普遍性、遵守国际法以及贸易投资和互联互通方面的互惠，其实也都在暗示中国的挑战。第四，印太地区国家众多，国情差异巨大，利益关切不同，法国很难与之有共同的战略。

B.17
马克龙"新戴高乐主义"政策与戴高乐外交思想的异同

王 战 田斯予 孙小涵*

摘 要： 戴高乐主义是法国戴高乐将军首创的一种法国自主外交政策原则，是法兰西必须成为独立自主强国的价值观。在戴高乐看来，法国经济、军事、外交不可过度依附于某个国家或某个群体，只有这样才能更好地维护法国国家利益。法国后续总统大多延续戴高乐主义，现任总统马克龙更是多次高调参与戴高乐纪念活动、在公开场合表示自己是"戴高乐主义者"，其外交风格也具有"新戴高乐主义"色彩，既延续了戴高乐主义的传统路线，又有适应当下国际形势的战略性调整。

关键词： 戴高乐主义 马克龙 法国外交 新戴高乐主义

一 戴高乐主义与大西洋主义：从二元范式到有机融合

戴高乐主义以维护法国的国家利益为核心，以争取法国大国地位为主旨，对法国第五共和国之后的外交政策发展有着重大影响。戴高乐主义的主

---

* 王战，武汉大学教授、博士生导师，广东外语外贸大学云山讲座教授，主要研究方向为区域国别研究；田斯予，武汉大学外国语言文学学院博士生，主要研究方向为区域国别研究；孙小涵，武汉大学外国语言文学学院硕士生，主要研究方向为区域国别研究。

要内容包括:在本国发展独立的核力量、建立欧洲联合、实施东方政策以及第三世界政策。这些内容无不体现着戴高乐主义以法国的国家利益为核心,以独立外交为外延争取法国大国地位的理念。戴高乐作为民族独立与国家主权的忠实捍卫者,一心致力于恢复法国昔日荣光。试爆核武器成功、退出北约、承认社会主义中国并与社会主义阵营国家接触交往、实施亲阿拉伯的中东外交政策、法非一体化等一系列举措,标志着法国完全改变了一直奉行的"大西洋主义"外交,走上了独立自主的道路,其后继者大体上都秉持了这一外交路线。尤其在密特朗时期,法国更是被打造成世界"人权卫士"的形象[①],将戴高乐主义带到了一个新的高度,法国国际地位大大提升。2003年,法国拒绝参与伊拉克战争,这便是戴高乐主义外交路线最具代表性的体现。萨科齐对法国外交路线做出了调整,2007年他一上台便展现出强烈的"亲美"风格。随后法国重返北约并积极改善对英关系,还领导军事打击利比亚,这一连串行动表明法国外交路线重回大西洋主义。继任的奥朗德基本延续了萨科齐的外交路线。戴高乐式硬派外交在复杂多变的国际形势下,似乎对于法国来说已成过去式。

二战以来,法国外交路线游走于"大西洋主义"和"戴高乐-密特朗主义"之间,这是由全球总体战略格局变化、法国的地缘政治利益、国家实力以及政治精英的外交认知所决定的。进入21世纪,世界格局多极化趋势愈发明显,新的世界秩序也亟待形成。西方丧失对世界运行的垄断权,欧洲战略地位下降,新兴国家如中国等的崛起打破了美国的超级霸权地位,加上英国的脱欧和中东非洲局势动荡,全球正面临"百年未有之大变局"。2017年5月,马克龙当选新一任法国总统,法国的外交风格也迎来了大转变。自任总统以来,马克龙多次出访,堪称在外交领域最"勤政"的总统。早在竞选阶段,马克龙就宣称"法国外交要与之前的路线'切割'",力图打造一个"全新的外交"。在出席2018年达沃斯论坛时,马克龙在开场白中用英语讲道"法国回来了,回到了欧洲的中心",这暗示了马克龙对其前

---

① 《密特朗的"法国式的社会主义"评析》,《当代世界与社会主义》1996年第1期。

马克龙"新戴高乐主义"政策与戴高乐外交思想的异同

任相对平庸的外交成果的不满,也显示了其推行"全新"外交路线的决心。马克龙曾高调宣称自己是戴高乐主义的忠实拥趸,从事实来看,他部分继承了法国戴高乐主义的外交传统,延续了法国在全球事务中的均衡斡旋角色,并且其外交政策内核依然是维护法国的国家利益与大国地位。但值得关注的是,马克龙的外交路线并不是简单地遵循法国外交在大西洋主义和"戴高乐-密特朗主义"之间切换的二元规律,而是依据具体事务表现出强烈的实用主义取向。

二 戴高乐主义的实用主义特色与独立自主内核

二战后的法国百废待兴,急需安全稳定的外部环境,因此法国选择与美国结盟,借助美国的影响维持自己在西方阵营中的地位,同时抵抗苏联的渗透威胁。于是,法国于1947年接受马歇尔计划,1949年加入北约,在美国的庇护下,法国实现了国内和平,社会经济也得以复苏,迎来了"辉煌三十年"的社会繁荣期。在美国的支持下,法国取得了经济进步与社会稳定,但在国际上丧失了实质的大国影响力。戴高乐作为独立主权的忠实捍卫者,他一上台就致力于恢复法国昔日政治大国地位。法国第五共和国第一任总理米歇尔·德勃雷(Michel Debré)认为,戴高乐主义就是一种法兰西民族主义,其本质蕴含着一种"法兰西精神",这种"精神"就是要保障国家的物质力量并维护理性权威,还要在同其他国家的关系中坚持法兰西民族的独立和统一。[①] 陈乐民认为,戴高乐对外政策的基本精神和基本原则,集中概括起来其核心就是维护法国的民族独立和争取法国在国际事务中的世界大国地位。[②] 戴高乐重返政坛后,为了突破两极体系的束缚、打破美苏对世界权力的垄断,便在外交上奉行独立自主的政策。其中心原则是:维护民族独立,不屈从或附属于任何一个超级大国,使法国在两极体系下保持一个独

[①] M. Debré, La nouvelle Constitution, *Revue Franaise De ence Politique*, 9 (1), 1959: 7–29.
[②] 陈乐民:《戴高乐主义与民族主义》,《陈乐民集》,中国社会科学出版社,2002,第78页。

立的地位①；与此同时，戴高乐积极扩展法国的外交空间，增强法国的国际影响力。在这一原则的引导下，法国在冷战期间坚持发展本国的独立核力量，以实现防务上的独立；建立大西洋理事会以制衡北约在欧洲的影响；打破意识形态的矛盾开展与中国建交等。

在处理对外关系上，戴高乐表现出重"国家利益"而不重意识形态的特征，颇有"实用主义"考量。基辛格在《大外交》中评价道："他（戴高乐）对意识形态不感兴趣，几乎到了视而不见的程度。"② 在戴高乐的所有外交实践中，一切都围绕着法国最高的国家利益进行，从而使其能够超越个人友谊、联盟、意识形态。对戴高乐来说，意识形态标准只是"暂时的、表面的"，只不过是"用来掩盖追求实利的野心"，国家和民族的利益才是"永恒的、根本的"。③ 从现实主义理论出发，外交政策的基础是国家利益。戴高乐以独立外交为手段、争取法国大国地位的外交政策，充分体现了其国家利益至上的思想基础。戴高乐基于法国的国家利益来估量国际关系，也依此来制定国别外交政策。④ 例如他推行东方政策以"联苏抗美"、突破意识形态同中国建交均是为了增强法国在亚洲影响力，增加法国在国际外交中的斡旋空间。表面上看来戴高乐的外交政策旨在不断尝试挑战美国权威以维护本国的自主性，但在关键问题上法国又会再次与美国统一战线，例如在柏林危机、U2飞机事件和古巴导弹危机时，戴高乐又与美国一同谴责苏联。看似矛盾的政策实则体现着戴高乐唯利益至上的外交理念。

萨科齐之前的老一代外交官基本都是接受传统的法式教育培养模式，均受戴高乐主义深远影响，在外交政策上追求独立自主。而后随着时代的变迁，法国的国家利益呈现出愈发倚重跨大西洋的特征，这导致新一代外交官

---

① 孙海潮：《"经济外交"成为马克龙博弈的手段 法国将积极参与中方"一带一路"倡议》，《世界博览》2017年第19期。
② 李寒秋：《"戴高乐主义"的国际战略》，《世界军事》2007年第6期。
③ 孙兆龙：《戴高乐主义政党在欧洲问题上的分化组合》，《国际论坛》2004年第5期。
④ 〔美〕伊曼纽尔·沃勒斯坦、路爱国：《法国：戴高乐主义的终结?》，《国外理论动态》2007年第7期。

马克龙"新戴高乐主义"政策与戴高乐外交思想的异同

大都接受过美式教育,对北约、西方阵营的团结深信不疑,崇尚西方共同价值观,因此法国自 2007 年后经历了连续两任的"大西洋主义"总统任期。法国前外长魏德里纳(Hubert Védrine)进行了精辟的概括:"过去的 5 年①是西方失去权力与影响力垄断的 5 年……对西方来说,这是个非常艰难的时代。"② 言下之意是面对这个"艰难的时代",法国似乎不再具备独立选择一种外交路线的权利,只能选择在"大西洋主义"的道路上再次沦为附属品。而新上任的总统马克龙拒绝接受既定路线编排,不仅在内政层面打破了法国的政治传统,也在外交领域显示出了较大变化。在竞选时马克龙宣称自己将延续"戴高乐-密特朗主义"的外交路线;上台以后又多次强调"法国外交没有任何定式"。可见马克龙的外交思想已经超越法国传统的"大西洋主义/戴高乐-密特朗主义"二元范式。一方面,他频繁与特朗普互动,追随美国构建"新保守主义",极力打造"法美轴心盟友"关系③,大有再次走入"大西洋主义"死胡同的趋势;另一方面,马克龙又展现出积极捍卫"多边主义"的形象,不断冲击美国霸权地位,改善与俄中印日等大国的关系。④ 马克龙将这两大方针并行不悖地融合在一起,并加以调整,如淡化法国传统"人权外交"、保持与海湾阿拉伯逊尼派区域力量的接触、孤立马杜罗政权等策略。新任美国总统拜登上台以来,马克龙频频示好,释放强烈的修复跨大西洋关系信号,拜登方面也投桃报李,不断表示将调整"美国优先、美国至上"的单边主义"特式外交",并奋力呼喊"美国回来了"。乍看之下,法美关系或许将会迎来一段"蜜月期",但马克龙坚定捍卫法国独立自主大国地位和强化欧盟及欧盟战略防务主权的目标是绝不会

---

① 指奥朗德任期。
② 法国前外长韦德里纳接受法国电视二台"13 点 15 分"栏目记者采访的表态。参见 13h15 le dimanche, https://www.francetvinfo.fr/replay-magazine/france-2/13h15/13h15-du-dimanche-24-juin-2018_2806345.html。
③ 在结束访美的前夕,马克龙表示:"这个轴心(马克龙-特朗普轴心)不是排他性的,跨大西洋关系依然牢固。"参见 13h15 le dimanche, https://www.francetvinfo.fr/replay-magazine/france-2/13h15/13h15-du-dimanche-24-juin-2018_2806345.html。
④ 孙兆龙:《戴高乐主义政党在欧洲问题上的分化组合》,《国际论坛》2004 年第 5 期。

动摇的。跨大西洋关系或许会比特朗普执政时期有所缓和加强，但可以肯定的是法国不会在所有议题上都与美国保持一致。马克龙所持外交政策看似并未完全延续传统法国外交二元范式，实际上其外交内核与戴高乐的如出一辙，甚至可以称作更适应当下国际环境和法国国家利益的马克龙版"新戴高乐主义"。

三 法美关系："独立自主"与"传统盟友"的线性回归

法美关系向来是法国外交的重中之重，法美互动是法国外交路线的重要风向标。二战后，美苏两国利用"北约""华约"等各种援助计划意图使羸弱疲乏的东西欧成为大国争霸的附属品。美国扶植西欧国家援助是假，控制是真。法国崛起是美国绝不希望看到的，这显然会对美国控制欧洲产生威胁，因此，时任美国总统罗斯福主张法国解放后应建立一个"盟国军政府"，对法实行军事管理，这无疑是管理战败国的形式，也是美国企图控制法国的策略。美国掌控欧洲的野心和霸权主义作为使得法国国家独立性在战后初期被大大削弱。这份屈辱感极大地刺激了法国人民的自尊心，因此戴高乐将军倡导"独立自主外交方针"，这样的外交路线可以更好地维护法国尊严、恢复大国地位，十分契合法国人民呼声和法国现实需要。戴高乐就任总统时奉行与美国"斗而不破"的原则，从各个方面向美国的霸权发起冲击，围绕维护法国独立自主地位展开一系列外交行动，但同时又没有完全抛弃与美国的跨大西洋盟友关系。戴高乐坚决反对北约沦为美国控制欧洲的工具，坚定谋求军事防务自主权；同时他也反对美国在西方世界中的核垄断，坚持发展核力量；他还反对美国冷战政策，推行更为温和包容的外交政策。布莱恩·克罗泽（Brian Rossiter Crozier）① 指出："戴高乐将军的对外政策一贯反美，而且反得十分离奇古怪。"实际上戴高乐主义是在美苏两极争霸的特定历史背景

---

① 〔澳〕布莱恩·克罗泽：《戴高乐传》，商务印书馆，1978，第655页。

下，受法国历史文化、国家利益、国内政治经济环境及戴高乐个人因素共同影响的产物。戴高乐并非为了"反美"而"反美"，而是在当时历史环境下为捍卫法国国家利益、维护国家主权，为法国创造了一条最适宜、最实用的外交路线。

马克龙虽然自诩"戴高乐继承者"，但他在对美关系上表现出的更多是精心维护而非戴高乐般的强硬。从上任伊始与特朗普在北约峰会第一次会晤到2018年12月G20峰会会晤，马克龙与特朗普一年半内的会面多达7次，其中两位领导人双边会晤更达3次之多。这样高频度的外交接触显然透露出法国加强与美同盟的意图。法国参与美国主导的空袭叙利亚行动便是法美同盟加强的例证，这是法国第一次在没有联合国授权的情况下参与域外军事行动，其"新保守主义"的特性显露无遗，显示了其竭力维护法美同盟的决心。在公开外交场合法国也多次展示出对美国的袒护，比如在"卡舒吉遇害案"引发的外交风波中，马克龙基本上与特朗普的立场保持一致，拒绝将此案过度政治化；在叙利亚问题上法国更是费尽心机为美国积极背书。但特朗普行事风格难以预测，其外交方针又奉行"美国优先"的单边主义策略，因此马克龙多次公开与特朗普叫板：从美国退出《巴黎协定》时马克龙炮轰特朗普"单边主义"行径，再到提议建立"欧洲军队"、倡导建立独立欧元结算系统等，马克龙似乎在不停跟特朗普"唱反调"。这看似互相矛盾的外交行为，既表现出法美传统盟友定位并未被打破，且法国相对国力下降，无力抗衡美国霸权；也表现出马克龙对法美关系格局的全盘考量，为了更好地捍卫法国国家利益而留足了回旋空间。

四 从"怀疑"到"领导"：法国的欧洲定位

欧洲在法国的外交设想中同样占有主导地位。从戴高乐执政起，法国便清醒地认识到欧洲是实现法国重返大国地位的力量依托和重要支柱。冷战时期，法国与美苏两个超级大国相比势力尚单薄，因此必须促使整个西欧联合起来,使西欧成为独立于美苏的"第三势力"。在此基础上,法国力争在欧洲事务中占据主导地位,承担引领欧洲复兴的任务。冷战时期,联邦德国凭借其经济实力成为欧洲对抗英美霸权中不可或缺的重要力量,因此为实现欧洲联合,戴高乐实施了"联德"策略,将法德联盟作为欧洲联合的基石和动力,以积极促成"法德轴心"的形成,使之成为欧洲联合的决定力量。此外,冷战时期,法国认为英国是美国安插在欧洲的"特洛伊木马",美国与英国维持"特殊关系",旨在从欧洲内部阻碍其联合独立。同时,英国的存在有碍法国取得在欧洲的主导话语权,必须将英国排斥在欧洲联合之外。因此,戴高乐两度否决了英国加入欧洲共同体的申请。而对于马克龙来说,对欧问题更是从外交战略上升为执政基础。当下欧洲困局缠身:英国脱欧、难民危机、民粹势力抬头……主观和客观两方面的条件推动马克龙必须承担起领导欧洲的使命。马克龙的当务之急是重振成员国对欧洲一体化进程的信心。在"欧洲主权"的大旗下,马克龙通过外交努力,在诸如难民接收安置、欧盟金融救助、互联网经济管制、金融市场整顿、劳工市场干预等重大议题上取得了一些进展。同时,马克龙趁美国在欧洲安全问题上立场不明之机,推动德国积极谋划欧洲防务独立,取得了重启对非军事干预欧盟化、"欧洲干预计划"(EII)初步共识等成果。马克龙被授予"查理曼大帝奖"便可以看作欧洲对其努力的肯定,也表明欧洲对他的政治主张寄予厚望。然而,2019年5月的欧洲议会选举结果表明,马克龙新政并未给欧洲一体化带来新的希望。新冠肺炎疫情暴发后,马克龙"重振欧洲"的梦想很可能先要通过欧盟疫后复苏经济的考验。

五 对非政策:维持影响力与反恐大任

非洲作为法国的传统势力范围和"后花园",和法国的国家利益息息相关。60多年来,对非外交始终是法国外交的一大重点,在法国的整体外交格局中占有特殊地位。第二次世界大战之前,法国在非洲占有21块殖民地,占非洲总面积的37%，占当时非洲总人口的24.5%。① 二战后，在民族解放运动的大潮中，法属殖民地纷纷独立。但是，这种独立只存在于名义上，法国一方面难以舍弃自己在非经济既得利益，另一方面不想放弃法国与非洲的历史渊源和在非洲的传统势力，希望凭借联合国安理会常任理事国的身份和核大国身份，在非洲事务中继续扮演大国角色。因此，长期以来，法国依然在经济与军事上通过货币关联与建立军事基地等方式在非洲保持着相当的影响力。法国当前国内保守派政治力量坚持延续传统的"法非特殊关系"，而革新派政治力量则试图让法非关系趋向"正常化"。从戴高乐到马克龙的对非政策，虽然存在调整，但整体呈现较为明显的延续性。面对中国、美国在非洲的影响日益扩大，马克龙希望重塑法非关系，重新垄断对非事务的主导权，强化法国在整个非洲的影响力。近年来，随着非洲地区恐怖主义盛行，同时来自非洲的难民、移民等问题也日渐突出，对法国和欧洲的安全构成严峻挑战。因此马克龙的对非政策首先关注反恐与安全问题。马克龙曾两度在法国驻外使节年度会议上将"反恐"作为法国的外交核心任务之一。在安全问题上，马克龙的特点是将反恐问题"欧洲化"。在大选后和德国总理默克尔的首次会晤中，马克龙便呼吁德国等其他欧洲国家参与在非反恐。② 他在访问马里期间，又重申了欧洲特别是法德合作反恐的重要性。③ 在他的推动下，德国总理默克尔出席了萨赫勒五国集团特别峰会，欧盟也承诺为五国联合反恐部队提供价值5000万欧元的支持。由马克龙的对非外交战略可见其在对非洲策略上亦有明显的欧洲取向。

六　对华关系：斡旋平衡的大国均势外交

纵观法国自戴高乐以来对华政策的历史演变，大政方针基本维持稳

---

① 戴冬梅、陆建平：《从"不站队主义"到"站队主义"的持续转向？——对马克龙执政以来法美关系的现实主义解读》，《法语国家与地区研究》2019 年第 3 期。
② 李艳：《国家利益和多边工具：法国的联合国外交之比较研究》，外交学院 2003 年硕士学位论文。
③ 《无处安放的叙利亚》，《记者观察》2018 年第 13 期。

定,但也不时出现一些调整与变化。首先,戴高乐主义深深植根于法国对外政策中,从戴高乐到马克龙,尽管各自政治倾向与外交风格不同,其具体政策有所调整,但维护法国独立自主的大国地位一直是法国外交的首要目标。这一理念深刻影响着法国对华政策的制定,从戴高乐时因抗衡美国的战略需要与中国建交,到马克龙表示愿意参与共建"一带一路",这些均表现出中法之间存在强烈的相互依赖关系。戴高乐时期,与中国建交后,法国成为唯一能与美、苏、中直接对话的西方大国,战略地位大大提高,法国也得以利用中苏关系破裂和中美苏大三角关系逐步形成的时机,以中国这一重要平衡力量为杠杆进一步反抗美国霸权和制约苏联。而当今在新冠肺炎疫情冲击下,国际形愈发严峻,各国战略行动空间明显缩小,法国面临着经济萎缩与政治动荡的双重困局,更需要与中国合作并得到中方的支持。

结　语

纵观第五共和国的对外政策,独立外交始终是其发展的主轴,也是维护民族独立、扩大政治影响、争取大国地位的根本政策。冷战期间,戴高乐主义对美国霸权的反抗,主要是反对美国控制,维护民族独立,其实质仍是西方联盟内部的权力博弈。冷战之后,美欧之间不再是保护与被保护的关系,而是政治、经济上相互竞争的平等伙伴。法美矛盾的焦点也随之转移。

戴高乐的独立自主与马克龙多边主义都具有"非左非右"的政治属性。随着新兴大国的崛起,事实上新兴大国已开始稀释西方(尤其是美国)在苏联解体后一度强化的霸权,虽然一方面,这必定会促使法国像其他西方国家一样,强化西方的价值观信仰,进行某种意义上的西方阵营的站队;但另一方面,法国在经济和战略上越来越倚重新兴大国,因此法国注定不会对美国言听计从。马克龙作为冷战后成长的一代人,并不热衷于意识形态之争而是更看重经济发展之道。他在外交路线中加入更多的经济关切,更多地表现出了实用主义的理性考量。未来法国将更多地在美国和新兴大国之间扮演对话者、调停人的角色。正像库尔蒙（Barthélémy Courmont）指出的那样，大西洋主义作为一个外交概念，应该成为过去时了。①

---

① 李洪峰：《马克龙当选总统后的法国外交展望———法国智库学者巴泰勒米·库尔蒙访谈录》，《法语学习》2017年第4期。

资料篇
Chronological Record of Events

B.18
法国2020年度大事记

1月

5日 法国大罢工持续已满一个月,造成严重经济损失,并给民众工作和生活带来很大不便。本次法国大罢工在持续时间上已经超过1995年持续三周的大罢工,以及1986年底1987年初持续28天的大罢工,创下法国半个世纪以来持续时间最长的罢工纪录。

7日 法国总统府发表新闻公报说,法国总统马克龙当天与伊朗总统鲁哈尼就中东地区紧张局势通话。马克龙呼吁伊朗避免采取任何可能使局势进一步升级的措施,并尽快重新履行伊朗核问题全面协议的承诺。

法国总统马克龙邀请欧洲联盟其他国家就法国核威慑力量在欧洲的作用展开"战略对话",同时披露了法国核弹头数量低于300枚。在面向法国军方人员的讲话中,马克龙阐述了英国脱离欧盟后法国的核战略。英国脱欧后,法国成为欧盟唯一拥有核武器的国家。

11日 法国总理爱德华·菲利普宣布,政府准备放弃64岁的退休基准年龄。这是法国政府自宣布退休制度改革草案以来做出的最大让步。

22 日 以色列总理内塔尼亚胡在耶路撒冷会见到访的法国总统马克龙，双方同意建立两国战略对话机制。

24 日 法国卫生部部长阿涅丝·布赞表示，法国确诊两例新型冠状病毒感染病例，这也是欧洲首次确诊新型冠状病毒感染病例。布赞在当天法国卫生部举行的新闻发布会上说，第一例确诊病例出现在波尔多，第二例出现在巴黎。她还表示，法国政府将尽最大努力遏制病毒传播。

2月

2 日 法国国防部部长弗洛朗丝·帕利宣布，法国将向非洲萨赫勒地区增派600名士兵，加大打击极端势力的力度。

5 日 法国总统马克龙在位于巴黎的总统府爱丽舍宫迎接来访的阿根廷总统阿尔韦托·费尔南德斯。

15 日 法国总统马克龙在德国慕尼黑举行的第56届慕尼黑安全会议上发言。他呼吁欧洲团结一致、加快脚步，着眼投资未来。

法国宣布一例新冠肺炎死亡病例，这也是亚洲以外的首例新冠肺炎死亡病例，死亡患者为一名80岁的中国湖北游客。

16 日 法国卫生部部长阿涅丝·布赞宣布辞去卫生部部长一职，并宣布将代表执政党共和国前进党参加巴黎市市长的竞选。法国总统府当晚宣布，马克龙已接受布赞的辞职请求，并任命奥利维尔·韦朗为卫生部新一任部长。

17 日 塞浦路斯与法国举行联合军事演习。同一天，法国国防部部长帕利抵达塞浦路斯进行国事访问。

19 日 法国政府发布公报表示将在2020年6月底前彻底关闭法国最老核电站——费斯内姆核电站，并在2040年前拆除其基础设施。

法国公共卫生局表示，法国本土仍处于季节性流感"流行阶段"，自2019年11月4日至2020年2月16日，流感已致44人死亡。

22日 第57届法国国际农业博览会在巴黎凡尔赛门展览中心开幕。

29日 法国卫生部门报告,截至当天18时,全国累计报告100例新冠病毒感染病例,其中12例已被治愈,2例死亡。法国总统马克龙当天就疫情召开紧急部长会议,决定加强疫情较严重地区的防控措施,在法国全境暂时取消所有"在密闭环境中聚集超过5000人以上的集会活动"以及部分室外活动。

法国总统马克龙分别致电俄罗斯总统普京和土耳其总统埃尔多安,对叙利亚西北部伊德利卜省局势表示严重关切。马克龙呼吁俄罗斯和土耳其立刻停止敌对行为,遵守2018年俄罗斯、土耳其、法国和德国四方峰会达成的协议,在叙利亚实现"持久和可核查的停火"。他强调,法国将与欧洲盟国一道为缓解该地区紧张局势、提供人道主义救援、重启政治和谈做出努力。

3月

3日 法国总统马克龙宣布,为应对日益严重的新冠肺炎疫情,法国正在征用所有库存及新生产的防护口罩,分发给医护人员和感染新冠病毒的法国人。另外,马克龙当天前往卫生部防控疫情协调指挥中心时还表示,疫情进入新阶段,这一阶段"可能持续数周或数月"。他呼吁全国动员起来、团结起来,认为法国"有能力应对这一危机"。

5日 一辆高速列车在法国东北部城市斯特拉斯堡附近脱轨,包括列车司机在内的约20人受伤。

8日 法国卫生部部长奥利维尔·韦朗宣布国内禁止举办超过1000人的聚集活动,但示威等活动除外,政府将发布一份可举办活动的清单。

法国劳工部部长米丽埃尔·佩尼科表示,受新冠肺炎疫情影响,法国约900家企业已为近1.5万名员工申请采取部分失业措施。

9日 法国经财部部长布鲁诺·勒梅尔在新闻发布会上警告,新冠肺炎疫情对法国经济产生了严重影响。餐饮、酒店等行业营业额出现大幅下降,汽车和航空业也受到影响,2020年法国经济增长率可能降至1%以下。他表示，法国政府将进一步采取措施帮助企业应对疫情，包括允许企业延期缴纳社会保险金、减税、加强法国国家投资银行对中小企业的资金扶持等。

法国文化部部长弗兰克·里斯特确诊感染新冠病毒，这是法国继部分国民议会议员感染病毒后，首位政界要员确诊。

10日 法国总统马克龙与其他欧盟成员国领导人以及欧洲理事会主席米歇尔、欧盟委员会主席冯德莱恩和欧洲央行行长拉加德举行视频会议，商讨应对新冠肺炎疫情的举措。

法国检察机关就"空饷"案起诉法国前总理弗朗索瓦·菲永夫妇，要求法院分别判处两人刑期，并处以高额罚款。

11日 法国政府宣布启动新冠肺炎治疗方法的临床试验，以测试四种不同疗法的有效性。

法国首个恐袭遇难者国家哀悼日活动在巴黎埃菲尔铁塔前的特罗卡德罗广场举行。法国总统马克龙出席并致辞，西班牙国王费利佩六世，法国前总统萨科齐、奥朗德等出席了活动。

12日 法国总统马克龙在巴黎爱丽舍宫发表电视讲话时宣布，由于新冠肺炎疫情严重，法国将采取关闭学校等防控措施，但第一轮地方市镇选举照常进行。

13日 为应对疫情，法国一些著名旅游景点，包括卢浮宫博物馆、凡尔赛宫博物馆、埃菲尔铁塔等自当晚起停止向公众开放。

14日 法国卫生部下属卫生总署署长热罗姆·萨洛蒙在新闻发布会上表示，鉴于新冠肺炎疫情已在法国全境蔓延，法国进入防疫工作第三级，即最高阶段。

16日 法国总统马克龙再次发表电视演讲，其间多次提及"我们正处于战争时期"，需要全面动员抗击疫情。他宣布进一步收紧防疫措施，包括执行出行限令、推迟退休体制改革以及封锁欧盟边境等，并承诺为企业银行贷款提供3000亿欧元（约合人民币24000亿元）的"国家担保"。

27日 法国总理菲利普宣布将全国15天"禁足令"延长两周，以遏制日益严重的新冠肺炎疫情。菲利普表示，"禁足令"实施10天来，仍有很多法国人没有严格遵守要求,未来将进一步加大处罚力度。此外,根据公共卫生形势的变化,未来可能继续延长"禁足令"。

4月

3日 法国教育部部长让·米歇尔·布朗盖在全国电视直播中宣布,取消2020年法国高中毕业会考,改用参考平时成绩入学。

13日 法国总统马克龙第三次发表了全国电视讲话,决定将先前宣布的防疫措施延长至5月11日。

15日 法国卫生总署署长热罗姆·萨洛蒙表示,在医院接受治疗的新冠患者人数首次出现下降。

17日 法国国防部部长弗洛朗丝·帕利表示,"戴高乐号"核动力航空母舰上超过1000名官兵感染新冠病毒,其中24名患者入院接受治疗。

5月

7日 为全力振兴受疫情重创的经济,保障民众生活,法国总理菲利普及卫生部部长尔韦朗等人共同出席新闻发布会,介绍政府出台解禁措施细则。菲利普表示,随着多地疫情趋缓,抗击疫情进入新阶段,法国自11日起将逐步解禁,这一过程将持续至少数星期。

14日 法国政府宣布推出总额达180亿欧元(约合人民币1440亿元)的救助计划,以扶持遭受新冠肺炎疫情重创的旅游业。法国国家统计局4月发布的报告显示,疫情暴发以来,法国酒店和餐饮业活动量减少90%,旅行社预订量减少97%,80%的从业者认为行业复苏需要8~12个月,甚至更长时间。

28日 法国总理菲利普和卫生部部长韦朗等人共同出席新闻发布会,介绍法国解禁第二阶段措施实施细则。

6月

2日 法国进入解禁第二阶段，居民出行离家距离不得超过100公里的限制被取消，但人们在乘坐公共交通工具以及在车站和机场时仍须佩戴口罩。全国除法兰西岛大区、海外属地马约特岛和法属圭亚那为"橙色区域"外，其余地区均为疫情较轻的"绿色区域"。法国也正式开通手机跟踪程序StopCOVID。

5日 法国经财部发表新闻公报表示，法国政府将采取一系列短期公共扶持措施，帮助本国科技企业渡过新冠肺炎疫情造成的难关。根据公报，扶持措施包括设立至少1.5亿欧元（约合人民币12亿元）的"法国科技主权"基金；通过流动资金、比赛奖励等形式为科技企业提供约5亿欧元（约合人民币40亿元）的帮扶；加速发展社会和经济数字化；推出展示高科技行业的在线服务平台，宣传法国科技行业就业机会等。

12日 法国东部城市第戎的阿尔及利亚裔和车臣裔移民发生武装暴力冲突，起因为一名16岁车臣裔男孩因交易纠纷遭到了阿尔及利亚裔毒贩的殴打。此次冲突持续了四天四夜。

13日 受美国非洲裔男子弗洛伊德遭警察暴力执法致死事件影响，法国多个城市举行反对种族歧视游行示威活动，抗议在法国和美国发生的针对非洲裔群体的种族歧视行为。

14日 法国总统马克龙发表全国电视讲话，宣布法国将进入"解禁新阶段"，全面复工复课并加快经济复苏。6月15日起，法国人将能够再次在欧洲国家之间旅行；7月1日起，法国人可以前往欧洲以外、疫情得到控制的国家旅行。

16日 法国多地的医护人员纷纷走上街头游行示威，控诉医护人员工作辛苦但薪酬微薄，要求政府正视医护人员的需求，改善医护人员的条件和待遇。当天，法国各地游行活动共有250多场，仅在巴黎，就有1.8万人参加游行活动。

法国总统马克龙在视察法国制药企业赛诺菲集团一处新冠疫苗生产基地后宣布，法国政府将拨款2亿欧元（约合人民币16亿元）用于改善本国药品研发和生产基础设施。这项投资的目的是帮助赛诺菲集团和法国其他企业改善药物研发和生产状况，特别是针对新冠病毒疗法和疫苗的研发，在抗疫过程中提升法国的医药工业水平和医药生产能力。

18日 时值戴高乐将军发表"6·18宣言"80周年纪念日，当天上午，法国总统马克龙和总理菲利普出席在巴黎郊区Mont Valérien举办的隆重的纪念活动。1940年6月18日，戴高乐曾在英国伦敦发表广播讲话，呼吁法国人民抵抗德军。

纪念仪式结束后，马克龙出访英国伦敦，来到戴高乐发表讲话的地方，英国威尔士亲王查尔斯和夫人卡米拉接待了马克龙。马克龙代表法国授予伦敦市"法国荣誉军团勋章"。马克龙发表讲话称，法兰西共和国无限感激伦敦成为法国解放的摇篮。马克龙还瞻仰了戴高乐将军在伦敦的办公室，之后在唐宁街10号与英国首相约翰逊进行会谈。

22日 马克龙与突尼斯总统凯斯·赛义德会晤后表示，法国反对任何对利比亚的外部干涉，土耳其支持民族团结政府是"玩危险游戏"，法国不会容忍土耳其目前在利比亚扮演的角色。6月23日，土耳其外交部指责法国多年来支持利比亚非法机构，对利比亚陷入冲突负有主要责任，实际是法国在利比亚"玩危险游戏"，回应法国总统马克龙前一天针对土耳其的批评。

28日 法国举行市镇选举第二轮投票。初步计票结果显示，巴黎现任市长、社会党候选人安妮·伊达尔戈获得约49%的选票，成功连任，法国总理菲利普在北部滨海城市勒阿弗尔的市长选举中获胜。法国市镇选举每6年举行一次，选出市长等地方官员。2020年，法国市镇选举第一轮投票于3月15日举行。受新冠肺炎疫情影响，第二轮投票由原定的3月22日推迟至6月28日举行。根据疫情防控需要，6月28日的投票采取了一系列防疫措施，如选民和投票站工作人员必须佩戴口罩等。据初步统计，受疫情等因素影响，当天的弃权率高达近60%。

29日 法国总统马克龙在总统府爱丽舍宫举行的"公民气候公约"会

议上宣布，政府将在两年内投资 150 亿欧元（约合人民币 1200 亿元）用于国家经济的生态转型。

法国巴黎轻罪法院宣判，法国前总理弗朗索瓦·菲永夫妇因在"空饷"案中犯有挪用公款罪和隐瞒挪用公款罪而获刑。菲永夫妇随后表示将提出上诉。

7月

3日 法国总统府发布公报说，法国总理菲利普当天向总统马克龙提交辞呈，已获批准，马克龙随后任命让·卡斯泰为新总理，负责组建政府。新一届政府将致力于落实马克龙在 6 月 14 日电视讲话中提出的"社会、经济、环境和地方重建计划"。

6日 法国总统府爱丽舍宫公布了新一届政府成员名单，外交部部长让-伊夫·勒德里昂、国防部部长弗洛朗丝·帕利等人留任。

10日 美国贸易代表办公室发布公告表示，美国拟对价值约 13 亿美元（约合人民币 84 亿元）的法国输美商品加征 25% 的关税，以回应法国开征数字服务税对美国科技企业造成的不利影响。不过，美国贸易代表办公室同时表示，对法国商品加征关税的时间将推迟 180 天，即从 2021 年 1 月 6 日起生效，从而为双边和多边谈判达成满意结果争取更多时间。

11日 法国宣布告别卫生紧急状态。体育馆、赛马场等公共场所正式开放，但夜店 9 月 21 日前无法恢复营业，部分地区的出行仍受限制。

14日 法国一年一度的国庆阅兵式在巴黎举行。受疫情影响，法国总统马克龙没有在香榭丽舍大街举行国庆阅兵式，而是在协和广场举行了小型庆祝仪式，向在抗疫斗争中做出贡献的公民致敬。出于防疫安全的考虑，2020 年的阅兵式不邀请任何市民到场观礼。

15日 法国总理卡斯泰在国民议会发表演讲，全面阐述新政府的施政纲领。他宣布，政府将开启 1000 亿欧元的大规模恢复经济计划，解决受新冠肺炎疫情严重影响的就业问题，并大力投资工业、环保和医疗卫生等领域。

16日 法国总理卡斯泰在参议院宣布，从下周起室内公共场所强制佩戴口罩，同时要求相关公共场所加强卫生防疫管理工作。

17日 法国总理卡斯泰表示，政府与工会就退休制度改革的磋商将推迟至2021年，以便各方能集中精力应对新冠肺炎疫情冲击，推动经济复苏。卡斯泰同时强调，政府不会停止退休制度改革。

21日 在欧盟峰会上，欧盟各国领导人就"重振基金"问题达成一致，承诺将共同出资7500亿欧元，以恢复欧盟各成员国的疫后经济。

24日 法国总理卡斯泰在巴黎戴高乐机场发表讲话说，来自美国、印度、阿尔及利亚、巴西等16个疫情严重国家的旅客在入境法国时，必须出具新冠病毒检测结果为阴性的报告。其中，来自无法在72小时内实施病毒检测国家的旅客，必须在入境法国时接受检测。卡斯泰表示，这项规定最晚将于8月1日起实施。除机场外，法国各港口也将采取相同的卫生防疫措施。检测结果呈阳性的旅客将被要求接受医学隔离。

在巴黎举行的2019~2020赛季法国杯足球赛决赛中，巴黎圣日耳曼队以1比0战胜圣埃蒂安队，夺得冠军。

8月

4日 黎巴嫩首都贝鲁特发生爆炸，法国总统马克龙得知消息后第一时间发布推特，表达了对黎巴嫩民众的支持与同情，并表示法国将会向黎巴嫩运输救援物资。8月6日，马克龙亲赴贝鲁特访问。

10日 巴黎政府正式要求民众在露天区域佩戴口罩，香榭丽舍大街、奥斯曼大道等商圈被豁免。

11日 法国总理卡斯泰在南部城市蒙彼利埃视察时表示，鉴于法国新冠肺炎疫情出现恶化趋势，必须进一步扩大在公共场所强制佩戴口罩的范围，并将禁止超过5000人聚集的规定延长至10月30日。

13日 英国政府宣布自8月15日起对从法国、荷兰、马耳他等6地入境旅客实施为期14天的隔离检疫。法国政府当日称,可能对英方采取"对等"措施。

18日 法国外长勒德里昂对马里军人哗变表示关切和担忧,并予以强烈谴责。勒德里昂表示,法国完全赞同西非国家经济共同体在其声明中阐明的立场,声明呼吁维护宪法秩序并敦促士兵们立即返回军营。

9月

2日 法国总统马克龙出席在伊拉克巴格达举行的联合记者会。正在伊拉克访问的法国总统马克龙表示,法国支持伊拉克在维护国家主权方面的努力,愿与伊拉克加强反恐合作。

10日 2020年地中海七国领导人峰会在法国科西嘉岛举行。本次峰会聚焦东地中海局势,来自法国、意大利、西班牙、葡萄牙、希腊、马耳他和塞浦路斯的地中海七国领导人出席峰会。

11日 法国总理卡斯泰在总理府马提尼翁宫举行记者会,宣布最新抗疫措施,即隔离期由此前的14天缩短至7天。

15日 法国空军更名为法国空天军,完成了总统马克龙2019年7月发起的成立太空司令部的要求。法国空天军总参谋长菲利普·拉维尼表示,名称的修改意味着飞行员必须把目光投向更高、更远的太空。

19~20日 时值第37届法国和欧洲文化遗产日。由于预防新冠肺炎疫情的规定,此届活动的规模缩小,也限制了参观人数,一些大城市的古迹参观活动取消,或改为网上参观,但民众的参与热情没有减少。2020年的主题为"文化遗产与教育:通过文化遗产学习人生"。2020年法国全国有大约13000个文化古迹免费对公众开放,另有20000场助兴节目。因防疫需要总共有400个场所的活动和1500个节目被取消。

22日 法国总统马克龙与土耳其总统埃尔多安通话,讨论东地中海局势等问题。法国总统府爱丽舍宫发表的新闻公报说,马克龙对希腊和土耳其就东地中海问题开始"探索性会谈"表示欢迎。他呼吁在土耳其和塞浦路

斯之间也开展类似对话。

25日 巴黎十一区尼古拉斯·阿佩特街的《查理周刊》编辑部旧址附近,突然发生了恐怖袭击,有至少两人手持砍刀袭击路人,导致至少四人受伤,其中两人情况紧急,肇事者迅速逃亡。当天下午,两名嫌疑人被捕。

10月

2日起 法国东南部滨海阿尔卑斯省等地起遭遇暴风雨袭击,引发的洪水造成桥梁倒塌、道路被毁、房屋受损及大面积停电。

14日 法国总统马克龙宣布从10月17日开始,法国疫情最高警戒地区将开始实施宵禁。每晚9时到次日早上6时,当地的店铺将不能继续营业,当地居民也不能在公共场所进行活动,涉及的城市和地区有:法兰西岛大区、艾克斯-马赛、图卢兹、蒙彼利埃、里尔、里昂、鲁昂、圣埃蒂安、格勒诺布尔。

16日 法国巴黎一名中学教师塞缪尔·帕蒂因在课堂上展示《查理周刊》曾登载的穆罕默德讽刺漫画在学校附近遭杀害,凶手当天被警方击毙。

20日 法国新型攻击型核潜艇"叙弗朗号"在法国西南部比斯卡罗斯附近的海上导弹试验基地首次成功试射巡航导弹。

24日 为应对持续恶化的疫情,法国政府决定扩大宵禁地区范围,在法兰西岛大区等地实施宵禁的基础上,自24日零时起对另外38个省和法属波利尼西亚实施为期6周的宵禁。

25日 法国外交部发表声明表示,鉴于土耳其政府在巴黎西北郊孔夫朗-圣奥诺里讷市袭击事件上发表不当言论且侮辱法国国家元首,法国于当天召回法驻土耳其大使。

28日 法国总统马克龙发表电视讲话,承认法国正面临来势更为凶猛的第二波疫情的考验,近乎全境超过警报阈值。马克龙宣布10月30日将再次启动全国封锁政策,至少持续至12月1日,并根据效果评估是否需要延长封锁政策。

11月

24日 法国总统马克龙宣布,第二波新冠肺炎疫情"高峰已经结束",全国将自11月28日起分三个阶段解除防疫封锁措施。

28日 法国多个城市发生游行示威,反对涉执法人员法案有关条款和警察暴力执法。警方和示威者在部分游行地点发生冲突,至少46名示威者被逮捕。据法国内政部统计,当天全法70个城市发生游行示威,总参与人数超过13万。此次游行示威与政府推出《全面安全法》和巴黎警察殴打黑人男子一事有关。

埃尔韦·勒·梯里尔凭借其小说 *L'Anomalie*(《反常》)夺得龚古尔文学奖。

30日 玛丽·海伦·拉丰凭借小说 *Histoire du fils*(《儿子的故事》)获得勒诺多文学奖。

12月

2日 法国前总统吉斯卡尔·德斯坦因感染新冠肺炎逝世,总统马克龙表示哀悼,并称德斯坦执政的七年"改变了法国"。12月3日,马克龙宣布将12月9日定为全国哀悼日,以悼念逝世的前总统德斯坦。

8日 法国总统马克龙表示,法国下一代航空母舰将采用核动力,2025年开始建造,2038年投入使用,以替代正在服役的"戴高乐号"核动力航母。

10日 法国总理卡斯泰公布法国第二阶段解封细则。从12月15日开始,每天宵禁的时间为晚上8时到次日早上6时,12月24日平安夜例外。

法国国家信息与自由委员会宣布,对美国谷歌公司及其下属企业和亚马逊公司分别处以1亿欧元和3500万欧元的罚款,理由是这两家互联网企业未经同意收集用户上网痕迹。

16日 法国总理卡斯泰宣布,法国将于12月最后一周开始新冠疫苗第一阶段接种工作。

17日 据法国总统府爱丽舍宫发布的公告，法国总统马克龙当日新冠病毒核酸检测结果呈阳性。

21日 法国卫生部部长韦朗表示，欧洲药品管理局已对美国辉瑞制药有限公司和德国生物新技术公司联合研发的一款新冠疫苗做出正面评估。欧盟委员会、法国负责监督和提供医疗保健产品和设施认证的卫生评估机构本周将做出相关决定，第一批新冠疫苗即将交付。欧洲和法国的新冠疫苗接种工作将于27日启动。

27日 自27日以来，受风暴"贝拉"影响，法国多个省份遭遇强降雪和强风天气。受强降雪和强风天气影响，法国中部和东部地区约3.4万个家庭停电。此外，降雪和路面结冰导致部分交通干道受到影响。

28日 法国总统府爱丽舍宫发表新闻公报说，一支法国军队上午在马里中部洪博里地区执行军事任务时，其乘坐的装甲车遭到爆炸装置袭击，造成3名士兵死亡。公报说，法国总统马克龙向遇难士兵表达敬意，并重申法国继续打击恐怖主义的决心。

31日 法国总统马克龙在爱丽舍宫发表新年致辞。在致辞中，他回顾了国家经历历史性考验的一年，并对死于新冠病毒的6.4万名法国人表示哀悼。

Abstract

The COVID – 19 pandemic has been unequivocally proven an exceptional, severe "strategic surprise" to the international community in 2020. France has been dealt a great blow on various fronts, from economy to politics, from social governance to foreign policy and more. Still, on balance, it has withstood the shock.

In terms of party politics, the centrist parties retained their edge in the municipal elections and senate partial elections despite a considerable mutation in the reconfiguration of the parties as illustrated by La République En Marche being relegated in the Senate to the role of a minority from its original position of absolute majority and landing in the National Assembly a relative majority only. In terms of fighting the pandemic, the Macron administration acted assertively and decisively, showing a considerable dose of resilience in its anti-pandemic policies which were marred at times by inconsistencies. The government also implemented a specific set of anti-pandemic measures for education establishments and scientific research institutions, although those measures in campus have attracted considerable criticisms and controversy.

As for its economy, the Fifth Republic witnessed its worst ever recession since its founding. The government responded by letting out massive economic rescue and recovery packages as well as revitalization plans. Also, it vigorously deployed the strategies of relocating industry chains and piloting the digital and green transformation and transitioning of its economy. Still, beset, as it was, by a host of challenges, from epidemic control to fiscal deficit and regaining of competitiveness, French economy was ill-positioned to achieve full recovery any time soon. It would very much be an uphill struggle for France to maintain its

position as the top FDI destination in Europe.

On the front of social governance, the conflicts inhering in French society and the underlying deep-rooted governance dilemmas were laid bare by protest movements of various sizes, ranging from year-beginning anti-pension reform demonstrations to protests against so-called "religious terrorism" in the wake of the murder of the middle school teacher Samuel Paty, massive campaigns denouncing the "comprehensive security law" and protests targeting COVID – 19 combating measures. The extremist terror attack against Samuel Paty also triggered a "war of words" between Emmanuel Macron and Turkish President Recep Tayyip Erdogan as well as diplomatic tussle between France and a number of Islamic countries.

On the front of foreign policy, in a bid to advance Paris' strategic autonomy, Emmanuel Macron continued to hold high the great banner of Gaullism, albeit mostly rhetorically. On the factual level, his administration largely marched in lockstep with Washington on a full range of international issues, seemingly striving for a "US-EU condominium". In Asia-Pacific, on the heels of Washington and its allies labelling China a "systemic rival", Paris put in place a defense-driven Indo-Pacific strategy in an attempt to consolidate Paris and Brussels' purported role as a "global security provider". In the Middle East, leveraging its traditional connections as well as unexpected events, France intervened in Lebanese politics and thus endeavored to take on the mantle of the "policeman of the Middle East" in the place of Washington. In Africa, its traditional sphere of influence, France adjusted its aid policy, but arguably always aimed at securing its privileges on the continent. Nevertheless, to achieve its foreign policy goals globally, Paris is constrained by two structural factors, namely, the relative decline of France's national power and its identity as a former colonial empire.

Keywords: COVID – 19 Pandemic; Political Election; Social Movement; Economic Recovery; Indo-Pacific Strategy

Contents

I General Report

B.1 France was Seriously Affected by the COVID -19 Epidemic

Ding Yifan / 001

Abstract: In 2020, France was seriously affected by the COVID - 19 epidemic. By the spring of 2021, France has become the most severely infected country in Europe. The epidemic has had a huge impact on France's politics and economy, and various political parties have rearranged their election strategies in accordance with the epidemic. The peculiarity of the French political system has caused an intertwined game among various political institutions such as the President, the Prime Minister, the National Assembly, and the Senate, restraining French government ability to control the epidemic. Fortunately, the French administrative reform had increased local powers, and local organizations at all levels have shown their abilities in responding to the epidemic, providing new ideas for future administrative reforms. The French economy suffered a severe recession during the epidemic, and the government has taken numerous fiscal measures to alleviate the impact of the epidemic. The French government is trying to take the opportunity to rebuild the industrial production chain, but it still faces huge challenges. Despite the severe epidemic, the French people still took to the streets in 2020 to protest against the government's bills to be passed in the National Assembly. One involves the reform of the pension system and the other involves the supervision over the police forces suspected of violent law enforcement. France has also experienced terrorist

attacks by extreme Islamic forces in 2020. A series of "counter-measures" taken by the French government has triggered tensions and conflicts between France and Muslim countries. As a global power with big political influence in the world arena, France has stepped up its assistance to Africa during the epidemic and also strengthened its "Indo-Pacific strategy". Although France has shown its presence in the Middle East through its special relationship with Lebanon, it is difficult for it to regain its special influence in the Middle East, due to its tension with Muslim countries.

Keywords: COVID‐19; French Politics; Economic Recovery; French Foreign Policy

Ⅱ Specific Reports

B.2 The Evolution of French Political Parties after the 2020's Municipal and Senate Elections   *Wu Guoqing* / 016

Abstract: In the 2020 municipal elections and the partial re-election of the Senate, the French political party structure—the quad-pilar parties with slightly predominant middle party —remains the same, but its political power and party relations have undergone major changes. La Répubique en Marche has weakened, being a minority in the Senate and a relatively majority in the National Assembly; the European Eco-Green Party has risen rapidly, setting off a "green wave" in French politics; the two major traditional parties, the Republican Party and the Socialist Party, have basically maintained their original positions, although weakened to varying degrees; the ultra-right party National Rally has not made a breakthrough. After the municipal elections and the partial re-election of the Senate, major political parties in France continued to restructure their organizations, formulate new programs and strategies, and hold high the banners of "environmental protection, ecology, energy transition" and "caring for people's livelihood" in order to win the hearts of the people. They are regrouping, trying all kinds of coalitions and alliances, and are actively preparing for the 2021 regional and provincial assembly elections and the 2022 presidential elections.

Keywords: French Political Parties; Municipal Elections; Elections to the Senate; European Eco-Green Party; Presidential Elections

B.3 French Economy under the Shock of the
COVID-19 Epidemic *Yang Chengyu / 036*

Abstract: Under the shock of the COVID-19 Epidemic, the French economy has experienced the worst recession since the establishment of the Fifth Republic. The economic operation in 2020 could be summerized as "a recession in the first half of the year, a strong recovery in the third quarter, and a slight decline in the fourth quarter". During the epidemic, the French government introduced large-scale economic assistance and recovery measures to relieve industries, enterprises and individuals, prevent sovereign debt risks, and actively implement the strategy of industrial chain relocation. At the same time, French government tries to use the economic recovery as an opportunity to guide its development towards an upgraded digital and green economy, in order to cultivate future competitiveness. In the long run, the French economy faces many challenges, from epidemic prevention and control, reducing fiscal deficits, reforming the labor market, to reshaping competitiveness. At present, the French epidemic has repeated ups and downs, variant viruses are emerging one after another, vaccine effectiveness and its public accessibility remain to be seen, economic normalization is difficult to predict in the short term, and the economic recovery situation is not optimistic.

Keywords: French Economy; COVID-19 Epidemic; Economic Recession; Relief Measures; Economic Recovery

B.4 The Intensification of France's "Clash of Civilizations"
—Based on Local Social Issues   *Wang Kun / 049*

Abstract: An extremist terrorist attack on secondary school teacher took place in France in October 2020. Emmanuel Macron held a state funeral for the victim Samuel Paty and said France would not give up freedom of expression and would fight against radical Islamism. The speech had a great impact abroad. European countries have expressed solidarity, while Turkish President Erdogan has criticized Macron's speech, calling for a boycott of French goods. The appeal has been followed by many Islamic countries and has created a wave of anti-French trends in the Islamic world. This has not only worsen France's image, but has also increased the tension on French domestic anti-terrorist situation. Macron's government's *Strengthening Republican Principles Act* has sparked a new wave of controversy.

Keywords: Assassination of Samuel Paty; Terrorist Attack; France's Relations with the Islamic World

Ⅲ Politics

B.5 France in the Middle of COVID-19 Epidemic:
From Presidential Office to City Halls
Wang Zhuangzhuang, Zhang Min / 058

Abstract: Since February 2020, the COVID-19 epidemic has a serious impact on French political life, which has revolved closely around the fight against the coronavirus. Taking the French administrative institutions under the test imposed by the pandemic as its focus, this article explores the characteristics of French politicians within these institutions facing a major crisis in the context of a health emergency. Our analysis led to three essential points in the conclusion. First, the various levels of administration are carrying out their tasks in response to the epidemic while suffering from criticism in political, economic and social circles and making their decisions among the conflicting options to limit the spread of the virus. Second, the French political system is showing flexibility in managing the crisis. Third, France is suffering heavy economic and social consequences in the era of COVID -19, which allows France to explore new models of governance and test the relations between the central and local authorities, and that gives us a new opportunity to observe the functioning of French politics.

Keywords: France; Epidemic Politics; Crisis Management; Central-local Relations

B.6 France's Far-right Party Fails to Capitalize on Epidemic to Flip the Tide *Hu Xiaoxi* / 072

Abstract: COVID -19 is an uncontrollable factor that changed the current French political landscape. It is also a huge challenge to the French administration so as to show its ability of policy planning and implementation. Faced with this disaster, the French government constantly put forward its coping strategies. At the same time, the French National Rally, as an opposition political force, also plays a very active role in criticizing the government policies. This paper focused on the analysis of strategies of the French National Rally, trying to look at their comments on the COVID -19 spreading and their criticism about the response measures of the French government. The paper explores how they used the COVID -19 to promote nationalist sentiment and expand their influence.

Keywords: COVID - 19 in France; French National Rally; Far-right Party

Ⅳ　Economy

B.7 Digital Tax Demonstrates European Internal
　　　 "Digital Sovereign" Dispute　　　　*Zhao Yongsheng* / 078

Abstract: Digital tax demonstrates European internal "digital sovereign" dispute. Face to this tax, different EU member states have different attitudes in yes or not, how much and when to collect. This "digital sovereign" dispute has multiple characteristics in geographic area, economic volume and tax motivation, that is to say different attitudes of member States of EU face to digital taxes depends on different geographic areas where member States are located, on different economic volumes of member States and on different weights of taxes in their national economy. When China decides to collect this tax in the future, we can draw on EU's experience.

Keywords: EU; Digital Tax; Digital Sovereign

B.8 Analysis of Relocalization Policy of France
　　　 in the World of Post − COVID −19　　　　*Gui Zeyuan* / 086

Abstract: The French economy has suffered a severe shock as a result of the COVID −19, which has revealed a lack of industrial capacity in certain key areas of the economy and has put its economic sovereignty in jeopardy. In this context, the French government has implemented a relocalization policy in some key sensitive areas through financial support. It is an industrial chain-wide relocalization, involving industries that are not only aimed at solving the production shortage in the current process of fight against the COVID − 19 epidemic, but also in line with future industrial strategies. This paper analyses the characteristics of industrial relocalization, enumerates the main sectors involved, with a concluding remark that depicts difficulties

France may encounter in its industrial relocalization.

Keywords: France; Relocalization; Industrial Policy; COVID-19

B.9 France Strives to Remain Attractive to Foreign Investors Amid COVID-19 Epidemic   *Weng Yingjie / 099*

Abstract: In 2019, with 1468 new foreign investment projects, France became the most attractive destination for foreign investment among European countries. In 2020, the COVID-19 epidemic has had a serious impact on the global economy. In this context, it is even more difficult for France to maintain its position as Europe's champion in attracting foreign investment. This article summarizes France's overall economic situation and leading industries, analyzes the shortcomings and current challenges in attracting foreign investment in France, and attaches some feedbacks from six foreign companies in France interviewed during the epidemic.

Keywords: France's Attractiveness; Foreign Direct Investment (FDI); Economic Growth

B.10 France's Aid to Africa during the COVID-19 Epidemic
   Li Menglei, Li Hongfeng / 116

Abstract: France's aid policy to Africa under the Macron administration was based on promoting economic growth, youth-based development and maintaining regional stability. The COVID-19 epidemic in Africa has led to economic recession, youth unemployment, increased poverty and damage to the health care system, which has shaken France's approach to aid to Africa. In response to the epidemic, France has adapted its aid policy in a timely manner, providing assistance in different areas such as support for economic development, medical assistance and

cooperation in scientific research, as well as playing a leading role through the international multilateral cooperation framework. However, France's aid policy to Africa has always been aimed at maintaining France's interests in Africa and enhancing its international influence. In essence, it is still a diplomatic tool to continue the special relationship between France and Africa.

Keywords: The COVID -19 Epidemic; France-Africa Relations; France's Aid to Africa; The Development of Africa

B.11　The Development of the French Luxury Goods Industry under the New Crown Epidemic　　*Su Fang / 130*

Abstract: The French luxury goods industry has been hit hard by the impact of the COVID - 19 epidemic in 2020. Three development trends have emerged throughout the year: First, the polarization is obvious: the luxury goods manufacturers of big brands have bucked the trend and even took the opportunity to buy some small and medium-sized brands. Distressed independent brands or small-brand luxury goods manufacturers whose financial situation cannot be sustained for a long time have become victims. Second, the Chinese market has become an important factor in rescuing the French luxury goods industry. Beginning in the second quarter, China's effective anti-epidemic measures have taken the lead. Domestic consumption has blown out after the "unblocking", and China has become the world's largest consuming market for luxury goods. Driven by the strong purchasing power of Chinese consumers, major French luxury brands have shifted their focus to China, hoping to explore the path of development in adversity. Third, luxury goods are also developing new market through the Internet, and online sales have become the focus, and the digital trend cannot be underestimated.

Keywords: Luxury Goods; COVID -19 Epidemic; France; Online Sales

V Society

B.12 Analysis of French Social Movements under
COVID-19 Epidemic *Zhang JinLing / 140*

Abstract: In 2020, France, deeply affected by the COVID-19 epidemic, continued to experience many social movements, from a series of strikes against the reform of the retirement system at the beginning of the year to the protests against "Islamic terrorism" triggered by the murder of middle school teacher, to large-scale boycotts of the "Comprehensive Security Law", and other protests of varying scales on issues such as the epidemic, people's livelihoods, and the national rehabilitation plan. A series of social movements have shown the hidden aspects of French society at different levels. Many crises, and the requests of public opinion behind them, also profoundly reflect the governance dilemmas faced by contemporary French society, including the increasing challenges caused by people's harder livelihood and ethnic and religious conflicts, the inherent institutional crisis in France, the weakening of trust faced by the government, as well as the obstacles to social unity caused by serious divide among social groups and the split of public opinion.

Keywords: Social Movement; Retirement System Reform; Comprehensive Security Law

B.13 French Education Policy in the Middle of the Epidemic
Zhang Liwei, Ma Yansheng / 157

Abstract: In response to the challenges caused by COVID-19 epidemic to education and social development, the French government has introduced a series of response measures in the fields of education, scientific research and youth, including promoting online teaching, abolishing centralized examinations, granting financial

assistance to teachers and students, increasing teacher recruitment, and adjusting international education policies, etc. The policies on class resumption and campus epidemic prevention have been criticized and called into question. In September 2020, the government launched the "Revitalization Plan". Priorities have been given to nine initiatives in the fields of education, scientific research and innovation and three initiatives in the youth field. The goal is to promote a comprehensive social and economic recovery, in order to reinvigorate France in 2030.

Keywords: COVID－19 Epidemic; "Revitalization Plan"; Online Teaching; Targeted Education Policy

B.14 Analysis of French Strategies of Coping with the COVID－19 Epidemic from the Perspective of Moral Rationality and Instrumental Rationality
—The Example of First Wave of the Epidemic

Zhao XiaoLin / 176

Abstract: Since the outbreak of the COVID－19 epidemic, there have been rising voices doubting French government's governance capabilities in France. France had the first confirmed case of COVID－19 on the European continent and the first death case outside of Asia. In the face of a new type of virus, COVID－19, the French government tried to manage popular sentiment and the best way to deal with the epidemic. The anti-epidemic measures were vacillating between democracy and the rule of law, and French government was hesitating between moral rationality and instrumental rationality, missing the good opportunity of stopping the epidemic spreading, is responsible, to a certain degree, of ineffectiveness in the fight against the epidemic. An independent scientific evaluation team made recommendations for improvement on the management of the French government in the first wave of the epidemic. The Epidemic Crisis Investigation Committee created by the National Assembly and the Senate critized the government for failing to fight the epidemic effectively. The Court of the

Republic has initiated judicial investigations against government officials related to health crisis management. In the future, French government should take into account the reality first, in its crisis management of the epidemic, to carry out more effective policies, then balancing moral rationality and instrumental rationality as much as possible.

Keywords: France; COVID-19; Coping Strategies and Effects

Ⅵ Diplomacy

B.15 France's Lebanese Complex

Mu Gengyuan / 199

Abstract: France and Lebanon have deep historical ties. France used to be the mandate of Lebanon and is considered to be the founder of the modern Lebanese nation. After Lebanon's independence, France still intervenes in the country's domestic and foreign affairs through political, military, economic and other means, exerting its unique influence. In the current international situation, Lebanon is strategically more important to France than ever before. The two countries maintain close military, political and cultural relations, but their economic and trade relations are relatively weak. Moreover, France has outstanding performance in development assistance to Lebanon. At present, France has once again got involved in Lebanon's politics by using the opportunity provided by Beirut explosion event, urging Lebanese politicians to form a new government and develop a reform roadmap. Although France occupies an advantageous position in Lebanon's affairs, it will inevitably encounter a lot of resistance from both within and outside Lebanon, which would limit its policy effects.

Keywords: France; Lebanon; Franco-Lebanese Relations; France's Policy towards Lebanon

B.16　An Analysis to the "French Indo-Pacific Defense

　　　　Strategy" Report of 2019　　　　*Zhang Linchu* / 209

Abstract: As the global strategic focus is gradually shifting eastward, and the the United States has launched its Indo-Pacific strategy, France also published, in May 2019, an official report entitled "French Indo-Pacific Defense Strategy". The report comprehensively discussed the security situation in the Indo-Pacific region, presented France's Indo-Pacific defense strategy and enumerated measures that France will take in this region. France launched the Indo-Pacific defense strategy to highlight its presence in the new geo-strategy of the Indo-Pacific region, enhancing its own voice and acting as a pioneer in European countries' intervention in the Indo-Pacific area. France also wants to create a multi-level strategic partnership network, sell its weaponries, safeguard its interests in the Indo-Pacific, and reshape its status as a global power. However, as France's strategic focus is still in Europe, and France has limited national power, especially limited military projecting power, there are still many difficulties for France to achieve effectively the goals set out in the report.

Keywords: France; Indo-Pacific; Defense Measures; Strategic Goals

B.17　Similarities and Differences between Macron's "Neo Gaullism"

　　　　Policy and Charles de Gaulle's Diplomatic Theory

　　　　　　　　　Wang Zhan, Tian Siyu and Sun Xiaohan / 221

Abstract: Gaullism is a principle of French independent foreign policy put forward by French General Charles de Gaulle, and it is the value that France must become an independent and powerful country. In Charles de Gaulle's view, France's economy, military affairs and diplomacy should not be excessively attached to a certain country or a certain group, so as to better safeguard France's national interests. Most of the subsequent French presidents continued Gaullism, and the current President Macron participated in Charles de Gaulle's activities for several years in a high-profile manner, saying that he was a "Gaullist" in public. His diplomatic style also had the color of neo – Gaullism, which not only continued the traditional route of Gaullism, but also made strategic adjustments to adapt to the current international situation.

Keywords: Gaullism; Macron; French Diplomacy; Neo-Gaullsim

社会科学文献出版社

皮 书

智库报告的主要形式
同一主题智库报告的聚合

❖ 皮书定义 ❖

皮书是对中国与世界发展状况和热点问题进行年度监测,以专业的角度、专家的视野和实证研究方法,针对某一领域或区域现状与发展态势展开分析和预测,具备前沿性、原创性、实证性、连续性、时效性等特点的公开出版物,由一系列权威研究报告组成。

❖ 皮书作者 ❖

皮书系列报告作者以国内外一流研究机构、知名高校等重点智库的研究人员为主,多为相关领域一流专家学者,他们的观点代表了当下学界对中国与世界的现实和未来最高水平的解读与分析。截至2021年,皮书研创机构有近千家,报告作者累计超过7万人。

❖ 皮书荣誉 ❖

皮书系列已成为社会科学文献出版社的著名图书品牌和中国社会科学院的知名学术品牌。2016年皮书系列正式列入"十三五"国家重点出版规划项目;2013~2021年,重点皮书列入中国社会科学院承担的国家哲学社会科学创新工程项目。

中国皮书网

（网址：www.pishu.cn）

发布皮书研创资讯，传播皮书精彩内容
引领皮书出版潮流，打造皮书服务平台

栏目设置

◆ **关于皮书**
何谓皮书、皮书分类、皮书大事记、
皮书荣誉、皮书出版第一人、皮书编辑部

◆ **最新资讯**
通知公告、新闻动态、媒体聚焦、
网站专题、视频直播、下载专区

◆ **皮书研创**
皮书规范、皮书选题、皮书出版、
皮书研究、研创团队

◆ **皮书评奖评价**
指标体系、皮书评价、皮书评奖

◆ **皮书研究院理事会**
理事会章程、理事单位、个人理事、高级
研究员、理事会秘书处、入会指南

◆ **互动专区**
皮书说、社科数托邦、皮书微博、留言板

所获荣誉

◆ 2008年、2011年、2014年，中国皮书网均在全国新闻出版业网站荣誉评选中获得"最具商业价值网站"称号；
◆ 2012年，获得"出版业网站百强"称号。

网库合一

2014年，中国皮书网与皮书数据库端口合一，实现资源共享。

中国皮书网

权威报告·一手数据·特色资源

皮书数据库
ANNUAL REPORT(YEARBOOK) DATABASE

分析解读当下中国发展变迁的高端智库平台

所获荣誉

- 2019年,入围国家新闻出版署数字出版精品遴选推荐计划项目
- 2016年,入选"'十三五'国家重点电子出版物出版规划骨干工程"
- 2015年,荣获"搜索中国正能量 点赞2015""创新中国科技创新奖"
- 2013年,荣获"中国出版政府奖·网络出版物奖"提名奖
- 连续多年荣获中国数字出版博览会"数字出版·优秀品牌"奖

成为会员

通过网址www.pishu.com.cn访问皮书数据库网站或下载皮书数据库APP,进行手机号码验证或邮箱验证即可成为皮书数据库会员。

会员福利

- 已注册用户购书后可免费获赠100元皮书数据库充值卡。刮开充值卡涂层获取充值密码,登录并进入"会员中心"—"在线充值"—"充值卡充值",充值成功即可购买和查看数据库内容。
- 会员福利最终解释权归社会科学文献出版社所有。

卡号:269815163923
密码:

数据库服务热线:400-008-6695
数据库服务QQ:2475522410
数据库服务邮箱:database@ssap.cn
图书销售热线:010-59367070/7028
图书服务QQ:1265056568
图书服务邮箱:duzhe@ssap.cn

中国社会发展数据库（下设12个子库）

整合国内外中国社会发展研究成果，汇聚独家统计数据、深度分析报告，涉及社会、人口、政治、教育、法律等12个领域，为了解中国社会发展动态、跟踪社会核心热点、分析社会发展趋势提供一站式资源搜索和数据服务。

中国经济发展数据库（下设12个子库）

围绕国内外中国经济发展主题研究报告、学术资讯、基础数据等资料构建，内容涵盖宏观经济、农业经济、工业经济、产业经济等12个重点经济领域，为实时掌控经济运行态势、把握经济发展规律、洞察经济形势、进行经济决策提供参考和依据。

中国行业发展数据库（下设17个子库）

以中国国民经济行业分类为依据，覆盖金融业、旅游、医疗卫生、交通运输、能源矿产等100多个行业，跟踪分析国民经济相关行业市场运行状况和政策导向，汇集行业发展前沿资讯，为投资、从业及各种经济决策提供理论基础和实践指导。

中国区域发展数据库（下设6个子库）

对中国特定区域内的经济、社会、文化等领域现状与发展情况进行深度分析和预测，研究层级至县及县以下行政区，涉及省份、区域经济体、城市、农村等不同维度，为地方经济社会宏观态势研究、发展经验研究、案例分析提供数据服务。

中国文化传媒数据库（下设18个子库）

汇聚文化传媒领域专家观点、热点资讯，梳理国内外中国文化发展相关学术研究成果、一手统计数据，涵盖文化产业、新闻传播、电影娱乐、文学艺术、群众文化等18个重点研究领域。为文化传媒研究提供相关数据、研究报告和综合分析服务。

世界经济与国际关系数据库（下设6个子库）

立足"皮书系列"世界经济、国际关系相关学术资源，整合世界经济、国际政治、世界文化与科技、全球性问题、国际组织与国际法、区域研究6大领域研究成果，为世界经济与国际关系研究提供全方位数据分析，为决策和形势研判提供参考。

法律声明

"皮书系列"（含蓝皮书、绿皮书、黄皮书）之品牌由社会科学文献出版社最早使用并持续至今，现已被中国图书市场所熟知。"皮书系列"的相关商标已在中华人民共和国国家工商行政管理总局商标局注册，如LOGO（ ）、皮书、Pishu、经济蓝皮书、社会蓝皮书等。"皮书系列"图书的注册商标专用权及封面设计、版式设计的著作权均为社会科学文献出版社所有。未经社会科学文献出版社书面授权许可，任何使用与"皮书系列"图书注册商标、封面设计、版式设计相同或者近似的文字、图形或其组合的行为均系侵权行为。

经作者授权，本书的专有出版权及信息网络传播权等为社会科学文献出版社享有。未经社会科学文献出版社书面授权许可，任何就本书内容的复制、发行或以数字形式进行网络传播的行为均系侵权行为。

社会科学文献出版社将通过法律途径追究上述侵权行为的法律责任，维护自身合法权益。

欢迎社会各界人士对侵犯社会科学文献出版社上述权利的侵权行为进行举报。电话：010-59367121，电子邮箱：fawubu@ssap.cn。

社会科学文献出版社